앙제에서 중소도시의 미래를 보다

프랑스 지방 도시는 왜 활기가 넘칠까

FRANCE NO CHIHOTOSHI NIWA NAZE SHUTTER DORI GA NAI NOKA
by Yumi VINCENT-FUJII and Kiyohito UTSUNOMIYA
Copyright ⓒ 2016 by Yumi VINCENT-FUJII and Kiyohito UTSUNOMIYA
All rights reserved.
Original Japanese edition published by GAKUGEI SHUPPANSHA, Kyoto.
Korean translation rights ⓒ 2021 MISEWOOM Publishing

앙제에서 중소도시의 미래를 보다
프랑스 지방 도시는 왜 활기가 넘칠까

—

인쇄 2021년 8월 15일 1판 1쇄 **발행** 2021년 8월 20일 1판 1쇄

지은이 뱅상 후지이 유미·우쓰노미야 기요히토
옮긴이 조용준·김윤학·김인호·박성진·염대봉·유창균·최시화·최은수
펴낸이 강찬석 **펴낸곳** 도서출판 미세움 **주소** (07315) 서울시 영등포구 도신로51길 4
전화 02-703-7507 **팩스** 02-703-7508 **등록** 제313-2007-000133호
홈페이지 www.misewoom.com

정가 15,000원

—

ISBN 979-11-88602-40-7 93350

잘못된 책은 구입한 곳에서 교환해 드립니다.

앙제에서 중소도시의 미래를 보다

프랑스 지방 도시는 왜 활기가 넘칠까

뱅상 후지이 유미 · 우쓰노미야 기요히토 공저

조용준 · 김윤학 · 김인호 · 박성진 · 염대봉
유창균 · 최시화 · 최은수 공역

美세움

일러두기

1. 내용상 추가 설명이 필요한 부분은 옮긴이 주 *로 표시하였고, 글쓴이 주는 숫자를 붙여 각 장 끝에 실었습니다.
2. 인명, 지명 및 외래어는 굳어진 것은 제외하고 국립국어원의 외래어 표기법과 용례를 따랐습니다.
3. 특별한 기재가 없는 한 1유로를 1290원으로 환산했습니다.

머리말

　프랑스의 지방 도시를 방문하면 중심시가지의 활기에 놀라게 된다. 푸르른 잔디 길을 트램이 통과하며 많은 사람들을 실어 나른다. 남녀노소가 제각기 거리 걷기를 즐기고 광장에 면한 카페에서는 여유로움에 잠긴다. 마치 여행 잡지의 화보와 같은 광경이 곳곳에서 펼쳐진다.

　그러나 프랑스에서도 이러한 도시 공간이 없어지려고 했다는 것을 아는 사람은 많지가 않다. 시가지까지 자가용이 넘쳐나 교회 주위 광장은 주차장화되었다. 교외에는 대형 상업 시설이 생겨나고 구시가지의 작은 상점은 경영이 어려워졌었다. 일본의 지방 도시가 지닌 문제들이 그곳에서도 마찬가지로 존재했었다.

　그러나 프랑스에서는 상점들이 문을 닫은 '닫힌 상점가'가 되기 전에 도시 정비에 대한 관점을 바꾸고 그것을 실천으로 옮겼다. 그리고 자가용의 보급에도 불구하고 마침내 오늘날의 활기찬 거리를 만들어냈다. 프랑스 지방 도시의 중심시가지에서 생활의 풍요로움을 느끼는 것은 비단 필자들뿐만이 아닐 것이다.

이와는 대조적으로 일본 지방 도시의 중심시가지는 이제 닫힌 상점가의 표본이라고 해도 좋을 상황에 놓여 있다. 현재 상점도 헐려 주차장과 공터 안에 아케이드만 남은 곳도 있다. 중심시가지의 예전 활기를 되찾기 위한 다양한 대책이 마련됐지만 프랑스와는 전혀 다른 광경이 되었다.

고령화, 인구 감소, 지역 산업의 쇠퇴 등 여러 가지 사정은 있지만, 지금 일본의 상황은 어쩔 수 없는 '시대의 흐름'일까? 이 책은 현지인의 인터뷰를 바탕으로 프랑스의 실상을 정리하여 일본이 나아갈 방향을 찾고자 하는 것이다.

일본의 지방 도시는 결국 위기 상황에 놓였으며, 도시재생을 위한 새로운 대안 모색이 시작되고 있다. 비록 도시재생 내용은 천차만별이지만 시사하는 바가 큰 제안도 있어서 선례들을 통해 이미 많은 것을 배우고 있다. 그러나 대응해야 할 과제 또한 여전히 많다. 필자들이 지금까지 주목하고 책으로도 저술한 교통 문제는 그중에서도 뒤처진 분야다. 교통만으로 마을 만들기가 가능해지는 것은 아니지만 도시의 모든 경제활동과 사회생활은 교통 없이는 성립되지 않는다.

이 책에서는 마을 만들기의 역동성을 지탱하는 축으로 교통의 위상을 규명하고, 거기에서부터 상업 정책, 토지 이용이라는 도시 정책 전반에 이르는 논의를 진행하고자 한다. 또한 지방 도시라고 해도 '지방'을 어떻게 보느냐에 따라 논의의 구도도 달라진다. 이 책에서는 인구가 대략 10만 명 이상, 100만 명 미만의 지방 핵심 도시, 지방 중심 도시에 초점을 맞춘다. 더 작은 지방 도시의 문제를 간과하는 것은 아니지만 일본과 프랑스의 경우 이러한 중견 도시의 모습에 가장 큰 차이가 드러나기 때문이다.

이 책의 구성은 다음과 같다. 우선 1장에서 일본과 프랑스의 현재를 개괄적으로 다루고, 2장에서 노면전차LRT 도입에 의한 교통도시 정비의 전체상에 대해 논한다. 3장부터 6장까지는 프랑스의 교통 정책, 상업 정책, 토지 이용, 합의 형성의 구조 등 각 논의를 자세히 검토하고, 7장에서는 프랑스의 실태를 바탕으로 일본이 채택해야 할 전략·전술을 정리한다. 프랑스와 일본은 그 역사나 제도 면에서 큰 차이가 있지만, 여기에서 일본의 지방 도시재생을 위한 어떤 힌트를 독자와 함께 찾아볼 수 있었으면 하는 바람이다.

우쓰노미야 기요히토宇都宮浄人

한국어판 출간에 즈음하여

이번에 프랑스의 중소도시 앙제 시의 도시 정책이 한국에서도 출판되게 됨을 더없는 기쁨으로 생각합니다.

활기찬 지방 도시를 창조하기 위해 우리는 어떻게 해야 할까? 이 책은 교통, 상업, 주택 정책을 포괄한 도시계획 마스터플랜이 어떻게 정합성을 유지하면서 구체적인 계획이 입안되고, 실행에 옮겨지고 있는지를 앙제 시의 사례를 통해 소개하고 있습니다. 지금 일본에서는 자가용의 보급과 고령화, 인구 감소에 따른 지방 도시의 중심시가지가 쇠퇴해 가고 있습니다. 정도의 차이는 있지만, 세계의 선진국에서 공통적으로 나타나고 있는 이 문제에 대해서 이 책은 '프랑스의 도시계획이 성공적으로 작동을 하고 있는 요인은 무엇인가'라는 물음에 응답하고 있는 책입니다.

이 책은 프랑스의 지방 도시들이 중심시가지로의 접근성을 강화한 도시 교통 제도의 정비 관련 내용, 소규모 상점을 지탱하는 상업 조정 제도, 법 정비와 여러 가지 규제법·세금제도에 관해 다루고 있습니다. 또한 중심시가지가 상업이 번창하고 사람들로 상시 활력이 넘치는 장소가 되기 위해서는 근거리에 거주하는 소비인구가 절대적으로 필요합니다. 따라서 프랑스의 주택 정책을 살펴보고, 지자체 주도의 도시개발에 있어서 토지정비개발기구와 마스터 어버니스트의 역할에 대해서도 살펴보았습니다. 법과 제도의 정비와 실행력은 뛰어난 디자인과 지역별로 조화와 통제가 이루어진 프랑스 특유의 도시 개발을 가능하게 했으며, 특히 도시 정책 수립에서부터 사업 실현에 이르기까지의 과정에서 어떻게 지방 정치가와 의회와 행정이 관련되어 있는지를 이 책은 구체적으로 제시하고 있습니다.

지난 2020년에는 프랑스인 근로자의 약 3분의 1이 재택근무나 자택 대기를 경험하면서 거주지 환경이나 마을의 가치에 더욱 흥미를 느끼며 '살기 좋은 마을'이란 어떤 마을인가를 생각할 수 있는 기회가 되었습니다. 앞으로 비용절감 측면에서도 텔레워크가 지속적으로 정착될 것으로 예측됨에 따라 유럽에서는 근무지와 거주지의 관계나 지방 이주를 포함한 거주지 선택의 재검토가 시작되어 기본적으로 '도시란 무엇인가?'라는 관점에서 도시·교통·도로·소비의 기본방향을 검토하고 있습니다.

파리에서 TGV로 1시간 15분 거리의 앙제 시는 앞으로도 인구가 증가하고 발전할 것이라고 의심치 않습니다. 앙제 시에서는 버스, LRT 등 대중교통 운행 공급을 줄이지 않고 안심하고 이동할 수 있는 교통수단을 제공하였으며, 2022년도에는 새로운 LRT-B선도 완성될 예정입니다. 코로나 이전부터 계획되었던 대형 스포츠 시설 등 행정 주도의 도시 정비도 계속되고 있습니다. 지자체가 주역이 된 마을 만들기의 프랑스식 방법론의 강력함을 이 위기의 시대에 들여다볼 수 있어 그 의미와 가치가 더욱 새롭습니다.

앙제 시는 주변 경제 인구를 합쳐도 30만 명이 안 되는 아시아 표준에서 보면 소도시이지만 정말 살기 좋은 도시입니다. 취업은 물론, 자연, 문화, 역사, 교육기관, 소비나 오락 시설 등이 균형 있게 공존하고 있고, 어떻게 그러한 도시가 탄생할 수 있었는지를 이 책을 통해서 한국의 독자 여러분들이 경험할 수 있기를 희망합니다. 아울러 앙제 시를 방문하고, 끊임없이 변화, 진보를 계속하는 도시 매니지먼트의 모습을 실제로 보시길 권유 드립니다.

2021년 5월 24일
밀라노에서
뱅상 후지이 유미ヴァンソン藤井由実 · 우쓰노미야 기요히토

※ 이 책의 데이터와 수치는 일본어판 초판 당시인 '2016년 12월'의 것입니다.
※ 게재된 사진 중 출처가 기재되지 않은 것은 원저자가 촬영한 것입니다.

지방 도시가 살아야 나라가 산다

도시의 본질적 매력은 사람들이 만들어내는 다양한 활력에 있다. 도시 활력을 만드는 기본적 요소는 인구지만, 도시가 가지고 있는 특질을 바탕으로 하는 창조적 도시 정책, 도시계획도 도시 활력을 만드는 중요한 요소가 된다.

그런데 우리나라는 현재 수도권을 제외하고는 대부분 지역이 인구감소 현상을 겪고 있다. 서울은 인구 집중화로 인해 오래전에 임계점에 도달하여 서울로 가려는 사람들의 대부분이 서울에 인접하거나 새로 건설된 주변 도시로 몰리고 있다. 그래서 국토 면적의 12%인 수도권에 우리나라 인구의 반이 넘는 수가 모여 살고 있다. 주변 도시에서 서울로 출퇴근하느라 긴 시간을 소비하면서도 수도권에 삶터를 마련하려고 애쓴다.

이렇게 서울(최소한 수도권)로 사람들이 몰리는 이유는 지가 상승, 질 높은 교육, 취업과 성취의 기회가 이곳에 집중되어 있기 때문이다. 결국 서울로 들어서야 '성공의 문'이 열린다고 믿는 것이다. 이렇다 보니 서울에는 주택이 부족해져 주변에 신도시를 건설하게 되었고, 그것도 부족해 계속되는 신도시 건설로 수도권은 비효율적인 거대도시권이 되었다. 반면 수도권에서 먼 지역일수록 인구감소는 심해졌다. 빈집이 늘어나면서 소멸을 경고하는 소리가 들리고 있지만 인구감소 현상은 해소될 기미가 보이지 않고 있다. 정부가 많은 공공기관들을 지방으로 이전하는 국토 정책을 전개해 왔는데도 수도권 집중화 현상은 오히려 더욱 심화되고 있다.

이제 지방 도시들 스스로 창조적인 방법으로 도시를 가꾸고 경영하지 않으면 안 되는 상황에 처해졌다. 특히 인구감소와 함께 도래한 저출산, 초고령화 사회, 자동차가 만든 확산형 도시와 도심성 쇠퇴, 인간관계 약화는 물론, 지구촌을 위협하는 탄소 배출에서 벗어날 도시를 만들도록 요구받고 있다.

근래 삶에 대한 가치관이나 지향성의 변화와 함께 여유 있는 삶, 저녁이 있는 삶을 중시하면서 지방에 관심을 갖는 사람들이 조금씩 늘고 있다. 또 개성과 매력이 넘치는 도시라면 어디든 찾아가 활력을 되찾으려는 힐링형 여행도 증가하고 있다. 지방 도시가 그간의 근대 도시 정책이나 도시계획에서 벗어나야 살아남는 때가 된 것이다. 이제 지방 도시 스스로가 새로운 도시 비전과 실행력을 통하여 평등도시를 정체성 도시로, 자동차 도시를 사람 도시로, 확산형 도시를 집약형 도시로 바꾸는 데 앞장서야 한다. 그래야 지방 도시가 활력을 되찾을 수 있고, 근자열원자래近者悅遠者來, 즉 '가까이 있는 사람을 기쁘게 하면 멀리 있는 사람이 찾아오는' 도시가 될 수 있다.

이러한 상황에서 《프랑스 지방도시에는 왜 활기가 넘칠까》라는 책이 일본에서 출간되었다. 이 책은 프랑스의 인구 10만 명 이상, 100만 명 미만의 지방 중심 도시의 도시 정책과 도시계획을 다각적으로 분석하고 있다. 특히 지방 도시들이 활력을 갖기 위해서는 교통과 상업, 주택 등이 어떤 비전을 갖고, 어떻게 도시계획으로 실행되고 경영되어야 하는가를 담고 있다. 도심 공동화 등에서 벗어나기 위해서 힘쓰고 있는 지방 도시들에게 유익한 마중물이 될 수 있으리라 기대한다.

어려운 출판 환경에서도 이 책을 출간해 준 미세움과 역자들께 감사를 드린다.

2021년 7월
역자를 대표하여
조선대학교 명예교수 조용준

차 례

제 4 장
중심시가지 상업이 교외 대형 상점과 공존하는 구조 | 161

제 5 장
'콤팩트 시티'를 뒷받침하는 도시 정책 | 215

제 7 장
프랑스에서 무엇을 배울 것인가? ｜ 311

제 1 장

일본과 프랑스, 지방 도시의 현재

　이 장에서는 우선 일본과 프랑스의 현황을 개략적으로 살펴본
다. 다만, 그저 일반론을 정리하는 데에서 나아가 1절에서는 일
본의 지방 도시에 관한 데이터를 참고하면서 사실관계를 확인
하고, 이 책이 왜 닫힌 상점가를 주제로 하는지, 교통 마을 만들
기가 왜 필요한지 그 이유를 제시한다. 나아가 2절에서는 앙제
Angers 시에서의 생활체험을 바탕으로 프랑스의 '도보 생활이 가
능한 마을'을 소개한다.

1. 일본 지방 도시의 현황

닫힌 상점가의 현실

'일본의 지방 도시에는 활기가 없다' '상가에 재생이 필요하다'는 말이 나온 지 세월이 얼마나 지났을까? 버블 경제 붕괴 이후인 1990년대 초반에 이미 많은 문제점이 지적되고 있었다. 중소기업청의 《헤이세이平成 8년판 중소기업 백서》에서는 "경쟁 격화에 의해 어려운 환경에 처해진 상가"라는 절을 만들어 '외곽으로의 고객 분산, 주차장 부족, 빈 상점의 증가와 같은 문제'를 밝히고, 일본 상공회의소의 설문조사 결과(1995년) 나온 "문제의 89%가 '쇠퇴' 혹은 '정체'"라는 답을 인용하고 있다. 지금으로부터 20년도 더 전의 일이다.

이에 정부는 1998년에 〈중심시가지 활성화법〉, 〈대규모 소매

[그림 1]

닫힌 상점가 된 와카야마和歌山 시의 상점가

상점 입지법(대형 상점 입지법)〉을 통과시키는 동시에 〈도시계획법〉도 개정한 이른바 〈마을 만들기 3법〉에 따라 지방 도시를 염두에 둔 중심시가지 활성화 대책을 마련해 왔다. 그럼에도 사태가 개선되지 않자 2006년에는 〈마을 만들기 3법〉을 개정하며 교외의 대형 소매점 등 대규모 집객 시설의 출점 규제를 강화하는 등 추가 부양책도 실시했다. 그저 손을 놓고 있었던 것은 아니었다. 하지만 2010년대 중반에 이르기까지 사태가 개선되지 않고 있었다는 것이 현실이었다(그림 1).

경제산업성의 〈상업통계〉로부터 사실관계를 정리하면, 1997년부터 2014년까지 17년간 시가지형 상업 집적 지구의 상점 수가 반으로 감소했고, 연간 판매액도 3분의 2 이하로 떨어졌다. 인구 10만 명 미만의 소도시의 경우 상점 수가 거의 3분의 1로 줄었고, 연간 판매액도 모두 절반 이하로 떨어지는 등 괴멸적이었다. 인구 10만 명 이상 100만 명 미만의 지방 도시와 100만 명 이상의 대도시도 상점 수가 거의 반으로 감소했고, 연간 판매액도

〈표 1〉 시가지형 상업 집적 지구의 상점 수와 연간 판매액(2014년)

	상점 수		연간 판매액	
		(1997년 대비)		(1997년 대비)
시가지형 상업 집적 지구 합계	27만 9981	−54.8%	44조 9356억 엔	−35.8%
인구 10만 명 미만	7만 9198	−65.6%	8조 842억 엔	−55.6%
인구 10만~100만 명 미만	12만 2329	−47.3%	19조 5914억 엔	−31.8%
인구 100만 명 이상	7만 8454	−50.2%	17조 2600억 엔	−25.3%

자료: 경제산업성 〈상업통계〉

인구 10만 명 이상 100만 명 미만의 지방 도시는 70% 이하, 100만 명 이상의 도시는 4분의 3으로 감소하였다(표 1).

중소기업청이 위탁 조사한 '상점가 실태조사'를 보면, 빈 상점률은 1995년도에 약 6.9%인 반면, 2015년도에는 약 13.2%에 이른다(그림2). 빈 상점률은 2012년에 비해서 약간 감소했지만, 최근 3년 동안 '빈 상점 수'가 "늘었다"고 답한 상점가는 전체의 31.9%였던 반면, "줄었다"고 답한 상점가는 13.1%다. 통계적 사실에서 볼 때 중심시가지의 쇠퇴화는 현재 진행 중이라고 할 수밖에 없다.

인구 감소 · 지역 산업의 쇠퇴 · 모터리제이션

중심시가지의 쇠퇴 배경에 대해서는 이미 많은 분석이 있으나, 경제산업성이 자문한 중심시가지 활성화 평가조사위원회(이하, 평가위원회)에서는 '중심시가지를 둘러싼 상황' '구조적 제약 · 과제'로서 그동안 제기되어 온 지적을 망라하여 정리하고

[그림 2] 상점가당 빈 상점률의 추이

자료: '상점가 실태조사'(중소기업청 위탁조사사업)

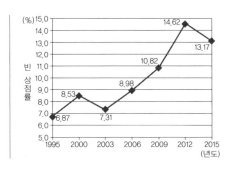

있다.[1] 그 논의를 대략적으로 정리하자면, 중심시가지 쇠퇴의 배경에 있는 가장 큰 요인은 ① 인구 감소·고령화, ② 지역 산업의 쇠퇴, ③ 자가용의 보급에 따른 모터리제이션(자동차화)의 진전으로 정리될 수 있다. 여기에 이의을 제기하는 사람은 많지 않을 것이다.

하지만 이러한 결론으로 지방 도시 중심시가지 문제를 검토하는 것이 사태 해결로 이어지느냐 하면, 그렇지 않다. 전술한 세 가지 요인에 대해서는 많은 지방 도시 담당자들도 '구조적 제약'을 들고 있는데, 이를 하나하나 살펴보면 정도의 차이가 있다고는 해도 반드시 일본 지방 도시만의 고유한 문제가 아니기 때문이다.

먼저 인구 감소를 생산 연령 인구 감소로 본다면 실은 대도시권에서도 같은 문제를 안고 있다. '소멸 가능 도시'에 도쿄東京 도의 도시마豊島 구도 포함되어 있는 점이 주목을 끌고 있어서[2] 인구 문제는 지방만의 것이 아니다. 인구 감소에 따른 빈집의 증가도 대도시권이 절대 다수일 정도로 심각하다.[3]

제조업의 해외 진출이라는 흐름에 대해서도 기본적으로는 대도시권과 지방이 크게 다르지 않다. 차이는 서비스 산업의 비중에 있다고 할 수 있지만, 실은 이것도 일률적으로 말할 수 있는 것이 아니다. 지방의 현청 소재지는 원래 산업도시라기보다는 행정도시로서의 성격을 가진 곳도 많고 정부 파견 기관이나 학교도 많다. 지역 간 격차라는 문제가 있다 하더라도 오히려 지방의 중심 도시가 서비스화의 흐름을 누릴 수도 있을 것이다.

더 언급하자면 지역의 산업 집적 및 소득의 과다가 도시의 활기와 반드시 상관관계에 있는 것은 아니다. 예를 들면 재정력 지수를 기준으로 일본 도시를 살펴보면, 아이치愛知 현의 도카이東海시, 고마키小牧 시, 가리야刈谷 시는 상위에 있지만 이들 도시의 역 앞이나 과거 중심시가지에 활력이 있겠는가? 공업도시와 상업도시를 동일한 수준에서 논할 수는 없지만 걸어서 쇼핑을 즐길 만큼 가까운 상가가 쇠퇴하고 있다는 점에는 변함이 없다.

한편, 모터리제이션이 오늘날의 지방 도시 문제의 배경으로서 중요한 것은 틀림없다. 앞서 언급한 아이치 현의 사례를 보더라도 필자가 직접 체험한 바에 의하면, 앞의 평가위원회의 지적에서도 보이듯 '자동차 중심의 마을 만들기'가 큰 영향을 주고 있는 것처럼 보인다. 그러나 자가용의 보급이라는 논란에 대해서도 주의가 필요하다. 이 점을 더 자세한 데이터로 확인할 필요성이 있다.

가구당 자가용 승용차 보유대수(경차 포함, 2015년 3월 말[4])를 보면, 전국 평균은 1.07대인 반면 도쿄 도는 0.46대, 오사카大阪 부는 0.66대로 대도시권이 낮은 비율을 보인다. 그러나 대도시권에서도 2가구당 1대는 자가용을 가지고 있다. 다른 점이 있다면 그 이용 빈도다. 자가용이 보급되어 이를 어느 정도 이용하느냐에 따라 모터리제이션의 정도가 바뀐다. 민간 인터넷에 의한 자동차 운전 빈도 조사[5]에 의하면 거의 매일 운전한다는 사람은 전국 평균 25.7%다. 그러나 간토関東나 긴키近畿 이외의 지역에서는 '거의 매일 운전'하는 비율이 40-60%에 달한다. 자동차의 가동률이 전혀 다른 것이다. 참고로 통근·통학에 이용한다는 응답도 전국 평균은 약 4분의 1정도지만 간토나 긴키 이외의 지역은 40-50%에 이른다.

자가용의 이용 상황과 관련하여 이동 시의 자동차 분담률[6]을 보면, 3대 도시권*에서는 33.0%인 반면 지방 도시권은 58.2%로 확실히 높다. 그러나 지방 중핵 도시권의 12개 중심 도시를 보면 평일 자동차 분담률은 시즈오카静岡 시, 마쓰야마松山 시가 50%를 밑도는 반면, 고오리야마郡山 시, 마쓰에松江 시는 67%를 웃돌아 격차가 크다. 이들 도시의 가구당 승용차 보유대수[7]를 보면 보유대수가 높은 도시들의 자동차 분담률은 확실히 높은 경향이

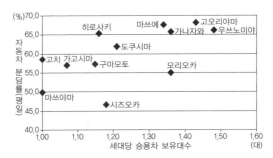

[그림 3] 세대당 승용차 보유대수와 자동차 분담률(평일)

자료: 〈지역경제총란〉 도요경제, 국토교통성 '전국 도시교통 특성조사'

* 일본의 3대 도시권은 도쿄권, 나고야권, 오사카권으로 분류된다.

라고는 하지만, 시즈오카 시, 모리오카盛岡 시는 보유대수에 비해서 자동차 분담률은 낮고, 모리오카 시보다 보유대수가 낮은 마쓰에 시의 자동차 분담률은 높아서 밀접한 상관관계에 있다고는 할 수 없다. 같은 지방 중심 도시라고 하더라도 이용 방식이 다르다(그림 3). 실제로 시즈오카 시, 마쓰야마 시(그림 4)를 가 보면 다른 지방 도시에 비해 중심시가지에서 나름의 활기가 느껴짐을 알 수 있다.

프랑스 · 독일도 직면한 구조 문제

중심시가지 문제의 배경이라고 할 수 있는 요인이 원래 일본 특유의 것이 아니라는 점도 중요하다. 이 책에서는 프랑스의 활력 배경을 중심으로 논의를 진행시키겠지만, 이와 함께 지방 도시에 활기가 느껴지는 독일을 포함하여 일본에서 지적받는 지방 도시의 문제점에 대해 살펴보도록 하자.

[그림 4]

활기찬 마쓰야마 시의 상점가

프랑스는 인구가 증가하고 있으나 독일은 2003년부터 2011년까지 인구 감소세가 이어졌다. 이민 등의 시책에 의해 2012년에 약간의 증가세로 돌아섰지만 종전과 같은 상황은 아니다. 더구나 고령화 문제는 유럽이 직면한 사회문제로 대두되고 있다. 이미 전체 인구에서 65세 이상 인구가 차지하는 비중은 2014년 추계치에서 프랑스가 18%, 독일이 21%며, 2030년에 이르면 이들 비율이 각각 24%, 28%로 높아질 것으로 예상된다.[8]

또 제조업의 쇠퇴도 양국 모두 일본보다 빠르게 진행되어 산업구조의 전환을 요구받고 있다. 철강 관련 산업 등의 중공업이나 광산업에 의존한 도시는 공장이나 광산 폐쇄 후의 황폐화에 따른 도시의 재구축이 필요해졌다. 독일의 경우 구 동독뿐만 아니라 구 서독에서도 루르Ruhr 지방과 자르Sarre 지방 등이 최근 25년 동안 산업구조의 전환을 요구받아 왔다고 보아도 좋다. 프랑스는 원래 중공업의 비중이 낮다고는 하지만 내륙의 광업 도시

[그림 5]

생테티엔의 트램

인 생테티엔Saint-Etienne(그림 5)이나 조선 도시 르 아브르le Havre, 나아가 북부의 파드칼레Pas-de-Calais 등의 공업지대는 1990년대에 인구가 감소했다. 이러한 산업구조의 변화에 따른 도시의 재구축에 있어서 유럽에서는 일반적으로 '축소 도시' 정책이 취해져 콤팩트 시티 정책보다 훨씬 강력한 대응책의 마련이 요구되고 있다.

참고로 일본의 지방 도시에 일자리가 없다고 하지만 2015년 평균 지역별 실업률을 보면 오키나와를 제외한 모든 지역에서 3%대 또는 2%대로 매우 낮다. 프랑스가 전국 평균 9.9%, 경기가 좋은 독일이 5.0%(모두 2014년 평균)임을 볼 때 프랑스나 독일에 비해 일본의 고용 시장은 양호하다고 할 수 있다.

마지막으로 모터리제이션의 진전에 대해서도 오해가 많다. 프랑스와 독일은 LRT⁹*가 발달했으며 거리에 일반 자가용 진입이 금지된 경우가 많지만, 실은 프랑스, 독일 모두 '자동차 사회'다.

전국 평균 1000명당 승용차 보유대수를 보면, 프랑스는 481대, 독일은 540대로 모두 일본의 477대보다 높다.¹⁰ 벤츠와 폭스바겐으로 대표되는 독일의 자동차 산업은 독일 경제를 떠받치는 기둥이며, 프랑스에서도 닛산과 제휴하고 있는 르노 등 자동차가 중요한 산업이다.

---

* LRTLight Rail Transit는 특히 고령자, 장애인, 어린이 동반자가 오르고 내리는 데 편리한 교통 시스템을 갖추고 있다.

'닫힌 상점가'는 왜 문제가 되는가?

지금까지 일본의 지방 도시 중심시가지 쇠퇴의 배경이 되는 문제가 반드시 지방 또는 일본만의 문제가 아니라는 점을 밝혔다. 그렇다면 이쯤에서 중심시가지의 쇠퇴라는 문제 설정 자체에 의미가 있는가 하는 의문이 들지도 모른다. 실제 지방 도시의 경우 자가용을 이용해 조금만 교외로 나가면 도로변에 많은 상점들이 늘어서 있다. 가족단위뿐 아니라 지금은 젊은 층에게도 교외형 쇼핑센터에 가는 것은 '그럭저럭 즐거운' 일이 되고 있다. '하루 동안 드라이브와 쇼핑, 영화를 즐기고, 식사를 즐길 수 있는 지극히 잘 완성된 패키지[11]'라는 평가도 수긍이 간다.

그렇다면 교외화된 지방 도시의 상황을 그대로 두어도 좋은 것일까? 먼저 이 질문에 대한 이 책의 입장을 분명히 할 필요가 있을 것이다. 필자들의 생각은 다음과 같다. 지방 도시의 교외형 상점에도 일정한 역할은 있지만 역사적인 중심시가지를 중심으로 활기 넘치는 도시가 가지는 의의는 크다.

따라서 현재 일본의 지방 도시의 존재방식에는 큰 문제가 있다. 키워드는 지속 가능성과 다양성이다.

중장기적인 지속 가능성

먼저 지속 가능성에 관해서 말하자면, 지방 도시의 교외를 중심으로 한 '매우 잘 만들어진 패키지'는 지금 형태로 중장기적으로 유지하기가 어렵다는 점이다. 먼저 교외형 상점이 그곳에서 중장기적으로 영업을 지속할 체제를 갖추고 있지 않음을 들 수 있다. 상점 건물들도 이미 철수를 염두에 두고 지은 것으로 저비용으로 건축하였다. 땅값이 저렴한 교외로 진출한 것도 초기 비용을 억제하기 위해서였던 것이다. 실제로 교외형 쇼핑센터 간 경쟁으로 비교적 소규모인 쇼핑센터에서는 주요 상점이 빠지는 등 어려운 상황에 처한 곳도 있다. '화전 상업'*이라는 표현은 좀 극단적일지도 모르지만, 교외의 상점이 철수한 이후의 중장기적인 마을의 모습을 염두에 둘 필요가 있다.

둘째, 교외형 상점은 앞서 말했던 대로 자가용 이용이 전제되어 있다는 점이다. 자가용을 운전할 수 없는 노인이나 운전하지 않는 젊은이가 증가하면 현재와 같은 구매력은 기대할 수 없다. 실제로 지방 도시에서는 일정한 인구 집적이 있는 도심에서 '쇼핑 약자'가 발생하고 이와 함께 '고령 운전자의 교통사고'가 눈에 띄게 늘고 있다. 과도한 자동차 의존은 지구 온난화 가스 배출량 등 환경 면에서도 지속 가능하지 않다.

셋째, 고령화, 인구 감소와 같은 상황에서 기존 도시의 교외화를 용인하는 것이 재정적으로 비효율적이라는 점이다. 교외형 상가는 개개인 사업자의 판단으로 진출 혹은 철수가 이루어지는데, 그러한 교외의 상점에 자가용의 접근을 가능하게 하려면 새

* 외곽 대형 마트에 의한 소규모 상권 소멸 상업

로운 도로가 필요해진다. 하수도 정비와 청소차의 준비에 이르는 공적인 뒷받침이 있어야 교외형 도시는 성립되지만 중장기적으로 그러한 비용을 들이는 것은 사실상 불가능에 가깝다.

다양한 선택지에 따른 삶의 질의 향상

지속 가능성에 대해서는 이미 많은 이들이 지적해 왔지만, 필자들은 여기에 더하여 우리의 생활을 행복하게 하는 도시의 목표 설정에 있어서 중심시가지가 갖는 의의가 크다는 점을 언급해 두고 싶다. 생활에 윤기와 풍부함을 주는 것으로서 도시의 역사와 문화의 깊이는 중요한 요소이며, 이때 역사적인 발전의 중심인 상업지의 활기는 중요한 역할을 한다고 생각하기 때문이다.

일반적으로 인간에게는 다양한 선택지가 존재할 때 개개인의 만족도가 높다. 그런데 지금 일본의 지방 도시 대부분은 자가용을 이용하지 않고도 쾌적하게 생활할 수 있는 선택지가 사라졌다. 그 결과 쇼핑 활동, 외식 활동에 있어서 선택지의 폭이 좁아져 있다. '그럭저럭 즐거움'을 누리는 사람이 많다고 해도, '자동차 없이는 살기 힘들다'고 알려진 도시는 전체적으로 볼 때 만족도가 충분할 수 없다. 모두가 그런 것은 아니지만 상당수의 사람은 역사와 문화가 있는 중심시가지의 쇠퇴를 안타까워한다. 그것은 단순한 향수가 아니라 도시나 지역의 자긍심과도 연계되고 있다.

그렇다면 교외형 상점을 중심으로 하는 생활방식과는 다르게, 역사와 전통을 이어받은 희귀하면서 개성 넘치는 물건들을 갖춘 가게가 있고, 굳이 자가용을 이용하지 않으면서 술도 마실 수 있는 중심시가지는 매력적인 생활방식을 제공할 수 있을 것이다. 중심시가지와 교외의 상호 공존으로 다양한 선택지가 있는 보다 높은 삶의 질, QoLQuality of Life의 실현이 가능해진다. 이 책에서 볼 수 있듯이 프랑스는 걸으며 즐길 수 있는 마을 만들기를 통해 다양한 선택지가 있는 높은 생활의 질을 누릴 수 있도록 하고자 하는 것이다.

무엇이 문제인가

이러한 필자들의 생각은 정부의 콤팩트 시티 전략의 방향성과 큰 차이를 가지고 있지는 않다. 정부는 지방 도시의 중심시가지 쇠퇴 현상을 일찍부터 지적하고 나름대로 일정한 예산을 책정하여 구체적인 정책을 추진해 왔다. 정부가 〈마을 만들기 3법〉을 개정하고 콤팩트 시티를 제창한 지 벌써 10년이 지났다.

그럼에도 불구하고 상황이 개선되지 않는 것은 왜일까?

먼저, 문제의 처방전을 생각하기 위한 배경 분석에서 이야기했듯이 정형화된 정리에 그치고 있다는 점을 들 수 있다. 인구 감소와 산업구조의 변화, 자가용의 보급에 있어서 그 흐름을 갑자기 바꾸기는 불가능하다. 본래는 중장기적 관점에서 서서히 흐름을 바꾸는 방안을 전략적으로 취해야 하는데, 실제 시책은 아케이드 보수라는 하드웨어에 편중된 보조 사업이거나 주차장 증설과 같은 즉각적이며 단기적인 시책이 많아 문제 해결에 이르지 못하는 것이다. 즉, 문제 파악은 틀리지 않았지만 적절한 정책 대응은 이뤄지지 못했다는 것이 아닐까?

필자들은 지방 도시 문제에 대한 전략적인 시책으로 대중교통*의 역할에 목표화한 '교통 마을 만들기'라는 접근을 지금까지 제시해 왔다.[12] 자가용이 보급된 현재, 자가용의 편리성을 뛰어넘는 매력으로 시민이 대중교통을 이용할 수 있게 하는 동기 부여(인센티브)를 통해 도시의 구조를 점차적으로 바꾸어 가는 것이 인간의 자연스러운 행동 원리에 따른 효과적인 방법이다. 그러기 위해서는 도시 정책 안에 교통 정책을 동원하는 정책 유도가 필요해진다. 이 책에서도 그러한 '교통 마을 만들기'가 사고의 기본이다.

다음 절부터는 프랑스의 최근 실상에 대한 현지 정치인, 행정가, 시민의 인터뷰 등을 소개하면서 교통 정책과 도시 정책을 포괄적으로 상세히 검토함으로써 어떠한 정책적 대응이 가능할지

---

* 대중교통public transport, public transportation은 기차, 자동차, 버스, 배, 비행기 등을 이용해 여러 사람이 한꺼번에 이동하는 것으로 개인의 교통수단을 관리하는 개인 교통과 구별하여 공공기관이나 정부의 관리를 받는 기업이 운영하는 교통수단이란 뜻인데, '공공교통'이란 말을 쓰자는 주장도 있다. 일본과 중국은 '공공교통'이라는 용어를 쓰지만, 이 책에서는 우리에게 더 익숙한 '대중교통'이라는 용어를 쓰기로 한다.

에 대해 생각해 보기로 한다.

2. 프랑스 지방 도시들의 활기찬 시가지

소도시의 활기

인구가 50만 명도 안 되는 프랑스 지방 도시들의 중심시가지
에서 토요일의 활기를 본 사람들은 "특별한 행사도 없는데 왜 이
렇게 거리에 사람이 넘쳐나지?"라며 매우 이상하게 여길 것이
다. 몸을 제대로 움직일 수 없을 만큼 혼잡한 경우도 드물지 않
다(단, 상점이 문을 닫는 일요일이 되면 관광객은 아무도 없는 마을 한
가운데에서 쇼핑을 못해 망연자실해진다).

또한 가족단위가 많은 것에도 놀랄 것이다. 일본과 달리 주말

[그림 6]
보행자 공간이 정비된 도
시의 활기(앙제 시)

에 클럽 활동을 하는 경우는 드물고 학원도 많지 않다. 그래서 아이들은 기본적으로 중학생이 될 때까지 주말에는 부모와 함께 지낸다. 그렇다면 왜 이렇게 많은 사람들이 시가지로 발을 옮길까?(그림 6)

그것은 '걷기 즐거운 마을 만들기'가 되어 있기 때문이다. 어린아이를 데리고도 차를 신경 쓰지 않고 천천히 쇼핑이나 다과를 즐길 수 있는 보행자 전용공간이 어느 중소도시에나 당연한 듯이 정비되어 있다. 지자체는 최근 20년 간 교외에서 오는 시민들을 위해 시가지의 보행자 전용공간 정비와 동시에 주차장을 완비하거나 대중교통을 충실화하려는 노력도 해 왔다. 그 결과 확실히 "프랑스의 지방 도시에는 닫힌 상점가가 없다"라고 말할 수 있게 되었다. 이 책에서는 중소도시들의 활기에 초점을 맞추어 교통, 상업, 세제, 사람들의 생활 등 다양한 측면에서 지방 도시의 모습을 소개하고자 한다.

현재 내가 거주 중인 앙제 시는 인구가 약 15만 명으로 인구 규모로 보면 프랑스에서 16위를 차지하고 있다. 프랑스의 최소 행정단위로서 '코뮌'*이라고 불리는 주위의 31개의 지자체[13]와 앙

---

* 프랑스의 코뮌commune이라는 용어는 12세기에 '공동생활을 함께 나누는 사람들의 작은 모임'을 뜻하는 중세의 라틴어 communia에서 처음 탄생하였다. 프랑스의 코뮌은 미국의 지자체, 스위스, 독일의 게마인덴과 거의 유사하다. 프랑스의 코뮌은 파리 시와 같이 200만 거주자가 사는 도시일 수도 있고, 인구 1만 명이 사는 마을이 될 수도 있고, 겨우 10명이 사는 촌락일 수도 있다(출처: 위키백과 사전).

제 도시권 공동체[14]를 구성하고, 역내의 도시계획과 교통 행정을 관장하고 있다(표 2). 앙제 시에서 차로 서쪽 90㎞ 떨어진 곳에는 인구 28만 명, 경제권 인구 60만 명으로 프랑스에서는 대도시로 분류되는 낭트Nantes 시가 있다. 따라서 주말에 앙제 도심으로 모이는 사람들은 근교의 앙제 시 교외에서 이동하고 있는 것으로 보면 된다. 도시권 공동체 권역 내의 주민 70%의 고용이 앙제 시내에 있고 모든 이동의 65%는 앙제 시가 기점이 되거나 목적지로,[15] 권역 내에 있어서 앙제 시의 구심력이 매우 강하다. 도심인구 15만 명이라고 하면 돗토리鳥取 현의 요나고米子 시, 경제권의 27만 명이라면 효고兵庫 현의 가코가와加古川 시와 같은 규모다. 앙제

<표 2> 프랑스의 행정구역

행정구분	수	
주(지방)	16	주(지방)는 2015년에 기존의 26개에서 16개로 통합됨
현(도)	101	현(도)지사는 관선으로 지방에서 정부를 대표함
메트로폴 (광역지자체 연합 중 하나)	14	스트라스부르, 리옹, 마르세이유, 보르도, 니스, 툴루즈, 낭트, 닐, 루앙, 낭시, 렌 등을 중심으로 하는 2015년부터 각 참여 코뮌들의 권역 내 도시계획, 도시교통 등의 고유 업무 및 권한에다 기존에 현(도)에서 담당했던 사회문제, 의료, 학교, 환경문제에 대한 권한이 메트로폴로 양도됨
도시권 공동체 (광역지자체 연합 중 하나)	10	메트로폴을 형성할 수 없는 인구 10만 명 전후의 도시를 중심으로 하는 코뮌 공동체. 앙제, 디종, 루앙 등
코뮌	3만 5885	코뮌–최소 행정단위. 약간의 코뮌 통합이 이루어져 3만 6600개에서 감소함. 아무리 작은 규모라도 수장선거, 의회 기능이 있음

이 책에서는 메트로폴이나 도시권 공동체는 '광역지자체 연합', '공공 단체' 혹은 단순히 그 중심 도시의 명칭('스트라스부르' 등)으로 표기한다. 또 코뮌은 '시' 혹은 '지자체'로 번역한다. 이들 행정기관은 의회 정부 기능을 갖추고 있고, 또 징세권을 가진다.

시는 파리에서 약 300㎞, 프랑스의 KTX인 TGV로 1시간 40분 남서쪽에 위치한다. 신칸센 '노조미'호로 도쿄에서 나고야名古屋까지 가는 소요시간과 같다.

이 앙제 시는 주간지 〈렉스 프레스〉[16]가 매년 하는 도시 랭킹 조사에서 2014년에도 '살기 좋은 마을' 1위를 차지했다(그림 7). 매년 상위권에 이름을 올리는 도시는 정해져 있어서 이들 지방 도시에서는 공통적으로 수준 높은 삶의 질을 느낄 수 있다. "Il fait bon vivre." 번역하자면 '살기 편함'이라고 할까. 이 도시 랭킹의 평가지표를 보면 프랑스인이 주거에 기대하는 것이 무엇인지 알 수 있어 흥미롭다. 2014년도에는 '지속 가능한 발전 도시'를 주제로 다섯 항목의 바로미터를 설정하여 50개의 지방 도시를 비교했다. '모빌리티' 항목에서는 스트라스부르Strasbourg 시가 20점 만점, 그르노블Grenoble 시, 리옹Lyon 시, 마르세이유Marseille 시, 니스Nice 시 순이다. 채점기준은 '출퇴근, 등하교에 필요한 시간',

[그림 7] 앙제 중앙철도역에 크게 붙은 '살기 좋은 마을 1위' 패널

제공: ALM

'대중교통의 충실도와 이용자 수', '자전거 전용도로나 도보 전용공간의 정비도' 등이다. 2014년도 일본 경제산업성의 '살기 편한 마을 랭킹'에서 마쓰에 시가 1위, 이즈모出雲 시가 2위, 고쓰江津 시와 시마네島根 현이 3위를 차지했으나,[17] 이들 모두 차가 없으면 생활이 불편한 지역으로 이 부분이야말로 일본과 프랑스의 '살기 편함'에 대한 생각의 차이가 현저하게 드러나고 있다. 앙제 시에는 현재 우쓰노미야宇都 시에서 도입 계획 중인 신형 노면전차LRT가 2011년부터 달리고 있다. 1990년대 시가지의 중심지인 포슈가[18]에는 23초에 한 대 꼴로 버스가 꼬리를 물며 운행되고 있어 교통체증을 일으키고 있었다.

지금은 같은 큰 길의 도로 공간을 LRT · 버스 · 자전거 · 보행자가 공유하는 모습이 보인다. 도시와 모빌리티에 관해서는 3장에서 대중교통, 도보, 자전거 등의 이동 수단에 있어서 특색 있는 모빌리티 정책을 전개하여 마을 만들기를 추진 중인 프랑스각 도시의 실제 사례에 대해 자세히 설명하고자 한다.

또 다른 바로미터는 '환경'(폐기물 재활용률, 주민 한 명당 녹지 면적 등), '경제'(실업률, 니트족* 비율 등), '건강'(평균 수명, 병원 시설의 충실도), '사회 정책'(집세가 싼 공영주택의 공급도 등. 이 지표는 사회복지를 중시하는 프랑스답다)에서 INSEE국립 통계경제연구소의

---

* 니트NEET족은 의무교육을 마친 뒤에도 진학이나 취직을 하지 않으면서, 직업 훈련도 받지 않는 사람을 가리키는 말로, Not currently engaged in Education, Employment or Training의 두문자어다(출처: 위키백과).

숫자를 기초로 한 조사를 바탕으로 전체 평가를 평균 낸 1위가 2012년부터 2014년까지 3년 연속 앙제 시였다. 또 낭트 시·렌Renne 시·스트라스부르 시·메츠Metz 시·낭시Nancy 시가 예년 상위권에 이름을 올리고 있고(그림 8),[19] 이들의 공통점은 대중교통이 충실한 중소도시라는 점이다. 대중교통 도입에 열을 올렸던 지자체는 주거·복지 등의 사회 정책에도 힘써 도시계획을 종합적으로 진행해 온 결과, '살기 좋은 마을'이 되었는지도 모른다. 또 대서양 기슭의 낭트 시처럼 환경 문제에 일찍부터 의식이 높

[그림 8]
'살기 좋은 마을' 상위 도시

[그림 9]
늘 사람이 많은 중앙 광장의 카페(앙제 시)

앗던 수장의 정권이 계속된 중소도시가 많다. 확실히 앙제 시는 살기 편하다. 기후가 온난하고 치안이 잘 되어 있으며 '프랑스의 정원'으로 불리는 비옥한 자연환경에 역사와 문화가 응축된 궁전과 교회가 곳곳에 있다. 대학이나 고등교육기관이 위치하고, 인구의 5분의 1이 학생으로 동네 분위기가 아주 젊다. 그리고 시가지에는 규모는 작지만 행정기관·소비 거점·문화시설 등이 전부 갖춰져 있다. 광장의 카페에는 언제나 사람이 넘쳐나고 인구는 매년 0.2%씩 증가 중이다(그림 9).

교외 대형 상점과 공존하는 시가지의 상점

앙제 시 중심시가지에 닫힌 상점가는 없지만 교외에는 대형 상점도 있다. 시가지로부터 자동차로 10분 거리에 가까운 미래의 경관을 한 연면적 7만 1000㎡, 주차장 2700대의 대형 쇼핑센터 아톨[20]이 2012년에 개점했다(그림 10). 신선 식품점은 없고 DIY*, 가구, 전기용품이 주류로, 연간 700만 명 가까운 사람들이 방문한다. 이 외에도 자동차로 접근 가능한 신선 식품점을 포함하는 교외형 쇼핑 집적지가 세 군데나 있음에도 불구하고 사람들은 시가지를 찾는다. 앙제 시를 중심으로 하는 인구 31만 명

* DIY는 'do it yourself'의 약자로 '네 자신이 직접 만들어라'라는 뜻이다. 대표적으로 이케아 가구가 있으며, 전문 업자나 업체에 맡기지 않고 스스로 직접 생활공간을 보다 쾌적하게 만들고 수리하는 개념을 말한다(출처: https://ko.wikipedia.org/wiki/DIY).

의 생활권[21]에 대해 2174개의 거점 상업시설이 있고, 소매점 종업원 1만 279명 중에서 5228명이 매장 면적 300㎡ 이하의 소규모 상점에서 일하고 있다.[22] 교외형 대형 상점과 시내 개인 상점의 공존이 가능해져 있는 것이다. 4장에서는 왜 소형 상점도 활력이 넘쳐나는지, 그 배경과 도심의 상업을 지키기 위해 정부가 취해 온 시책을 언급하고 앙제 시를 사례로 지자체의 대응을 소개하도록 한다.

시민의 시가지 지향

앙제 도시권 공동체는 앙제 시와 그 북부 교외 아브리에 시[23]를 중심으로 부도심 주택개발을 하고 2030년까지 9000호의 건설을 예정하고 있다. LRT로 10분이면 앙제 시 도심에 닿는다. 리먼 쇼크를 거치면서 건설 속도는 떨어졌지만 2016년도 말에 약 2600호 완공 예정으로 입주가 진행되고 있다.

[그림 10]
앙제 시외의 대형 쇼핑센터 아톨

이 중에서도 인기 상품은 세련된 고령자용 아파트다. 프랑스에서는 예전 교외의 단독주택에 살던 주민이 고령화됨에 따라 시가지의 '무엇이든 도보로 가능한 편리성'과 내부 계단 없는 아파트 저층생활을 선호하게 되어 도심부 회귀의 동향이 활발하다. 마을의 부동산업자는 "도심에서는 물건도 보지 않고 즉시 구매를 결정하는 클라이언트도 나왔다"라고 말한다. 소비 측면에서 보면, 예를 들어 교외형이었던 대형 체인점 까르푸carrefour도 2009년부터 시가지에 180㎡ 이하의 소형 슈퍼 '까르푸 시티'²⁴를 운영하기 시작했고, 2014년에는 이미 프랑스 전역에 500개 이상의 상점을 운영하고 있다. 취업 여성과 독신 세대가 늘어난 사회 배경도 한몫하여 집에서 가까운 소규모 슈퍼마켓의 이용이 활발해졌다. 도시형 슈퍼는 대중교통의 결절점에 위치하는 것이 필수 조건이다. '생활의 주요 기능·일·학교·소비 행동의 장소 등이 간결하게 배치된 마을이 시민의 요구를 충족시키는 마을'이라는 의식이 점점 높아지고 있다. 그리고 '일정 수준의 고층 건물을 마을 안에 지으면 도심의 남은 땅에 녹지 공간을 확보할 수 있다'고 하여 환경보전에도 도움이 될 것으로 생각된다. 이러한 도심 회귀의 움직임 전체도 지방 도시의 시가지 활성화로 이어진다. 콤팩트 시티에 대한 프랑스 지방 도시에의 접근에 대해서는, 5장에서 도시계획 책정의 메커니즘과 계획의 실현화 프로세스와 그 실태를, 아직 일본에는 잘 알려져 있지 않은 '마스터 어버니스트이자 도시계획 디자이너'의 프로필과 함께 자세히 논하도록 한다.

프랑스인의 모빌리티[25]

프랑스인의 60%가 LRT나 버스를 이용할 수 있는 도시권에 거주하고 있으며, 교외 거주자가 24%, 생활에 차가 필요한 농촌 지역 주민이 16%다(그림 11). 하루에 3.15회 이동을 하고 56분이 걸리며 총 이동거리는 25㎞다. 직장인의 평균 통근거리가 11.1㎞로 워크 라이프 밸런스가 상당히 실현되고 있다(표 3). 2010년 통근수단의 약 70%가 자동차, 15%가 대중교통, 나머지는 자전거와 도보다. 이동 동기의 약 21%가 출퇴근, 19%가 쇼핑, 13%가 자녀

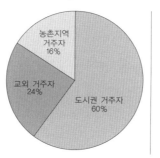

[그림 11] 프랑스인의 거주 범위

출전: 환경성 발표 2010년

〈표 3〉 프랑스인의 모빌리티

	3.15회/일
이동시간 합계	56분
이동거리 합계	25km
집에서의 평균 통근거리	11.1km(2008년)
	7km(1992년)

출전: 2012년 환경성 〈이동조사〉

의 학교나 병원 등으로의 이동인데, 전체적으로 레저나 여가 목적의 이동이 늘어나고 있는 추세고, 베이비붐 세대가 연금 생활에 들어감에 따라 업무 이외 목적의 이동거리가 증가했다. 또한 실업자의 증가 등으로 사람들의 이동 시간대가 예전의 아침과 오후 피크에서 완화되어 하루 전체로 분산되고 있다. 이동에 소요되는 비용은 가계수입에서 15%의 투자나 저축을 뺀 가처분소득의 13.1%를 차지한다. 가계 지출비로 가장 큰 비중을 차지하는 것은 집세, 전기요금 등의 주거와 관련된 필요경비로 26.8%, 식비가 13.3%, 그다음이 교통비이므로 일반가계에서 이동에 필요한 지출비의 중요성을 알 수 있다(그림 12).[26]

자동차 소유의 연간 경비는 2015년의 경우, 보험, 유지 보수, 주차, 연료 등에서 소형차는 5796유로(747만 6800원)이고, 중형 디젤차는 7953유로(1025만 9300원)[27]다. 그러나 일본과 마찬가지로 자동차에 대한 소유욕은 젊은 세대에서부터 식고 있고, 시대는

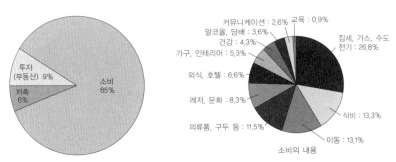

[그림 12] 프랑스인의 가처분소득과 소비

INSEE 자료를 토대로 필자 작성

이른바 '공유경제'로 이행 중이다. 자동차를 소유하지 않고 필요할 때 인터넷을 검색해 라이드 셰어, 카 셰어링 등을 이용하는 인구가 많아졌다.[28]

이러한 셰어 형태는 모빌리티뿐 아니라 생활 전반에 걸쳐져 있어서, 휴가철 숙박처도 인터넷에서 주거와 교환할 물건을 찾고 DIY용 공구에 이르기까지 인터넷을 통해 임대 및 공유하는 비즈니스가 존재한다.[29] 언론들은 일제히 이 '소유하기 위한 소비에서 공유 경제로 이행한 새로운 세대'를 다루고 있다. 그래서 사람들의 자동차 이탈이 진행되고 있어 적어도 도시에서는 대중교통을 이용할 기회가 앞으로 점점 늘어날 것으로 보인다. 프랑스인과 자동차에 대해서도 3장에서 자세히 언급한다.

그러나 카 셰어링만으로 쇼핑 · 학교 · 병원 · 관공서 · 레저 등의 용무가 해결 가능한 것은 자동차 없이도 일상생활이 가능하도록 도시 기능이 집적된 마을이 정비되어 있기 때문이다. 도심에서 자동차를 배제한 지방 도시의 마을 만들기는 일본에서는 아직까지 합의 형성이 어렵다고 알려져 있다. 그렇다면 프랑스에서는 최근 30년 간 어떻게 시민을 계몽하여 '걷기 즐거운 마을 만들기'를 실현했는지, 사회적 합의를 반드시 실현시켜 온 지방 도시의 정치와 합의 형성의 구조, 행정의 홍보 방법 등에 대해서는 6장에서 소개한다.

그리고 '왜 중소도시가 활기찬가?', 도시 전략의 결론으로서 지방 정치인이 지방 경제 진흥을 위해 힘쓰는 모습을 환경 선진 도시 스트라스부르를 만들어낸 전 시장 트라우트만과 프랑스에서 살기 좋은 마을 1위에 뽑힌 앙제 시 현 시장의 인터뷰 내용을 소개하고자 한다.

그럼 '도보 가능한 마을'의 재생을 통해 '지방 도시의 시가지 활성화'를 가능하게 한 시대 배경과 법제 정비의 변천, 지자체의 모습을 간단히 소개하면서 본론으로 들어가 보자.

1   중심시가지 활성화 평가조사위원회(2013) '향후의 중심시가지 활성화 시책의 방향성에 대해서-계획 운용에 관한 긴급 점검 항목을 포함(중간적 논점 정리)'
2   마스다 히로야 편, 《지방소멸》, 주코우신서, 2014.
3   총무성의 '주택·토지 기본 조사'에 따르면, 2013년의 빈집 비율은 도쿄 도에서도 10.9%(전국 평균은 13.5%)로 10채에 1채 이상이 빈집인 상태다.
4   일본 자동차 공업사 홈페이지에서
5   자동차 생활에 관한 설문조사(제4회)
6   국토교통부 〈전국 도시교통 특성조사(2010)〉에 근거한다.
7   데이터는 동양경제 〈지역경제총람〉에 근거하여 승용차 보유대수에는 경차도 포함된다.
8   총무성 〈세계의 총계 2016〉
9   LRT는 주행공간의 개선, 차량성능의 향상 등으로 승하차의 용이성, 정시성, 수송력, 쾌적성 측면에서 뛰어난 특징을 가진, 사람과 환경을 배려한 차세대형 노면전차 시스템(2008년, 교토의정서 목표달성계획)이다. 이를 프랑스에서는 트램[Tram]이라고 부른다.
10 총무성 〈세계의 총계 2016〉
11 아베 마사오, 《지방에 머무르는 젊은이들》, 아사히신서, 2013, 25쪽.
12 우쓰노미야 기요히토, 《지역재생의 전략-'교통 마을 만들기'라는 어프로치》, 치쿠마서방, 2015.
    반손 후지이 유미, 《스트라스부르의 마을 만들기》, 가쿠게이 출판사, 2011 등.
13 프랑스에는 읍면동의 구별이 없고 모든 지자체를 코뮌이라고 부른다. 이 책에서는 편의상 코뮌에는 '앙제 시'라는 표현, 복수의 코뮌이 형성하는 광역지자체 연합의 메트로폴이나 도시권 공동체에는 그 중심이 되는 코뮌명을 써서 '앙제'라는 식으로 고유명사만으로 표기한다.
14 앙제 루아르 메트로폴[Angers Loire Metropôle](553㎢): 보다 대규모인 '광역지자체 연합'의 행정체계인 메트로폴과의 혼동을 피하기 위해 이 책에서는 '앙제 도시권 공동체[ALM]'로 기재한다.
15 출처: 앙제의 PDU(도시 교통 계획)
16 출처: http://www.lepress.fr
17 데이터 산출방법은 복잡한데, 치안, 자연환경, 앞으로 30년간의 강도 6 이상의 지진 발생 확률, 대기 아동률, 음식점의 집적도, 쇼핑센터, 역, 버스정류장과의 거리 등의 22개 항목이 채점의 기준이다.
18 Avenue FOCH
19 출전: 〈Les Echo〉
20 ATOLL http://www.lsa-conso.fr/l-atoll-vaisseau-commercial-experimental-se-pose-

a-angers, 129071

21 종합 개발 전략 이 책 63쪽 참조

22 출처: 멘에루아르 도 상공회의소(2015년). 자세한 것은 이 책 171쪽 참조

23 Avrielle

24 일본에도 진출, 철퇴하여 유명한 까르푸는 도심에서는 프랜차이즈 방식으로 소형 상점 여러 곳을 운영 전개 중이며, 제휴 상대에게 상표나 운영 노하우를 제공하는 편의점 형식과 비슷하다.

25 출처: 이동조사(2012년), 세대조사(2010년)를 기초로 한 프랑스 환경성 홈페이지 http://www.statistiques,developpement-durable.gouv.fr

26 출처: 〈Les Echos〉(2015년 6월 24일) INSEE의 숫자를 기초로 하는 조사.

27 출처: ACA[Automobile Club Association] 발표 숫자. 소형차는 연간 주행거리 8225㎞, 중형차는 연간 주행거리 1만 5477㎞로 산출. 자동차 구입비의 감가상각비를 포함한다.

28 도심 주차장의 대여나 공유까지 시작됐다. 예를 들면 양 베나엔이 1시간에 2,5유로로 기업이 소유한 주차공간을 일반 사용자에게 빌려주는 파킹 셰어 비즈니스를 일으켰다.

29 2014년 프랑스인 4명 중 3명이 어떤 소비재를 인터넷상의 개인 간 매매행위를 통해 구입했다. 이 책 166쪽 참조. 출처:http://www.e-loue.com/location/ajouter/gclid=CPbx_s6RpMoCFQUewwodeTcNbw

제2장

'활기찬 지방 도시 시가지'가 되기까지

주차장화된 광장(70-80년대)

프랑스도 1970년대에는 시가지가 주차장화되었다(그림 1, 2).
트라우트만 전 시장에 의하면 현재는 보행자 우선 정책을 철저
히 도입하고 있는 스트라스부르 시조차 25년 전에는 "자동차가
너무 많아서 도심의 끝에서 끝까지 걸을 수 없었다. 역사적 건조
물들도 대기오염으로 벽이 새까맸다"고 말했다.

마침내 1970년대부터 80년대까지 도시 주변부에 대형 하이퍼
마켓이 보급되기 시작하여 새로운 상점 집적지에서 시민들이 대
거 소비를 하게 되었다. 거기서는 쉽게 주차할 수 있고 자유롭
게 쇼핑이 가능하다. 일본 소비자들은 상상도 못하겠지만 원래

프랑스 상점에서는 주인과 손님이 대등한 관계다. 역으로 말하면 '손님은 왕'이 절대로 아니었다. 가게에 들어가면 반드시 먼저 "봉주르"라는 인사말로 시작해 "무엇을 찾으십니까?"라고 점원이 묻기 때문에 가게에 들어가기 전에 손님은 '소비 대상물'을 스스로 명확히 파악해 두어야 한다. 대체로 점원은 전문지식이 풍부하여 손님이 찾는 물건을 정확하게 제시하고 명확한 이유로 찾는 물건과 맞는 상품이 없는 경우 실로 담백하게 "그럼 다

[그림 1]

1965년 앙제 시 중앙 광장

제공: ALM

[그림 2]

2015년 앙제 시 중앙 광장

제공: ALM

음 기회에"라고 말한다. 일본처럼 "그냥 좀 둘러보고 싶다"고 말할 수 있는 분위기가 아니어서 마을의 개인 상점은 보통 손님들에게는 문턱이 높았다.

2000년대 초반에 이르기까지 상점에는 "마음대로 들어오십시오Entree libre"이라는 팻말이 붙어 있었다. 그 정도로 들어가기 힘들었던 것이다. 덧붙이자면 '공급자는 좋은 물건을 공급하므로 그 상품을 필요로 하는 손님과는 대등'하다는 태도가 비즈니스 전반에서 보이는 경향이다. 그러한 배경을 바탕으로 백화점이란 형태가 프랑스에서 만들어져 발전한 것도 수긍이 간다. 따라서 일부 상류층을 제외한 일반 시민은 기꺼이 하이퍼마켓과 그 주변에 발전한 쇼핑몰로 갔다. 인테리어도 70년대는 최고급품과 조악한 가구의 양극단에 불과했지만 80년대 무렵부터 그 중간급 상품이 나오기 시작했고,[1] 여러 의미에서 부유층도 노동자 계급도 아닌 중산층 가족을 교외 쇼핑몰이 끌어들였다. 그 결과 점점 도심 상점가에는 사람의 방문이 적어졌다.

경관 정비를 동반한 마을 만들기 수단으로서의 LRT(90년대)

프랑스에서는 100개 이상의 도시에서 노면전차가 달리고 있었으나 1960년대에는 모터리제이션에 의해 대부분의 도시에서 선로가 폐쇄되었다. 그러나 교통체증, 환경오염, 도심 공동화 등 자동차 사회의 폐해가 이미 70년대부터 뚜렷해졌고, 80년대에는 도심에 대형 대중교통의 도입이 다시 검토되기 시작했다. 이때 교통 정책의 주체는 인구가 많은 코뮌을 중심으로 구성 중이었던 광역지자체 연합이었다. 1985년에는 낭트, 87년에는 그르노블에서 근대형 노면전차가 도입되었다. 1990년대부터는 정부 보조금의 지원 등도 있어서 각 도시에서 LRT 정비가 진행되었지만, 그중에서도 멋지게 선봉에 선 것은 세계 최초의 완전 초저상 차량을 도입한 스트라스부르일 것이다(그림 3). 근미래적이면서 나아가 완전한 배리어 프리로 외향이 멋진 트램[2]이 도심을 당당하게 주행하는 모습은 보는 사람을 압도했다. 20년이 경과한 지금도 특별히 철도에 흥미가 없더라도 저도 모르게 카메라를 들게 될 만큼 빼어난 디자인을 자랑하는 차량이다. 또한 LRT 도입과 동시에 철저하게 마을 경관의 정비도 이루어졌다. 지금에야 도시 디자인이라는 표현이 당연해졌으나, 1994년 당시 가로변의 외부 조명등에서부터 정류장시설까지 철저히 브랜드화된 스트

[그림 3]
스트라스부르 시의 초저상 차량과 사람, 자전거로 활기찬 마을 풍경

라스부르의 도시 교통 디자인은 참신하고 아름다운 잔디 궤도와 함께 이후 프랑스 각 도시의 모델이 되었다(그림 4). 또한 LRT를 단순한 교통수단으로 도입하는 것이 아니라 보행자 전용공간의 정비, 자전거 주행의 편리성 향상, 녹지 공간의 충실화 등을 동시에 진행하여 오로지 마을 전체의 '쾌적함'을 추구했다. 또 교외 거주자가 시가지로 LRT를 통해 접근할 수 있도록 대형 파크 앤 라이드(P+R)[3]를 시가지 외부에 만들어, 쉽게 차를 주차하고 LRT로 환승이 가능하도록 고안했다. 지금은 P+R 주차요금을 무료로 하고 있는 지자체도 많지만, 스트라스부르에서는 4.1유로(5290원)[4]의 주차요금 대신에 자동차 한 대에 동승한 7명까지 LRT 왕복표를 무료로 지급하는 인센티브를 채용했다.

이처럼 프랑스에서는 저렴한 요금 설정과 철저한 대중교통 이용 촉진 조치를 취하여 유럽에서 도로가 가장 충실한 이 나라는 시가지의 자동차 의존으로부터의 탈출에 성공했다. 2016년 현재

[그림 4]

스트라스부르 시의 경관 정비

제공: Eurometropole de Strasbourg, 이후 EMS로 표기한다.

<표 1> LRT 도입 28개 도시 일람표

지자체명	도입 타입	노선수	주행거리 (100만km 단위/년)	트램수 (100만 단위/년)	노선 개통일
앙제	철륜(쇠바퀴) 트램	1	0.9	8.55	2011.6.25
오비뉴	철륜 트램	1	0.05	0.02	2014.7.1
브장송	철륜 트램	2	0.36	2.98	2014.9.1
보르도	철륜 트램	3	4.71	75.18	2003.12.20
브레스트	철륜 트램	1	1.15	9.3	2012.6.23
칸	고무 타이어 트램	2	1.26	8.64	2006.11.18
끌레르몽페랑	고무 타이어 트램	1	1.29	15.97	2006.11.13
디종	철륜 트램	2	2.11	22.60	2012.9.2
그로노블	철륜 트램	5	4.28	51.06	1987.9.5
르와브르	철륜 트램	2	1.15	14.49	2012.12.12
루만	철륜 트램	2	1.55	15.76	2007.11.14
릴	철륜 트램	2	1.5	9.4	1909.12.4
리용	철륜 트램	6	6.63	83.62	2000.12.8
마르세이유	철륜 트램	2	1.21	17.61	2007.6.1
몽펠리에	철륜 트램	4	5.43	61.14	2000.7.1
뮐루즈	철륜 트램	3	1.27	13.49	2006.5.12
낭시	고무 타이어 트램	1	0.99	9.72	2001.1.28
낭트	철륜 트램	3	5.30	72.51	1985.1.7
니스	철륜 트램	1	1.3	29.51	2007.11.26
오를레앙	철륜 트램	2	2.37	20.03	2000.11.24
파리	고무 타이어 트램 철륜 트램	6	8.34	222.35	1992.7.6
렝스	철륜 트램	2	1.03	7.59	2011.4.16
루앙	철륜 트램	1	1.47	17.57	1994.12.16
셍테티엔	철륜 트램	3	1.68	22	1881.1.1
스트라스부르	철륜 트램	6	5.74	69.86	1994.11.26
툴루즈	철륜 트램	1	1.14	8.71	2010.12.11
투르	철륜 트램	1	1.26	14.54	2013.9.1
발렝시엔	철륜 트램	2	1.74	7.17	2006.7.3

출처 : 프랑스 환경성 2015년 12월 보고서

28개 도시에서 LRT가 주행 중이다(표 1). 도심에는 사람이 넘쳐
나고, 일본에서는 별로 볼 수 없는 보행 장애인, 휠체어나 유모
차 이용자의 외출이 매우 많다(그림 5).

이렇게 1980년대까지는 차량 정체로 사람의 그림자가 적었던
지방 도시의 도심부가 트램이나 버스 고속 수송 시스템BRT을 도
입하고 노선버스를 포함한 대중교통 서비스를 확충시킴으로써
예전의 활기를 되찾으며 시가지 활성화에 성공했다(그림 6).

[그림 5]
유모차도 휠체어도 시내
외출이 가능한 마을 만들
기(앙제 시)

[그림 6]
트램과 앙제 시 중앙 광
장

상점가에 대한 행정의 대응

1990년대에 LRT가 도입될 당시 도심의 상가는 크게 반대했다. 상인들은 모든 수단을 동원하여 당시 스트라스부르 시장을 향해 반대 운동을 벌였다. "차로 도심에 접근할 수 없게 되면 손님이 다 떨어진다"면서 LRT 노선 공사 때문에 벌목 대상이 된 나무에 올라가 꼼짝 않고 버티며 반대를 표명한 시민도 있었다. 그러나 현재, 지방 도시에서는 모든 상점가가 LRT 도입에 적극적인 정반대 현상이 나타나고 있다. '걸어서 윈도쇼핑'이 가능해지면 사람들이 길거리에 머무는 시간이 길어진다. 주차권을 걱정할 필요가 없어지면 쇼핑 후에 다과나 식사, 영화 관람으로 이어진다. 그러나 당시의 상점주들은 예측하지 못했다.

반대 운동에 대응하기 위해 행정은 '수익 감소액 보전'이라는 대책을 강구했다. 지금은 많은 지자체가 채용하고 있는데, LRT 공사 중인 상점의 전년도 대비 수익의 감손분을 행정이 보전하는 것이다. 다만 공사 전 3년간의 영업 실적이 있어야 한다는 조건이 붙는다(과거 3년 수익 평균액과 공사 중의 수익액과의 차액을 보전하는 경우도 있다). 확실히 공사 중에는 자동차로도 도보로도 상점에 접근하기가 쉽지 않다. 그러니까 이것은 '민폐에 대한 보전료'이지 결코 LRT 반대자에 대한 '완화책'이라거나 '배상금'이 아니다. 상점주가 이 보전액을 받기 위해서는 스스로 상업법원으로 가서 신청 수속을 할 필요가 있다. 상점주 측에도 책임을 지위 매년 장부 등을 정확히 기재한 소득신고가 한층 강화되었다. 현재는 핸드북 《보전 가이드라인》이 있어 LRT 예정 노선의 상점 주들은 공사 중에 상점 내부를 수리하는 등 오히려 적극적으로 공사기간을 이용하고 있다. 이를 위해서도 도시 교통 계획을 시행하는 행정 당국은 가능한 한 자세히 공사 정보를 상점에 전달할 필요가 있다. 또 LRT 도입의 합의 형성으로 시민의 논의가 분규하는 것은 '노선 도입 지역과 정류장의 위치, 수송 능력과 비용'이다. 반대자들의 관심에 대해서 행정이 어떻게 대응해 왔는지, 보전의 구도와 함께 6장에서 상세히 소개한다.

프랑스에서는 단순히 교통체증 완화를 위해서 LRT를 도입하고 있는 것이 아니다. 스트라스부르의 리스 시장의 표현을 빌리자면, 도시계획과 연계시켜 '사람과 자동차가 움직이는 라인에 따른 도시 모델'을 먼저 구축한다. 그리고 대규모 상업시설, 병원, 고등학교나 대학, 공공시설 등의 거점에 역을 세우고, LRT를 마을 만들기의 수단으로 철저하게 이용한다. 모빌리티는 복지, 환경과도 일체화된 도시 전략으로 자리 잡아 왔는데, 구체적으로 도시 교통 계획은 어떤 프로세스로 결정되는 것일까?

'교통권'을 보장하고 환경, 복지에 공헌하는 교통 마을 만들기

LRT 노선 도입 대상이 되는 지구의 우선순위는 도시 교통 계획PDU[5]으로 결정된다. 도시 교통 계획은 '도시 교통 마을의 철학'

이다. 1982년 국내 교통 기본법LOTI[6]으로서 지자체에 교통 정책의 기획 · 실시 권한을 양도함과 동시에 '교통에 대한 권리',[7] '이동할 권리'를 보장했으나, 법률에 기재된 것만으로는 누구도 시민에게 안전하고 값싼 교통에 대한 접근을 보장해 주지 않는다. 1996년의 대기법LAURE[8]으로 '시민의 건강과 마을의 환경보전'을 목적으로 하는 도시 교통 계획의 책정을 인구 10만 명 이상의 도시에 의무지원, 교부금 공여와 능숙하게 연결시켜 '교통권' 이념 실현의 길을 마련하고 개혁의 구체적인 검토를 거듭해 왔다. 환경보호의 관점에서도 도시권의 자동차 이용 억제와 대중교통 · 자전거 · 도보 이동이 장려되었다. 2000년에는 연대 · 도시재생법SRU[9]으로 명확하게 '도시의 개발'과 '이동에 관한 계획'에 일관성을 보이는 것이 '지속 가능한 발전에 반드시 필요'하다고 인식되어 토지 이용과 교통 수요가 명확하게 연결된다. 또 지자체의 도시 교통 계획에서는 전용 궤도 대중교통 계획을 상위 개념으로 규정했다.

때마침 시대는 '환경'을 의식하기 시작하여 자동차 이외의 교통수단으로 사람들의 의식이 쏠리게 된다. 2010년의 그르넬 제1,2법[10]에 따라 환경보전에의 접근으로서도 궤도계 대중교통 도입에 정부로부터 보조금이 지자체에 교부되었고, 궤도계 대중교통의 대폭적인 확충이 시도되었다.

집대성된 2010년의 '교통법'[11]에서는 이동약자와 사회적 약자(저소득자)에 대한 이동 접근권이 보장되었다. 대중교통 도입은 사회 정책의 일환이다. 면허 없는 청년층이나 고령자뿐 아니라 모든 시민은 라이프 사이클 안에서 반드시 대중교통을 이용할 때가 있다. 따라서 프랑스에서는 마을 만들기에 있어서 경제 활성화나 도심부 재생뿐 아니라 '고령화 사회에 대응 가능한 도시 구조가 필요'하다는 문제의식을 공유하고, 복지에 공헌 가능하며 차가 없는 사회적 약자도 고려하여 '격차를 해소'하는 사회 정책 시도의 수단으로서도 교통에 주목해 왔다.

프랑스 지방 도시의 교통 정책이 왜 '사회 정책'인지, 구체적으로 배리어 프리와 요금의 양 측면에 관해 3장에서 설명한다. 도시 교통 계획에서는 '대중교통'만이 대상이 아니라 보행자 · 자전거 · 자동차 교통 · 주차 · 물류 · 이동관리, 철도와의 결절과 온갖 시책이 검토되고 있으며, '도로를 비롯한 도시 공간 전체의 재분배'가 '교통을 중심으로 하는 마을 만들기'를 행해가는 데 있어서 기본이 되는 철학이라는 점이 일목요연하다. 동시에 지자체는 교통과 일체화된 '광장의 활용' 등을 통해서 사람들이 모여 교류할 수 있는 장소와 기회의 창출을 도모하고 있다. 또 교통은 경제이기도 하다. 지자체가 중심이 되어 행하고 있는 기업 유치와 대학생을 끌어들이기 위한 도시 간 경쟁에서 '대중교통의 정비'는 반드시 필요한 조건이다.

토지 이용의 유도

그러나 교통이 정돈되어도 상업이나 집객 시설이 부족하면 사람들은 마을로 이동하지 않는다. 현재 지방 도시 의회에서는 도시 교통 계획과 함께 도시계획 마스터플랜PLU[12]도 심의한다. 도시계획 마스터플랜이란 각 지자체가 책정하는 '토지 이용 계획'으로, 이 규정서에 따라 지자체는 그 구역 내의 사업 인가나 건축 허가를 교부한다.[13] 각 지자체가 개발 지구나 농촌 보존 구역 지정 등 용도 지역을 결정하므로 지역의 사회적, 경제적 사정에 입각한 토지 이용 계획이 된다. 교통과 토지 이용을 개별적으로 검토하는 것이 아니라, 예를 들어 '주택 개발 구역에는 대중교통을 도입, 자연보호 구역에는 자전거 도로를 정비' 등 보다 정합적인 마을 만들기의 비전이 마련되어 있다. '도시계획 안에 미리 P+R의 토지를 확보해 둔다' 등도 알기 쉬운 교통계획과 도시계획의 융합일 것이다.

행정부 내의 부서별 수직적인 의사를 깨고 들어가지 않으면 실시는 어렵다. 근래에는 코뮌마다 도시계획 마스터플랜을 책정하는 것이 아니라, 경제권과 생활권에서 공유하는 광역 도시계획PLUi[14](인터 코뮌 마스터플랜)을 책정하는 방향성이 정부로부터 발표되었다.[15] 일본의 '도시계획 구역 · 토지 이용 규제'를 섞어 넣어 구속력이 있는 동시에 지방 의회에서 조례화될 장래의 지자체 발전의 비전을 책정한 마스터플랜이다.

사람들의 움직임은 행정 구분으로 나누어지지 않는다. 그래서 우선 교통 계획이 지자체의 행정 경계선을 넘어 책정됐다. 이를 따라가는 형태로 도시계획도 광역지자체 연합 차원의 책정이 필요해져, 광역 도시계획의 상위 개념으로서 장래 발전의 방향성을 정리한 것이 종합 개발 전략SCOT[16]이다. 광역지자체 연합을 구성하는 지자체 의원이 중심이 된 종합 개발 전략 위원회는 각 지방의 '국토 개발 방향성의 결정 기관'으로서 장래의 '토지 이용 및 경제 성장 계획'을 결정한다. LRT 도입과 같은 대규모 교통 계획은 종합 전략서에 정해진 지역 발전 계획 방침과 일치하지 않으면 책정할 수 없다. 그리고 이 종합 전략서의 책정 책임자는 '레제류LESELus'라 불리는 '선거에서 뽑힌 의원들'이다. 5장에서 자세히 밝히고 있는데, 프랑스의 토지 이용 유도는 지자체 주도로 도시계획을 결정하는 데에서 수장과 지방의원의 존재감이 크다. 그들은 지역 주민의 이익을 대표하고 그 최대공약수의 의견을 대변하는 자로 인식되고 있으며, 의원을 존중하는 것이 민주주의와 모순되는 것으로 간주되지 않는다.

지방 정치인과 의사 결정 방식

의원 보수는 기본급 월 228유로(한화 29만 4000원)로 소액이므로, 다른 직업을 가진 의원들이 많아서 의원과 일반 시민의 거리가 가까운 것을 이해할 수 있다. 일반적으로 지역 매니지먼트에 의욕과 열정을 지닌 시민이 지방 정치에 관여한다. 3만 5885개의 코뮌 중 3만에 이르는 인구 1만 명 이하의 작은 지자체에서는 복지나 교육 봉사활동을 하던 시민들이 정년퇴직을 전후로 수장이 된다. 인근 대도시에 근무하는 비교적 젊은 나이의 그 지역 출신이 선거에 나오거나 혹은 대학의 교직 등에 있으면서 의원직을 겸하는 사례가 보인다. 지방정치에 대한 시민의 관심이 높은 것은 2014년 통일시장선거[17]에서의 63.6%라는 투표율에 잘 나타나고 있다. 부시장은 시장이 선택하는 의원으로 전문성을 지닌 프로가 많고 시청의 각 국장급과 실무에서 협동한다. 수장과 의장의 다수파가 같은 정당이므로 수장을 대표로 하는 여당이 그리는 도시 구상이 비교적 원활하게 의회에 반영되어 운영된다. 그 구체적인 움직임은 5장의 앙제 시 도시권 공동체 부의장 인터뷰에서 소개하기로 한다. 또한 지자체의 의원 구성을 보면 여성이 반수 가까이를 차지하고 연령별로도 다양하여 각 인구층의 의견

[그림 7]

앙제 시의회의 본의장

제공: ALM

을 대변할 수 있도록 주파수 전환 적응이 철저히 이루어지고 있다. 프랑스에서 각 행정기관에 의견을 들으러 가 보면 대응 상대는 육아 중인 연령층도 포함하여 남녀 성비가 각각 반반 정도다. 의원도 행정 직원도 프로필이 다양하기 때문에 여러 계층에서 일하는 사람들의 의견이 계획안 책정에서도 합의 형성에서도 반영되어 도시계획이 만들어져 간다(그림 7).

합의 형성 방법

지역정비나 도시 교통 계획은 의원이나 행정만으로 결정되는 것이 아니라 반드시 시민과의 합의 형성 과정을 거치고 있다. 도시계획 법전[18]이나 환경 법전[19]이 합의 형성 과정에서 '행정이 언제 시민에게 정보를 공개할 것인지' 명확히 제시하고, '시민들이 의견을 표명할 기회'도 보장한다. 구체적으로는 지자체의 내부 조율을 거친 프로젝트 관련 활동을 중심으로 하는 사전 협의를

[그림 8]
앙제 시 도시권 공동체 주최의 LRT 제2노선 계획에 대한 사전 협의 주민 집회
제공: ALM

시청의 재량·주도로 행한다(그림 8). 행정이 홍보의 중요성을 충분히 인식하고 있어 고민을 거듭한 팸플릿을 모든 집에 배포한다. 인터넷도 활용하여 도시 및 교통 계획에 가능한 한 많은 시민들을 참여시키려 노력하고 있다. 시민 대상 설명회에서는 '마을 만들기의 비전을 먼저 지역 선출 의원이 소개'하고 나서 '행정직원이 예정 노선 등의 기술적인 설명을 한' 후 정책 실현을 위해 행정인과 의원이 팀을 이루어 시민과의 합의 형성에 임하고 있는 사례가 많다. 시민의 이해관계가 대립하는 경우에는 마을 만들기의 장기 비전을 드러낸 도시계획 마스터플랜(PLU와 PLUi)에 따라서 '최대공약수의 시민이 혜택을 받을 수 있는 방향성'을 수장과 의회가 결정한다. 시민의 의견 청취를 거쳐서 행정에서 다시 짠 방안을 '공적 심사'[20]에 회부한다(공적 심사 위원회는 행정법원이 임명하는 전문가나 지식인[21]으로 구성된다). 보다 대규모의 시민 대상 공청회 등을 거쳐서, '계획의 경제적, 사회적 임팩트' 등을 서술하는 방대한 양의 보고서를 작성한다. 관선 지사가 최종안의 관련 법규와의 정합성을 확인하고 '공익 선언'을 발령하면, '토지 수용권'도 발생하여 공사를 개시할 수 있다.

이 프로세스는 공익성이 높은 모든 공공 계획에 적용되며 '결정 및 표결에 따른 합의 형성 보고서'에도 의회의 승인이 필요하다. 보고서에는 시민으로부터의 질문과 행정 측의 회답 모두를 기술할 필요가 있으며, 일반 열람이 가능하다. 또 공사 개시 후에도 진척 상황이나 공사 중인 차의 우회도로를 설명하는 기회를 마련하는 등 끝까지 홍보 노력을 게을리 하지 않는다. 의원과 행정 직원이 협동으로 상점가에 대한 대응 및 홍보 활동에 임하고, 신규 노선이나 건축물 준공 행사에는 시장과 의원이 적극적으로 참석한다. 이들 프로세스 실행에는 행정 측에도 상당한 각오(인력과 예산)가 필요해지나 '계획 주체는 시청'으로, 반대자의 설득에 시간을 쓰는 것이 아니라 반대의견의 어떤 부분이 기획에 긍정적인 변경을 가져올 가능성이 있는지를 함께 검토한다. 그러나 "'반대하는 시민'이 계획을 시행하는 것이 아니다"라는 사실이 냉정한 시선에서 포착되고 있다. 어디까지나 최종 책임 소재는 수장에게 있으며, 시민 대상으로 계획을 설명하는 팸플릿에는 수장이나 지역 선출 의원의 언급을 반드시 게재한다.

공익성이 높은 프로젝트를 결정하는 모든 도시계획이나 교통계획 등의 책정은 의회에서 의결된다. 이렇게 책정된 계획 내용은 가급적 읽기 쉬운 보고서로 정리되고, 인터넷으로 쉽게 열람할 수 있다. 지방세를 재원으로 활동하고 있는 지방 행정에서 시민들은 클라이언트로, '시민을 보고 일한다'는 자세는 당연하다고 할 수 있다. 행정과 관련된 공익성 높은 사업 계획 책정의 프로세스를 꼼꼼하게 설명하고 공개하며 정보를 철저히 개시하고 결과는 알기 쉽게 보여준다. 이러한 '행정 절차의 투명화'를 위해 모든 도시에서 노력하고 있다. 6장에서는 합의 형성의 모습과 홍보의 구체 사례를 자세히 설명하고자 한다.

지방 도시의 활기

사람들은 정년 후의 U턴이 아니라 대학과 첫 취업을 마친 30대 중반 무렵부터 지방 도시 생활 또는 귀환을 생각한다. 직장과 주거가 근접한 덕분에 워크 라이프 밸런스를 실현하기 쉽고 파리에 비해서 넓은 거주 면적을 확보할 수 있는 인구 50만 명 이하의 중소도시에는 음악과 연극, 각종 이벤트 행사도 풍부하고 도시 문화 자본이 있으며 스포츠 시설도 충실한 환경이 갖추어져 있다. 시민들은 아이를 키우는 동안 도시 조성에 관심을 갖고 합의 형성에도 참가하여 시간을 투자한다. 가족과 즐거운 시간을 공유하기 위해서는 도시에 여러 가지 기능이 필요해진다. 프랑스에서도 도시에 기능별 구역 설정을 시도했던 시대가 있었지만, 이제는 최대한 사회적 계층이나 도시 기능을 섞은 '다양성' 있는 도시의 매력을 높이고 있다. 문화 · 스포츠 · 시민운동을 기획하는 단체[22](NPO)에서는 다른 연령대의 시민들이 폭넓은 활동을 공

[그림 9]

6월 하짓날에 개최되는 '음악 축전'에서는 아마추어나 NPO가 퍼포먼스를 하거나 음식점이 노점을 내고 축제 분위기를 북돋는다. 제빵사들이 가게마다 뮤지션으로 출연한다(앙제 시).

유하여 지방 도시에서의 생활을 풍요롭게 하고 있다(그림 9). 성인의 3분의 1이 어딘가의 NPO에 가입하고, 청년회와 여성회 등 자신이 선택할 수 없는 기준으로 모이는 것이 아니라, 각각의 관심과 취미로 연결되어 활동하고 있는 것이 특징이다. 의회 및 지자체 행정을 구성하는 회원에도 이러한 다양성은 반영된다.

일본보다 20년 일찍 중심시가지의 공동화 현상을 경험한 유럽 도시가 시가지 활성화에서 발견한 공통적인 응답 중 하나가 '걸을 수 있는 마을 만들기'를 실현하기 위한 '도시공간 공유의 실현'이었다. 그러나 도심으로의 자동차 진입 감소에 성공하더라도 대부분의 프랑스인에게는 자동차가 매일의 생활에 필수적인 이동 수단 중 하나라는 사실에는 변함이 없다.

따라서 '장소에 의한 자동차 이용의 최적화'라고 해도 좋다. '활기찬 지방 도시의 창출'도 그리 간단한 문제는 아니며, 현재에도 도심의 공동화 문제가 해결되지 않고 있는 인구 5만 명 이하의 지자체가 적지 않다. 그러나 LRT나 BRT[23]*를 도심에 도입하고 지역 대중교통을 활성화시켜 온 인구 10만 명 이상의 지자체는 어디나 활력이 있다. 이는 프랑스의 중소도시를 이곳저곳 돌아다녀 본 나의 실제 체험이기도 하다. 최근에는 환경에 대한 배려, 행정 비용의 절감을 도모하는 콤팩트 시티로의 움직임도 보인다. 중심부에 인구나 도시 기능을 집중시키는 마을 만들기에

---

* BRT는 도시와 도시를 연결하는 주요 간선도로에 버스전용차선을 마련하고, 급행버스를 운행하는 시스템을 말한다.

서는 중규모 수송의 LRT나 BRT가 가장 적합하다. 다음 3장에서
는 특징 있는 교통계획을 도입하여 도심 활성화에 성공한 실례
를 소개하고자 한다.

주

1   이케아의 프랑스 진출은 1981년

2   프랑스에서는 LRT를 트램이라 부른다. 이 책에서도 이후부터는 트램으로 기재한다.

3   Park and Ride: LRT 역 옆에 정비된 시가지 외곽에 위치한 대형 주차장

4   하루 주차요금. 시내의 지하주차장 주차요금은 1시간에 2유로 정도. 스트라스부르 시의 P+R의 웹 사이트에 알기 쉽게 정리되어 있다. https://www.cts-strasbourg.eu/fr/se-deplacer/Parking-relais/

5   Plan de Deplacement Urbain: 직역하면 '도시 이동 플랜'. '도시 교통 마스터플랜'이라는 의미지만 이 책에서는 PDU로 기재, 혹은 '도시 교통 계획'으로 번역한다.

6   Lois d' orientation des Transports Interieurs: 국내 교통 기본법

7   Droit en Transport: 일본에서는 일반적으로 '교통 권리'로 번역되고 있다.

8   Loi sur 'Air et l'Utilisation Rationnelle de l'energie: 대기와 에너지의 효율적 이용에 관한 법률. 이 책에서는 '대기법'으로 번역한다.

9   Loi Relative a la Solidarite et au Renouvellement Urbains: 이 책에서는 '연대 · 도시재생법'으로 번역한다.

10   Grenelle 2: 이 책에서는 '그르넬 환경법' 혹은 '그르넬법'으로 번역한다.

11   Code des transports 28 octobre 2010: 이 책에서는 '교통법'으로 번역한다.

12   Plan Local d' Urbanisme: 직역하면 '지역 도시계획 플랜'. 이 책에서는 '도시계획 마스터플랜'으로 번역한다.

13   Permis de construire: 지자체가 시민이나 민간 건축사업에 교부하는 허가로, 사전에 도시계획 마스터플랜의 규제기준에 대한 적합성을 행정이 심사한다. 개인의 저택이나 10m² 이상의 수영장 건설에서도 허가가 필요. 이 책 188쪽 참조. http://www.service-public.fr/particuliers/vosdroits/F1986

14   Plan Local d' Urbanisme inter-communal: 코뮌 간 도시계획 마스터플랜. 이 책에서는 PLUi로 기재, 혹은 '광역 도시계획'으로 번역한다.

15   이 책 218쪽 참조

16   Schemas de Coherence Territoriale: 동질성계획. 이 책에서는 '종합 개발 전략'으로 번역한다. 지역 정비 개발 계획뿐만 아니라 농지나 산림지대를 포함하는 환경을 배려하고 있다. 종합 개발 전략은 2000년의 '연대 · 도시재생법'에서 제정되었고, 프랑스가 20년 가까이 걸려 도시 교통 계획과 도시계획의 정합성을 추구해 왔다는 점을 알 수 있다. 주, 현, 복수의 코뮌으로 형성되는 광역지자체 연합에는 징세권과 의회기능이 있으나, 이 종합 개발 전략을 제정하는 생활권에는 그러한 기능이나 행정부는 없다.

17   프랑스에서 시장선거는 명부식 투표제도로, 최초의 의회에서 시의회 의원 중에서 호선된다(통상 명부의 제1순위의 후보자가 시장이 된다). 그리고 나서 시장이 시의회 의원 중에서 각각의 전문 분야를 고려하여 복수의 부시장을 임명한다.

18 code de l'urbanisme L-300-2: 도시계획법으로 번역한다.

19 code de l'environnement L123-1: 환경법으로 번역한다.

20 이 책 260쪽 참조. 프랑스의 합의 형성 프로세스 중 한 단계. 사전 협의는 일본의 정보 공개 설명회, 공적 심사는 의견 청취 등에 해당된다.

21 지식인은 계획과 직접적인 이해관계가 없는 것이 조건이다. 예를 들면 LRT 계획의 경우에는 예정 연선에서의 비거주가 조건이다.

22 프랑스의 NPO. 회장과 회계가 있으면 결성 가능한 시민단체로, 스포츠 진흥, 문화 활동, 교육, 복지 등 폭넓은 분야에서 사회에 공헌한다. 현재 130만 개의 NPO가 등록되어 있고, 참가 인구는 1600만 명. 또한 프랑스 노동 인구의 5%가 NPO에 급여소득자로 고용되어 있다. 자원봉사활동이 중심, 취미를 공유하는 모임 등 단체의 형태는 다양하다.

23 프랑스에서는 LRT를 트램, BRT를 BHNS(Bus a Haut Niveau de Service: 하이 레벨 서비스 버스)로 부른다. 프랑스의 BHNS의 정의에 관해서는 세계 공통적인 명확한 정의가 없고, 많은 나라에서 국가차원의 명확하고 정량적인 지표를 포함하는 정의가 없다. 프랑스에서는 (중략) BRT 기준과 같은 것이 있으나, 이는 특이한 예라고 할 수 있다(출전: 나카무라 후미히코 외, 《버스가 마을을 바꾼다 BRT 도입계획작법》(계량계획연구소, 2016).

제3장

'도보 생활이 가능한 마을'을 실현하는 교통 정책

1. 보행자 우선 마을 만들기

보행자 헌장을 조례화한 스트라스부르*

중심가의 보행자 전용공간의 정비가 진행되어, 지금은 어떤 지방 도시를 가더라도 시가지나 도심 광장은 예외 없이 자동차를 배제한 공간이 되어 있고, '걸을 수 있는 도심의 활기 창출'이 당연해졌다. 프랑스의 이동 형태에서 도보의 비율이 높은 것은 파리Paris 시, 마르세이유 시, 르 아브르 시 순이며, 스트라스

---

* 스트라스부르 시는 프랑스 북동부 알자스 지방에 위치, 도시 인구는 2018년 현재 28만 4677명, 도시 면적은 78.26㎢에 이른다.

부르는 제4위를 차지한다.[1] 그러나 모든 취업·취학 거점, 공공 시설에서 도보로 500m 이내에 대중교통의 정류장이 있는 스트라스부르에서조차 1㎞ 이하의 이동 중 5분의 1이 여전히 자동차를 이용하고 있다는 충격적인 결과가 2009년도 가구조사에서 나왔다.[2]

그래서 유로 메트로폴 스트라스부르 평의회[3]에서는 〈도보 헌장〉[4](그림 1)을 책정하고 2012년 1월에 조례화했다. "자동차가 출현한 20세기에 우리는 큰 자유를 손에 넣었지만 동시에 '사람들과 어울릴' 기회가 적어졌다. 자동차의 등장으로 사람들은 자신만의 공간에 틀어박혀 그곳으로 섞여 들어오는 사람들에 대해 엄격해졌다. 마을을 걸으며 다시 한 번 시민이 서로 스치는 '도시공간'을 되찾자." 〈도보 헌장〉의 서문은 이런 취지의 문장으로 시작된다.

즉, '사람은 걸으며 다른 사람들과 만나고 자신과는 다른 문화

[그림 1]
스트라스부르 광역지자체 연합이 조례화한 〈도보 헌장〉의 표지

와 생각을 가진 다른 시민을 존중하면서 민주주의는 성장해 왔다'는 것이다. 또한 1970년대에는 5세에서 10세 아동의 3분의 2가 도보로 통학하고 있었지만 현재는 그 비율이 40%로 낮아져, 이미 5세에서 6세 아동 7.4%가 비만이라고 지적한다. 스트라스부르가 위치한 알자스 지방*의 성인 17.8%가 비만으로 1997년과 2009년을 비교하면 2배로 늘어났다.

WHO[5]도 하루 30분은 도보나 자전거로 운동하는 것을 장려하고 있으며, 스트라스부르 광역지자체 연합의 도시 교통 계획[6]에서는 '액티브 모드'[7]라 이름 붙여 시민의 도보와 자전거 이동의 편리성 향상을 도모하는 방안을 기재하고 있다. 보행 추진에 힘쓰는 것은 시민의 건강 대책뿐 아니라 평균적인 보행 거리가 길어지면 '현재 400m에서 500m 간격으로 설치되어 있는 정류장을 700m 정도까지 연장할 수 있게 되어 인프라 비용이 절약'되는 것으로 간주되고 있다. 단 시민을 계몽, 계발할 뿐 아니라 '어떻게 하면 2km까지 걸어가기 쉽게 만드는 도로 공간을 창출할 수 있을 것인가'라는 행정 측의 노력도 〈도보 헌장〉에서 재고하고 있다.

구체적인 보행 추진책

우선 거리예술이나 메시지를 통해서 '즐거운 마을 걷기'를 연출하거나 보행자 공간의 확장에 힘쓴다. 또 액티브 모드가 활발

* 프랑스어: Alsace-Lorraine, 독일어: Elsaβ-Lothringen(엘자스로트링겐)

해지면 자전거와 보행자의 충돌이 문제가 된다. 프랑스에서는 '자전거의 차도 이용'이 규칙이므로 자전거−보행자 사고가 적지만[8] 그럼에도 보행자의 안전을 지키기 위해 보행자 공간의 등급화가 진행되고 있다. 제1은 '존 30'. 자동차와 자전거는 시속 30km 이하로 주행한다(그림 2). 현재 도시의 제한 속도인 50km로 주행하는 자동차와 사람이 충돌하면 3층에서 낙하하는 것과 같은 충격을 받는다고 한다. 그래서 자동차도로 위에 장애물이나 속

[그림 2]

존 30. "보행자, 자전거, 자동차가 도로 공간을 공유합시다"라는 메시지가 존 30의 입구에 있다(앙제 시).

[그림 3]

보행자 우선 공간 · 만남의 공간. 상점가에서의 반출 · 반입용 차량은 15분까지 도로 주차가 가능하다고 기재되어 있다 (앙제 시).

도 제한을 두고 주행 규제를 가하고 있다. 제2는 '만남의 공간Zone de Rencontre'(그림 3). 차에 대해 완전한 '보행자 우선 공간'으로 차도를 걷거나 횡단해도 보행자가 우선시된다. 최근 도심에서 자주 눈에 띄게 되었는데 자동차는 시속 20km 이하로 주행한다. 제3은 보행자 전용 구역(그림 4)으로 완전한 '보행자 전용공간'이다. 자전거는 보행자 전용공간에 들어갈 수 있지만 시속 6km를 넘지 못하며 보행자는 반드시 자전거에 대해서도 우선권을 갖는다. 운송용 자동차의 경우, 오전 11시 정도까지와 오후 7시 이후에 보행자 공간에 접근할 수 있는 도시가 대부분으로, 라이징 볼라드(그림 4)가 상점가 곳곳에 설치되어 있다. 스트라스부르에서는 LRT나 BRT 등 대중교통 신규 도입의 전체 예산 중 최저 1%를 정류장 인근 반경 500m 이내의 보행자 대책에 사용한다.[9]

'도보'에 대한 시민들의 관심을 끌 계발 활동의 일환으로서 모빌리티 매니지먼트MM도 게을리 하지 않고 있다. 교통 결절점의

[그림 4]

보행자 전용공간. 맨 앞에 라이징 볼라드(인식기에 카드를 터치하면 볼라드는 자동으로 지하로 내려가고 구급차나 택시, 경찰차 등의 사회 서비스차는 언제라도 보행자 공간으로 진입 가능하다)가 설치되어 있다.

도보 편리성 향상이나 사거리 교차로에서 보행자의 이동을 간소화할 필요성도 들고 있고, 도보 헌장에 시부야 교차로의 그림이 삽입되어 있는 것도 재미있다. 마을 전체를 '즐겁게 걸어서' 이동할 수 있도록 보도 정비에 착수하고 있지만, 그중에서도 철도 중앙역에서 시청에 이르는 6km 광폭 '주간 보행 도로' 공사가 시작되고 있다. 좁고 긴 길에는 '보행자 전용도로'를 정비해도 시민들이 걷기 힘들기 때문에 연속된 보행노선의 확보가 필요하다. 그리고 보도 정비란 그저 길을 포장하거나 확충하는 것이 아니다. 보통 사람은 500m 정도를 걸으면 앉고 싶어지기 때문에 그늘에 벤치를 설치한다. 보행자 시선 높이로 방향 표식을 설치한다. 이런 세세한 점까지를 동시에 배려한다. 이러한 보행자를 중시한 마을 만들기는 스트라스부르뿐만 아니라 프랑스의 지방 도시에 공통된 사항이다. 서부의 낭트 시에서는 거리의 보도에 그려진 녹색 선을 따라가면 딱 당일치기 관광지 순회가 가능해져

[그림 5]
도로 위 표식–문화센터까지 160m라고 쓰여 있다(낭트 시)

즐겁게 걸을 수 있는 고안으로 가득하다(그림 5).

보행자 안전 대책

프랑스의 도로에서는 보행자의 안전 대책으로 '위험하다'나 '속도를 낮추라'는 식의 패널이 전혀 보이지 않는다. 그 대신 도로 위에는 주행 중의 자동차가 속도를 떨어뜨릴 수밖에 없는 다양한 조치가 취해지고 있다. 예를 들면 '자고 있는 교통 단속관'이라고 불리는 과속방지턱을 도로 위에 설치하여 자연스럽게 자동차의 속도를 떨어뜨리게 한다(그림 6). 횡단보도 주변에는 도로 양 옆에 나무를 심고 도로 폭을 일부러 좁혀 운전자의 주의를 환기시킨다.

보행자가 LRT의 지근거리를 걷는 풍경은 유럽에서는 자연스럽지만, 특별히 위험한 장소에는 보행하지 못하도록 길에 돌을 박아 넣어 보행자의 자연스러운 우회를 유도하고 있다(그림 7).

[그림 6]

'자고 있는 교통 단속관'이라고 불리는 도로 위의 과속방지턱(스트라스부르 시)

2014년도 보행자 사고 사망자는 499명(2015년도 일본의 보행자 사고 사망자 수는 1534명)으로, 그중 60%가 자동차와의 충돌 사고가 원인이다.[10]

'보행자 우선 도로'와 '보행자 전용공간'

어느 도시도 이처럼 과감한 보행자 전용공간 만들기에 철저하지 않다. 스트라스부르의 북서쪽에 위치한 낭시 시는 가나자와 시와 자매 도시로서 40년 가까운 오랜 교류의 역사가 있다. TVR[11](고무 타이어 트램)을 2000년에, BRT를 2013년에 도입했지만, 마을 중심에는 아직도 상당한 자동차 통행이 보인다. 낭시 광역지자체 연합 교통정책부에 따르면 "자동차 도로를 유지하더라도 보도를 보다 걷기 편하게 하여 교차로에서는 보행자의 안전을 지키는 등의 조치도 '보행자 우선 공간 조성'과 연계된다". 인구 10만 명의 낭시 시의 규모라면 인근 코뮌에서 도심으

[그림 7]

보행자가 건너지 않아야 하는 장소에는 걷지 못하게 돌을 깔았다(낭트 시).

로 오는 사람들로 거리가 붐빈다. 도심의 충실한 대중교통에서 더 나아가 교외에서 자동차로 직접 도심으로 접근할 수 있는 가능성을 남겨둘 필요가 있다. 다만, 낭시 시 중심에 있는 유네스코 세계 유산 스타니스라스 광장까지는 자동차가 진입할 수 없다. 예전에는 하루에 1만 5000대의 자동차가 통행했으나, 현재는 완전한 보행자 전용공간이다. 이렇게 프랑스의 지방 도시는 각각의 지형 조건과 경제 상황에 따른 마을 정비를 실시하고 있다. 보행자 전용공간으로서의 광장의 활용에 관해서는 4장을 참조하길 바란다.

파리를 시작으로 프랑스 전역으로 확장된 보행자 전용공간 만들기

관광객이 많은 파리 시에서도 파격적인 방침을 내놓았다. 파리 시는 이미 2012년부터 센 강 좌측 강변에 위치한 전 자동차 도로 2.3km를 보행자 전용공간으로 만드는 데 성공했다. 센 강 우측 강변도 2016년 여름 파리 비치[12](그림 8) 근방 3.3km의 차도를 보행자 전용공간화하는 것을 2015년 12월 시의회에서 결정했다. 이 센 강변의 도로는 파리 시내를 동서로 횡단할 때 매우 편리한 도로로, 아마 일본인들로서는 도쿄 중심을 관통하는 도로 3km를 폐쇄하는 조치를 상상할 수도 없을 것이다. 파리 시장의 발언 속에는 '숨 쉴 수 있는 공간의 제공', '바스티유 광장에서 에펠 탑까지 걸어서 즐길 수 있는 동선의 확보, 강가에는 부드러운 모빌리티를', '생물적 다양성의 발전(식수, 공원 정비를 행한다)', '경제활동의 발전(레스토랑, 카페, 수영장 등을 진출시킨다)', '관광 거점으로서의 가치의 향상'이 있다. 또 같은 동선에 LRT를 도입하는 계획도 있어서 센 강변 정비가 더욱 기대된다. 한편 샹젤리제 대로의 2㎞ 구간도 2016년 5월 8일부터 매월 첫째 주 일요일 11시부터 20시까지 보행자 천국화가 실시되고 있다.

이는 "관광대책까지를 포함하여 '걸을 수 있는 공간'의 창출을 위해 어떤 시책이 필요한가"를 묻는 것이다. 환경 대책이나 고령화 사회에 대한 준비로 소형 전기차나 자율주행차 개발 등이 왕성한 일본과는 차원이 다른 논리다. 자동차 사회 속 저밀도의 도심은 인구가 줄어든다. 일본에서는 주말의 많은 시간을 섬에서 보낸다고 해서 이오니스트라는 표현이 있다. 자동차가 달리는 중심시가지의 상가는 가족단위에게는 부적합하다. 기저귀

[그림 8]
파리 비치. 의자가 있는 장소는 평소에는 자동차가 달리는 도로 공간

를 교환할 공간도, 지쳤을 때 부담 없이 싸게 식사할 수 있는 곳도 없는 시가지에 사람들은 모이지 않는다. 이는 프랑스에서도 똑같은 현상이었고, 도심의 활기를 되찾기 위해 지자체는 필사적으로 자동차에 빼앗긴 도시 공간을 보행자에게 돌려주려는 노력을 해 오고 있다. 이젠 충분히 사람이 넘쳐나고 있는 파리에서조차도 자동차와 보행자 사이의 공간을 공유할지 분리할지 고심하고 있다.

2. 자전거 정책

세계 제4위의 자전거 도시 스트라스부르

액티브 모드의 한 축이 될 자전거 이용 촉진에도 지자체는 열심이다. 2015년 6월에 낭트 시에서 개최된 자전거 세계도시대회(그림 9, 10)에서, 프랑스 정부의 대표는 "2014년도의 자전거 매출은 300만 대[13]로 7%p 증가, 일자리도 3만 5000개가 창출되었다"고 자전거의 경제 효과를 강조했다. 그중 전기 자전거가 8만 대를 차지하는 37%의 매출 증가로, 고령화 사회에 대한 대응 또한 알 수 있다. 프랑스 전역에서 자전거 전용도로는 현재 이미 1만 1000km가 정비되어 있지만, 정부의 목표는 2만 1000km다. 참고로 일본의 자전거 전용도로는 전국 300km에 미치지 못한다.

세계의 자전거 도시로는 코펜하겐과 암스테르담이 유명한데, 덴마크의 통계[14]에 따르면 스트라스부르는 세계에서 네 번째로 자전거 이용률이 높다. 스트라스부르 광역지자체 연합은 312㎢ 면적에 자전거 전용도로는 600㎞이고, 자전거보관소는 2만 개가 정비되어 있다. 여기에 이르기까지 30년의 노력이 있었다. 자전거 세계도시대회에 패널로 참석한 스트라스부르의 리스 시장은 스트라스부르 시가 자전거 추진에 성공한 요소를 세 가지로 들

[그림 9]

즐거움 가득한 자전거 세계도시대회 퍼레이드(낭트 시, 2015년)

[그림 10]

자전거 세계도시대회 이벤트에서

었다. 첫째로 '도로 행정의 재검토'. 자전거 교통안전 보장은 당연하며 자동차의 주행속도 제한, 사거리에서의 자전거 동선 확보 등 새로운 도로 방식에 투자한다. 도로 공간의 재분배에 처음부터 보행자와 자전거를 포함시킨다. 두 번째는 주차 대책으로 프랑스에서는 도난이 많다. 누구라도 두 번 연속 도난을 당하면 자전거에 질려 버리고 만다. 스트라스부르에서는 자전거보관소의 정비를 지자체가 업자에게 아파트 건축을 허가하는 조건으로 맡기거나 기업을 대상으로 자전거보관소 정비를 추진하는 모빌리티 매니지먼트를 하고 있다. 마지막 성공조건은 문화적 투쟁이다. 1960년대부터 70년대의 화려했던 모터리제이션 시기에 자전거는 빈곤층이 타는 것으로 간주되었는데, 그 사회적 고정관념에서 탈피하지 못한 인구층이 아직 남아 있다.

시장은 자전거 이용을 장려하려면 '끝까지 조성·촉진'과 '교통 정책 전체의 거버넌스' 연구가 중요하다고 역설했다. "장기

[그림 11]
자전거 운전 위반(적신호 무시 등)을 단속하는 경찰관(스트라스부르 시)

적 전망을 가지고 시간이 지나도 정합성을 잃지 않는 자전거 정책을 행정이 제대로 제시한다. 그러기 위해서는 먼저 현재의 자전거 이용 상황을 분석하고, 어떻게 하면 상황에 맞는 추진책을 취할 수 있는지, 어디를 개선하면 자전거 이용자가 늘어날지를 생각하는 한편 지자체 경찰과도 협력할 필요가 있다(그림 11). 스트라스부르 시장으로서 중심가부터 자동차와 주차장을 줄이고, 주차요금도 마을 중심부에서는 높게 책정하여 자전거 이용에 적합한 도로 환경을 만들어 왔다. 이러한 일련의 일관성 있는 정책 수행에 필요한 것은 다음 선거의 승부를 건 우리 정치인의 용기다."[15]

자전거의 모빌리티 매니지먼트와 자전거 애호단체의 활동

기업 대상 모빌리티 플랜[16]의 하나인 '자전거로 일터 가기Au Boulot à vélo'라는 이벤트가 있다.[17] 2015년 6월 15일부터 28일까지 기업이나 관공서의 직원이 자전거로 출퇴근한 전 주행거리를 맵피Mappy[18]의 알자스 판으로 산출해 경쟁하는 것이다. '자전거로 출퇴근하기' 이벤트로, 1975년 설립된 자전거 애호 협회(CADR 67)[19]가 2009년부터 주최해 오고 있다. 이 프로그램의 대단한 점은 일과성 이벤트가 아니라 시민들이 자전거 통근을 계속하도록 다양한 지원을 '자전거 애호 협회'가 제공하고 있다는 점이다. 예를 들면 회원이 기업으로 나가 직원들 자전거의 안전 상태를 점검하고, 도난방지장치의 장착이나 자전거 전용도로 지도의 설명부터 요청이 있으면 직원의 통근 코스를 따라가서 자전거 에스코트까지 해 주는 것이다. 또 '흥미는 있지만 자전거가 없는' 시민에게는 '밸로프Vélohop'(그림 12) 대여 자전거 이용법을 설명한다. 이벤트 기간 중에는 대여를 희망하는 직원용으로 기업이 보증금 없이 밸로프에서 자전거를 빌릴 수 있다. 자전거 매장 9곳도 이벤트에 참가한 자전거 부품을 10% 할인된 가격으로 제공, 협력한다.[20] 이 운동은 대대적인 성공을 거두어 2015년부터는 NPO 활동 범위와 스트라스부르를 넘어 알자스 주 전체의 코뮌이 집결하는 동시 이벤트를 기획하고 있다. 버스 서비스도 소규모 코뮌에서도 자전거 통근 장려에 힘쓰고 있다는 점이 놀랍다.[21]

프랑스의 시민단체는 도시계획과 교통 정책의 전체 개념이나 구상에 관해서는 지자체의 제안을 듣는 쪽이 된다. 시민 측에서 구체적인 마을 만들기 정책을 제안하는 경우는 많지 않다. 대신

[그림 12]
"1시간에서 1년까지 자전거 대여 가능합니다" 밸로프의 세련된 안내(스트라스부르 시)

지자체의 정보 공개와 프로세스의 투명성이 철저하므로 의견 청취에 참여할 기회는 많다. 한편 시민은 스스로 흥미나 관심이 높은 분야에서는 점점 적극적인 활동을 제안하고, 이벤트 실현 보조금 등을 신청하기 위해서 NPO 활동 계획의 초기 단계부터 행정과 접촉한다. 교육, 복지, 스포츠, 문화 등 폭넓은 분야에 걸친 NPO 활동의 대부분이 사회공헌도 목적으로 하고 있으므로 지자체의 보조금이 지급된다. 예를 들어 스트라스부르 예산의 약 11%가 NPO에 대한 보조금, 혹은 NPO가 주최하는 이벤트에 대한 참가비 부담으로 교부되고 있다.[22] 시민은 그러한 활동을 부담 없이 즐길 수 있다.

프랑스 각 도시로 확산되는 자전거 대여 시스템과 비용

자전거를 사지 않고 대여 자전거로 통근 · 통학을 하는 시민도 늘어났다. 현재 프랑스의 10개 도시에서 지자체가 원웨이식 자전거 대여소 시스템을 관리하고 있으며, 파리의 벨리브[23]나 리옹의 벨로브[24]는 일본에서도 매우 유명해졌다. 이와 같은 두고 가는 방식에서 감탄하게 되는 부분은 각 지자체가 설정한 세부 규칙이다. 예를 들어 파리 시내 북부는 비탈길이 많다. 따라서 아무래도 대여 거치대에 있는 자전거의 대수가 적어진다. 대여 자전거를 관리하는 JC도코사[25]의 트럭이 자전거를 몇 대씩 쌓아 철도역까지 실어 오는 풍경을 대도시에서는 자주 접할 수 있다(그림 13). 파리에서는 언덕 위에 있는 대여 거치대에 자전거를 주차하는 경우에는 15분간의 보너스가 따라온다. 실제로 1시간 사용해도 45분의 이용료만 내도 되는 섬세한 배려다.

학생이 많은 앙제 시와 같은 소도시도 350㎞의 자전거 전용도로를 정비해 '1년간 무료 대여 벨로시테'[26] 서비스를 설정하고 있다(그림 14). 주거 증명이 있으면 탈 수 있는 바구니가 달린 승차감 좋은 시티 사이클을 지자체가 대여하고 있어 1년 간 유학 중인 학생들에게도 평판이 매우 좋다. 분실하면 등록한 신용카드에서 350유로(43만 7500원)가 인출된다. 사실 앙제 도시권 공동체도 도시 이미지 향상 차원에서 2015년까지 설치했던 '타고 아무 곳에나 놓고 가는 원웨이 자전거 대여[VLS]'를 폐지하게 된 경위가 있다. 원웨이 자전거 대여[27]는 1대당 1년 운영비가 3000유로(387만 원)라서 하루에 상당한 로테이션으로 이용될 필요가 있지만, 소도시에서는 충분한 이용 빈도를 확보할 수 없다. 또 이용 촉진

[그림 13]

JC도코사의 트럭이 자전거를 몇 대씩 쌓아 철도 역 앞까지 실어 나른다(리용 역)

을 위해서는 500m마다 자전거 반환 거점을 만들어 알릴 필요가
있다. 이에 비해 자전거 1년 무료 대여는 1대당 운영비가 200유
로(25만 8000원)밖에 들지 않고, 3000명의 이용자가 있다. 중소도
시로서의 투자 대비 효과를 고려하여 이미 10년 전부터 존재했던
'무료 대여 시스템'에 투자를 집중한 셈이다. 그래도 1년에 20만
유로(2억 5800만 원)에서 30만 유로(3억 8700만 원)의 예산이 필요하
지만 '지자체로서 제공할 수 있는 서비스와 이를 이용하는 인원
수'에 대한 투자액의 밸런스를 잡고 공공 서비스 향상을 고려하
는 모습이 엿보인다. 앙제 시에서는 오히려 이제부터는 전기 자
전거가 세컨드 카 이용을 대신한다고 생각하고 전기 자전거 프
로모션을 검토하고 있다. 덧붙이자면 4명의 직원이 밸로시테를
담당하고 있다. 자전거 대여까지 지자체가 관여하고 있음에 일
본은 놀랄 것이다. 자전거 정책도 도시 교통 계획 중에서 중요한
위치를 차지하고 있으며, '지속 가능한 발전 도시'를 목표로 한

[그림 14]
1년간 무료 대여되는 앙
제 도시권 공동체의 자
전거 벨로시테. 트램의
원형 모형 옆에 전시하
여 '대중교통+자전거'로
모빌리티 성능을 높이는
것을 노리고 있다.

다면 '친환경'적 교통 모드로의 전환을 지자체가 지원하거나 그 인프라를 정비하는 것이 당연하다는 생각이 바탕에 깔려 있다.

자전거 마스터플랜의 제정

프랑스의 각 도시에서는 신호 대기 시에 자전거가 자동차 앞에 있는 경우가 드물지 않아졌다(그림 15). 이리하여 각 지자체는 인프라(도로, 주차)·안전 대책(표지, 신호)과 함께 자전거 전용도로 맵을 작성하는 등 자전거를 타고 싶어지도록 하는 다양한 노력을 종합적으로 추진해 왔다.

단순히 '자전거가 친환경적'이라는 점만으로 사람들이 자전거를 타지는 않을 것이다. 벨리브 등의 대여 자전거가 보급된 것은 생활용 자전거를 도시 안에서 이용할 수 있는 도로 환경의 정비와 같은 시기의 일이다. 안전하고 편리하게 움직일 수 있는 도심의 도로 정비를 위해 각 도시에서 자전거 마스터플랜[28]의 제정이

[그림 15]

앙제 도시권 공동체가 책정한 자전거 이용 마스터플랜에 제시된 버스와의 공유 차선

제공: ALM

진행되고 있다. 예를 들어 앙제 도시권 공동체에서는 자전거 전용도로 정비 가이드라인에 전용도로의 포장, 사거리, 버스나 보행자와의 도로 공유 시책, 안전 대책 표식 등을 자세히 설명해 놓았다. 파리나 리옹에 비하면 결코 '자전거 선진 도시'가 아닌 작은 지자체에서도 자전거 이용 추진구상이 정비되어 도시 교통 계획에 포함되어 있어, 추진 실현을 위한 구체적인 방침이 제시되고 있다는 점에 주목하고 싶다.

무엇이 사람들에게 자전거를 이용하게 하는가?

세계적인 프로 도로 사이클 경기인 투르 드 프랑스Tours de France 로 인해 자전거는 상당히 문턱이 높은 스포츠라는 이미지가 강했지만, 최근에는 자전거를 레저로 즐길 수 있는 인프라가 갖추어지고 있다. 그중에서도 유명한 것은 800km의 자전거 전용도로를 잇는 국유 철도 회사 SNCF와 합작한 '루아르 강 궁전 돌기 사이클링 로드'다.

예를 들어 이용자는 파리에서 투르 역까지 철도로 이동한 후역에서 자전거를 빌려 옛 성의 숙박시설과 민박을 이용하면서 루아르Loire 강을 끼고 사이클링을 즐긴다는 취지에서 상당한 인기를 끌었다. 반드시 자전거 전용도로 표식이 있고 800km 코스가 각 도에 걸쳐 있기 때문에 복수의 행정단위가 협력하여 전용도로 등도 관리하고 있다(그림 16). '걷기 즐거운' 것처럼 '타기 즐

거운' 자전거 전용도로가 프랑스 내에 정비된 결과, 1만 1000㎞
가 되었다(그림 17).

3. 버스의 활용

프랑스 BRT의 특성과 정의

대부분 인구가 15만 명 이상인 지방 도시에 이미 LRT가 도입
된 프랑스에서는 도시와의 일체성을 배려한 고기능의 또 다른

[그림 16]
루아르 강변의 자전거 전
용도로 사인

[그림 17]
흔하게 볼 수 있는 양방
향 자전거 전용도로(사브
루토론누 시)

대중교통으로서 BRT, 그것도 '이것이 트렘인가?'라고 생각할 만큼 멋지고 디자인성이 높은 차량의 도입이 진행되고 있다.[29] BRT는 반드시 전용 궤도를 설치할 필요는 없어서 '도심의 도로가 좁다', '도로 공간을 자동차와 공유하는 합의 형성이 어렵다' 등의 조건에 비교적 유연하게 대응할 수 있다고 여겨져 왔다. 수송 능력은 1시간에 최대 3000명으로 추산된다. 정비 비용은 연선 경관 정비 수준에 따라 크게 달라지지만, 1㎞당 56억-63억 원. 버스의 수명은 15-20년, LRT는 30-40년이다.[30] 환경성의 교통 연구소CEREMA[31]가 인프라와 운행 조건이라는 하드웨어, 이용 고객 서비스라는 소프트웨어의 양 측면에서 프랑스의 BRT를 명확히 정의하여 자리 잡아 가고 있다.

BRT의 제1조건 '쾌적한 배리어 프리 정류장과 차량'으로 '궤도의 최저 70%가 전용차선'

BRT는 차체 디자인이 화제에 오르는데, 스트라스부르, 낭트,[32]

[그림 18] METTIS라고 이름 붙은 메츠 시의 BRT(네덜란드의 반 홀)

네덜란드의 반 홀을 채용한 메츠Metz33(그림 18), 이탈리아의 클레어 리스를 채용한 낭시34나 루앙35 등 몇 개의 그룹으로 나눌 수 있다. '마을의 개성'을 연출하기 위해서 표준 차체를 구입한 후 바깥쪽 색깔과 차내 비품의 디자인 등을 디자이너에게 특별 주문하거나 혹은 입찰 때부터 독자적인 디자인을 견적서에 넣는 메츠 같은 도시도 있다. 낭시의 교통 정책 담당자는 "교통수단은 마을의 정체성이다. 멋지게 만들고 싶은 것은 당연해서 의원들도 이 예산만은 사수했다"라고 말한다. 배리어 프리에 관해서는 '도와주는 사람 없이 휠체어 이동자가 버스에 승하차할 수 있는' 구조가 프랑스 전역의 BRT나 많은 노선버스에 갖추어져 있다. 차체 중앙부 문 옆에 위치한 버튼을 누르면 350kg까지 견딜 수 있는 슬로프가 나오고, 휠체어 이용자는 쉽게 혼자 승하차가 가능해진다(그림 19). 루앙에서는 시멘스제 광학 판독 시스템을 탑재하고 있지만 대부분의 BRT 도입 도시에서는 지침서 없이 운전사의 기량으로 정류장에서 폭 5㎝ 이상 간격을 벌리지 않고 버

[그림 19]

완전 배리어 프리 차량의 출입문 슬로프(메츠 시)

스 차량을 세우고 있다. 도로 중앙에 기준이 되는 직선을 긋거나 정류소 측에 정차하기 쉬운 특수 연석으로 가공하고 있는 도시가 많다.

배리어 프리는 저상 차량 도입과 정류장의 높이 조정으로 가능해지지만, 모든 도시가 버스전용차선 설치에 지혜를 짜내고

[그림 20]

중앙분리대를 설치한 양방향 BRT 전용차선. BRT 정거장 양 옆 차로가 일반 자동차도로(낭시 시)

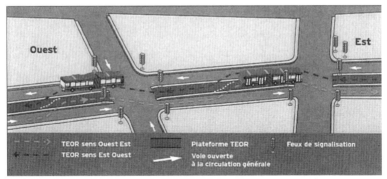

[그림 21] 양방향 중앙 전용차선. 정류장 신호가 있는 부근만 일반 자동차도로 중앙에 전용차선을 설치하여 BRT의 신속성과 정시성 확보

제공: 루앙 광역지자체 연합

있다. 이상적인 양방향 BRT 전용차선화[36]에 성공하고 있는 도시도 있으나(그림 20), 일반 차의 횡단이 가능한 전용차선, 택시나 자전거와 도로를 공유하는 BRT 차선 등도 있고, 도시마다 공간이 허락하는 범위에서 버스의 우선성을 확보하고 있다.[37] 그중에서도 아이디어가 참신한 루앙은 정류장이나 신호가 있는 부근에만 도로 중앙부에 전용차선을 만들어 BRT의 신속성·정시성을 확보하고 있다(그림 21).

그리고 중요한 것은 차와 도로를 공유할 수 있는 방안을 찾는 데 있다. 전용차선에 일반 자동차 진입을 금지하기 위한 분리대를 마련하고(낭트), 분리대 정비 공간이 없는 경우에는 차선의 도로색 식별화(메츠), 보기 쉬운 'BRT 전용' 패널의 설치(스트라스부르), 바리케이드의 설치(리옹) 등 실로 다양한 해법이 있다.

도시 간의 상호 조사가 활발하며 타 도시에서의 경험을 잘 흡수하면서, 각각 독자적인 해결책을 시도하고 있다. 비바람으로

[그림 22]

BRT 역에는 LRT 역과 같이 쾌적성을 두었다(메츠 시)

부터 안전한 배리어 프리 정류장도 필수 조건이다(그림 22). BRT 의 운행 정보를 실시간으로 표시하는 패널, 정류장 부근의 지도 와 환승 안내 완비 등 승객의 편리성을 고려한다.

신속성, 정시성, 높은 운행 빈도와 우선 신호의 적용

많은 도시가 대중교통을 우선하여 LRT와 같은 신호 시스템을 취하고 있다.[38] 버스 차체가 자기장 루프를 삽입한 BRT 전용도로 를 주행하면 파란불이 켜진다. 이용객의 승하차 시간이 일정하 지 않은 정류소 부근의 신호 거점에서는 운전자가 수동으로 청 색 신호로 변환할 수 있다. 지자체 경찰의 수장은 시장이므로 새 로운 교통 규제 도입에 있어서 경찰과의 교섭 등은 문제시되지 않는다. 놀랍게도 메츠와 낭시 등은 일반 자동차도 포함하여 '모 든 도로의 신호 관리를 종합관제센터에서 일원화하고 있다'. 메 츠 교통 당국의 설명에 따르면 '시스템이 매우 잘 가동되어 자동 차도 적신호에서 오래 기다리지 않고 BRT로의 환승이 생각보다 빨리 이뤄지고 있다'.

신용 승차와 ICT를 구사한 운행 정보 제공 시스템

네비게이션처럼 운행 상황을 BRT 차내에서 볼 수 있으며, 환 승 정보 제공 등이 철저하게 이루어지고 있다(그림 23). 또 LRT처 럼 정시성을 확보하기 위해서 운임을 차내에서 받지 않는 신용

승차를 채용하고 있는 지자체가 많아 운전석이 객석과 격리된
유형의 차체도 있다(그림 24). 그러나 노인이 많은 구역, 또 예산
상 모든 정류장에 매표기를 설치하기가 어려울 경우, BRT 차내
에서 승차권을 판매하는 지자체도 있다. 운행 측 관점에서의 교
통수단의 기능 향상도 중요하지만, 수익자 측의 관점에서 어쨌
든 '그 버스라면 타고 싶다'는 '편리성 높은' '멋진 교통수단'의
제공도 중요하다. 모든 도시에서 BRT의 개통식이 시민의 관심을
끄는 이벤트가 되도록 행정이 노력하고, BRT 도입과 함께 노선
의 경관 정비, P+R의 정비 등도 동시에 진행시켜 계획 전체의 매
력을 발산하고 있다(그림 25).

기존 버스 노선 서비스의 재검토나 개선이 활발한 프랑스

모든 도시가 근대적인 버스 도입에 따라 기존 버스 노선을 재
검토하고, 지자체의 규모와 예산에 따라 점차적으로 전체적인

[그림 23] 네비게이션처럼 BRT 주행 위치가 제시되는 ITS(낭시 시)

대중교통 서비스를 개선하고 있다. 예를 들어 메츠 도시권 공동체는 BRT 도입과 함께 기존 버스 노선의 재편과 서비스 향상을 도모했다. 전 구역을 망라하며 가능한 한 '알기 쉬운' 교통 네트워크를 구축하여, '타기 쉬운 버스' 이용 촉진 캠페인을 벌이고 있다. 또 낭트 광역지자체 연합에서는 BRT 예비군이라고도 할 수 있는 노선버스를 크로노 버스로 이름 붙이고, 운행 시간대를 오전 5시 대부터 24시 대까지 연장하고 운행 빈도도 낮 시간대는

[그림 24]
운전석에 간격 벽이 있는
BRT(메츠 시)

[그림 25]
BRT 및 개선을 한 노선
서비스 개통 이벤트 알림
제공: 메츠 도시권 공동체

5분에 1대로 했다. 정시성 확보를 위해서 정류장 인근 도로에 분리대를 설치하고 일반 차가 정류장에 멈춘 버스를 앞지를 수 없게 하여 버스의 우선성을 꾀하고 있다(그림 26). 크로노 버스 도입 이후 버스 이용자가 증가하고 있다(그림 27). 기존의 노선 서

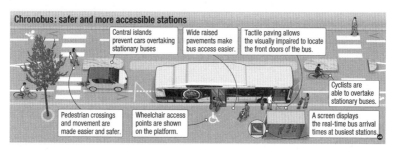

[그림 26] 크로노 버스 정류장. 버스 후방의 자동차가 정거장에서는 앞지르기할 수 없도록 콘크리트 블록을 배치

제공: Patrick Garçon–Nantes Métropole

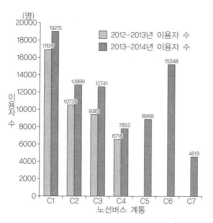

[그림 27] 늘고 있는 크로노 버스 이용자 수(낭트 시의 예)

낭트 광역자치체 연합 자료를 근거로 저자 번역

비스가 폐지된 구역에는 마이크로 버스나 디맨드 버스를 배치하여 대응한다. 이 같은 개념을 루앙 광역지자체 연합의 급행버스도 시도하고 있다. LRT · BRT · 노선버스의 서비스 향상을 개별적으로 전개하는 것이 아니라, 마을 전체의 교통 네트워크와 시민의 통근 · 통학의 흐름을 고려하여 기존 노선을 재편성하면서 종합적인 이동 계획의 확립을 시도하고 있다. 프랑스에서는 안전 규제나 환경 사찰에 정부가 관여하는데, 교통 계획은 광역지자체 연합이 입안하므로 교통행정의 일원화가 확보되어 있다.[39] 여기에서 언급한 낭트와 루앙처럼 LRT · BRT · 굴절형 버스(높은 수송력 확보를 위해 2-3량의 차체를 연결한 굴절형 버스) · 기존의 노선버스와 각 교통수단의 등급화가 수요와 수송 능력에 의해서 정연하게 이루어지고 있다.

L인가 B인가? 낮은 LRT의 사고율

프랑스의 많은 중소도시에서 "LRT인가, BRT인가?"라는 질문이 나왔다. 일반적으로 BRT의 투자비용은 LRT의 3분의 1로 실현 가능하다(표 1). 그러나 루앙 광역지자체 연합의 자료(표 2)에서 알 수 있듯이, BRT의 초기 비용은 적지만 수송 능력 면에서 LRT와 비교하면 분명한 차이가 있고, 같은 인구를 수송하기 위해 BRT는 LRT보다 2배의 거리를 주행해야 한다. 이는 인건비 등에 영향을 미친다. 루앙은 BRT 3개 노선에 LRT 1개 노선, 낭트는 거꾸로 LRT 3개 노선에 BRT 1개 노선이다. 양 광역지자체 연합 교통국에서는 "이미 BRT의 수송 능력은 한계에 달했다. 도로법에 준하여 운행하기 때문에 24.5m보다 긴 차체는 도입하지 못하고, BRT는 시간대에 따라서는 이미 포화상태다"라고 한다. 일반적으로 프랑스에서는 하루 이동수가 4만 이하로 추산되는 연선에는 BRT가 도입되어 왔지만, 편리성 높은 대중교통으로 시민의 이용이 전환되어 공급이 새로운 수요를 개척하는 현상이 각 지

〈표 1〉 대중교통수단 정비 비용 비교

교통수단	1km당 투자 비용(1유로=1400원 환산)
BRT	56억~63억 원/km
가이드 딸린 BRT 루앙 방식(광학)	+5%
가이드 딸린 BRT 두에 방식(자기)	+15%
트롤리 버스	+55%
철궤도 트램	196억~210억 원/km 혹은 +350%

숫자에 포함: 차고, 차량, 궤도의 인프라 정비
숫자에 불포함: P+R, 경관 정비, 여러 형태의 포인트(환승편)의 정비비
2010년 7월의 프랑스 환경성 보고서 발표 숫자를 근거로 필자가 재작성

〈표 2〉 2014년 수송 실적표(루앙 사례)

	LRT	BRT	노선버스
운영 비용(유로/km)	7.6	4.9	4.8
운행 빈도: 러시아워	3분 간격	1.5분 간격	8.8분 간격
운행 빈도: 평상시	6분 간격	3분 간격	10분 간격
영업 속도(km/h)	18.2	17.9	17.5
개인 이동(명/일)	6만 7269	6만 1720	4만 79
개인 이동(명/년)	1756만 7618	1577만 1248	947만 7742
주행속도(km/년)	147만 611	304만 3595	337만 235

버스는 급행 노선(일반 노선버스보다 개선된 운행 서비스를 제공)
루앙 광역자치체 연합 제공 자료를 근거로 필자 작성

방 도시에서 나타나고 있다. 따라서 B인가 L인가 하는 논란은 미래의 도시계획과 어우러져 개인 이동-person trip이 최대 어느 정도까지 일어날 수 있느냐는 데까지 계산에 넣을 필요가 있다.

LRT의 안전성에 대해서도 자주 질문을 받지만, 환경부 발표에서는 2014년 프랑스 전全 정류장에서 LRT 사고 부상자가 1291명, 그중 434명이 LRT와 자가용차와의 접촉사고에서 차 안에 있었던 피해자의 숫자다. 중중 상해의 규정인 24시간 이상의 입원을 필요로 한 사람이 44명, 사망이 6명[40](덧붙이자면 프랑스의 자동차 사고 사망자 수는 3464명으로 주행 중인 자동차 간의 사고가 대부분을 차지한다)이다. 또 1291명 중 847명이 LRT 이용객 부상자인데, 이 가운데 834명이 경상으로 이 중에는 트램 차내에서 넘어진 645명이 포함되어 있고, 그 78%가 급브레이크가 원인이었다. 운전사가 급브레이크를 밟았을 때는 "충격이 있으신 분은 알려 주세요"라고 방송할 필요가 있다. 반드시 5명에서 6명 정도가 나온다고 한다. 그러한 인원도 사고 건수에 포함되어 있다. 1만km의 LRT 주행에서 사고율은 0.367%이며, 버스 사고는 0.66%다. 일반적으로 새로운 노선의 경우는 0.435%, 운전사와 시민 모두가 익숙해져서 LRT와의 공존이 계속되면 사고 수가 감소한다. 예를 들어 스트라스부르처럼 20년 이상 LRT가 주행하고 있는 도시의 사고율은 0.28%이다. 도로상의 궤도와 인도 사이에는 아무런 보호 장치가 없는데도 뜻밖에 보행자와의 접촉 사고가 적은 데에는 전용궤도 부설 공사 중에 보행자가 도로상의 궤도에 익숙해진 것 같다.

　마지막으로 LRT 선진 도시 스트라스부르에서 신설 노선에 도입하는 교통수단에 대해 주민의 의견을 묻는 사전 협의 과정에서 지자체가 배포한 팸플릿에 게재된 철륜 LRT, 고무 타이어 LRT, BRT의 비교표(표 3)를 소개한다. 추상적 캐치프레이즈가 아니라 명확한 예산과 공사기간 등의 수치를 공개하고 있는 점이 놀라운데, 이는 교통 전문가가 아닌 주민들이 교통수단에 대해서 생각해 볼 수 있는 좋은 자료가 된다. 여기에서도 정보 공개가 두루 영향을 미치고 있어 관공서 행정 절차의 투명성을 볼 수 있다.

〈표 3〉 새 노선에 도입한 교통 비교표

	철륜 LRT	고무 타이어 LRT	BRT
수송 능력(4명/m²·상정 15km 거리)	290명	170명	120명
차량 길이	45m(전편 성장)	32m	18m
차체 폭	2.4m	2.2m	2.55m
차량 비용(세전)	49억 원	43억 6000만 원	7억 원
차량 수명	30년	30년	15년
1km당 공사 비용 (차고·차량 비용 외)과 같은 경관 정비를 동반할 때	140억–168억 원 가선공사 선로용 도로공사 (노상 콘크리트 60cm)	84억–112억 원 가선공사 선로용 도로공사 (노상 콘크리트 40cm)	56억–84억 원 가선공사 선로용 도로공사 불필요
연선 주민에게 영향을 주는 공사기간	18개월	12개월	10개월

하루 4만 5000명 이용자를 상정, 1유로=1400원으로 환산
출처: 2011년 당시의 스트라스부르 도시권 공동체 CUS 발행 사전 합의 팸플릿 4쪽을 근거로 필자 작성

4. 트램과 트램 트레인의 도입

교통과 일체화된 도시재생, 뮐루즈의 사례

인구 26만 명의 뮐루즈Mulhouse 도시권 공동체[41]는 철도 궤도를 달리는 LRT 차량이 그대로 도로상의 궤도를 타고 도심을 달리는 트램 트레인을 도입한 유일한 지역이다(그림 28).[42] 일주일에 1만 대의 자동차를 생산하는 푸조 PSA 공장이 근처에 있어 10만 명의 고용 인구가 있는 800여 개의 기업이 자동차 산업을 중심으로 하는 클러스터를 형성하여 유럽을 대표하는 자동차 중심 사회다. 그러나 2006년 5월 당시 시라크 대통령을 맞이해 LRT 개통식이 화려하게 열렸다. 근접한 프랑스의 스트라스부르 시와 독일 프라이부르크 시는 모두 LRT를 중심으로 발전한 환경 선진 도시로, 자동차 산업이 떠받치고 있는 뮐루즈였지만 LRT 도입의

[그림 28]

뮐루즈 도시권 공동체

합의 형성에 문제는 없었다. 여기에 교통국 직원이 말하는 것처럼 "푸조 자동차는 세계의 구매자를 대상으로 하기 때문에 시민들이 대중교통을 이용하게 됐다고 해서 자동차의 매출에 변동이 생기는 것은 아니다".

경관 향상에 기여하는 예술적인 뮐루즈의 LRT

아티스트인 다니엘 뷰렌[43]이 디자인한 아치가 14개의 정류장을 장식한다(그림 29). 2003년에 3개의 차체 전면 디자인(트램의 정면)과 두 가지 컬러 중에서 선택하는 인기투표를 실시했다(그림 30). 이 아치형 정류장은 그림으로 일부만 보면 생뚱맞은 느낌을 받게 되지만 실제 마을 전체의 경관 안에서 보면 매우 아름답다. LRT 도입과 도심 경관 정비는 함께 진행되는데, 도시재생 전국기관[44]과 2009년 협정을 체결하고 2억 6000만 유로(3250억 원)의 자금을 조달하여 도시재생의 대형 시설 공사 등에도 착수했다. 마을 중심에 우뚝 서 있던 유럽 타워 앞에 정류장을 정비하고, 도보, 대중교통, 자동차 등 모든 교통수단을 통해 접근할 수 있도록 고안했다. 컬러풀한 외관을 갖추고 분위기를 일신시킨 쇼핑, 비즈니스 센터, 공공 서비스 거점으로서의 타워 일대는 마을의 상징이 되어 2만 3000㎡ 공간의 재활성화에 성공했다. 뮐루즈의 도시 공간 정비의 기본 철학 중 하나는 '아이들이 안심하고 걸어서 학교에 갈 수 있는 마을 만들기'이고, 보행자 공간의 정비를 통해 '마을 걷기'가 즐거워지도록 보도 위에 그림을 그리는 등 여러 가지 고안이 이루어지고 있다. '도시를 시골로 확대'한 것이 아니라 '시골을 도시로 유도하는' 모토 아래에서 주택이 교외로 확산되는 스프롤화를 억제하고 도심의 주거 고밀도화나 녹화를 꾀하여, LRT를 부도심 정비 도시 프로젝트를 연계하는 도구로 활용하고 있다.

[그림 29]

다니엘 뷰렌이 디자인한 아치가 정류장을 장식한 뮐루즈의 트램

[그림 30]

2003년에 행해진 인기투표에서는 LRT의 전면 3종, 차체 색깔 2종, 디자인 3종이 주민에게 공개되어 1만 6000명이 투표했다. "함께 골라봅시다. 당신의 트램 트레인입니다"라는 캐치 프레이즈

제공: 뮐루즈 도시권 공동체

트램에서 트램 트레인으로

뮐루즈에서는 일본의 메이지 시대에 이미 기차가 달리고 있었다. 1995년에는 그 기차가 달리던 철로를 이용하여 서북쪽 계곡의 인구와 도심부를 잇는 트램 트레인 구상이 떠올랐다. 그 동기로 '버스만으로는 정체에 대응할 수 없다', '자동차를 대신할 모빌리티의 제공', '탁월한 테크놀로지의 이용', '철도 인프라를 갖추고 있어 지세 조건이 트램 트레인에 적합하다', '마을 활성화' 등을 들고 있다. 그러나 도심의 도로 위 궤도를 주행하는 트램과 교외의 철도 선로 위를 주행하는 트레인에 대한 규제는 각각 다르므로, 1998년에 트램과 트램 트레인의 계획을 분리했다. 22km의 트램 트레인 도입에 성공한 것은 2010년 12월(그림 31)로, 2006년 트램 운행 시작이 먼저가 된다.

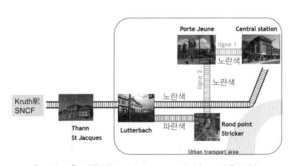

Urban network-Dedicated lane- NRN

[그림 31] 검은색 노선이 SNCF의 선로 이용구역.
노란색, 파란색 노선이 도로상의 궤도
제공: 뮐루즈 도시권 공동체

트램 트레인을 타고 가다 보면 한 지점에서 도로 위 궤도가 자갈이 깔린 밸러스트 선로로 바뀐다. 트램 트레인 궤도의 부설에는 여러 가지 논란이 있었지만, 선로나 전압 등을 볼 일이 없는 일반 이용객에게는 '환승 없이 같은 차량이 도심 중앙역에서 교외역까지 30분에 한 번 운행되는 트램 트레인'이 매우 편리하다.

트램 트레인의 자금 분담과 공통 승차권이라는 과제

트램 트레인 계획에는 개입하는 주체가 많았는데(그림 32), 계획 수행자의 혼재성은 자금 면에서도 보인다. 트램 트레인에 대한 투자 분담은 알자스 지방정부가 47%, 뮐루즈 도시권 공동체가 21%, 환경부, 라인 강 상류 기초지자체의회, 철로선로 관리회사 등이다. 알자스 지방의회 의장이 지방, 기초지자체, 코뮌 그리고 국유 철도 회사나 철도 관리 회사 등과 협상했다. 당시의 젤레르 의장[45]은 알자스 지방에 닛코·소니 등, 전성기 시절에는 20개 이상의 일본 기업 공장을 유치한 바 있고, 이에 한때는 일본인 자녀가 다니는 세이조 학원 알자스교도 있었다. 또 뮐루즈 시장은 유년 시절을 트램 트레인의 종착역인 탄[46]에서 보냈고, 탄 지자체장과도 상호 좋은 인간관계를 유지해 옴으로써 원활한 조정으로 연결될 수 있었다. 22㎞의 트램 트레인은 교외 지역에서는 기존의 철도 시설이나 신호기구 등을 이용하고, 도심부는 이미 정비된 도로 위의 궤도를 달리므로 전체적인 인프라 정비에는 1억 5000만 유로(약 1870억 원)를 들였다. 신설 차고 정비에 1000만 유로, 새로운 트램 트레인의 차량 비용은 트램 차량의 2배 이상으로, 12차량 구입에 5500만 유로. 참고로 2006년에 발 빠르게 개통된 16.2㎞ 트램의 인프라 비용은 2억 7000만 유로(약 3350억 원)로 경관 정비에도 예산을 들였다. 또 운행에서는 공통 승차권이라는 과제가 남았다.[47] 행정적으로 관할이 다른 지역을 통과하고 기술적으로도 다른 노선에 트램 트레인을 주행시키고자 했던 뮐루즈에게는 실로 많은 장벽이 있었다. 복수의 운송 사업체 간 교통을 공유할 때에는 기술적 협력(차체, 선로, 궤도), 요금 설정의 협조, 운행 정보 공유가 필요해진다. 기획을 끝까지 수행할 수 있었던 것은 정치 지도자의 비전, 다방면에 이르는 자금원의 확보, 주민에 대한 폭넓은 홍보 활동 덕분이다.

[그림 32] 뮐루즈 도시권 공동체 역내를 주행하고 있는 교통수단. 왼쪽부터 2MA (뮐루즈 도시권 공동체-도시 교통의 정책·관할기관)이 운행하는 버스, 도심을 달리는 트램, 트램 트레인, 주정부가 운행하는 TER(지역 급행열차), 국유회사 SNCF가 운행하는 장거리 철도 TGV

사진제공: Jean Jacques D'angelo-SNCF

트램 트레인 이용 조사[48]

2010년 개통부터 2013년까지의 이용 상황을 보면, 탄 역에서 도심 중앙역까지의 이용률은 29% 증가했다. 건널목 등도 있고 신호와 안전을 고려해 시속 100㎞ 이상으로는 주행할 수 없다고 한다. 뮐루즈 시의 주민은 하루 평균 3회를 이동하고, 한 번의 이동 평균 거리가 3.51㎞이며 이동 수단의 평균 시속이 11.8㎞ 다. 단거리를 이동하고 있어서 자동차 시속 15.81㎞와 대중교통의 시속 9.49㎞ 사이에 큰 차이는 없다. 프랑스의 각 지방 도시에서 트램이 자리 잡은 2000년대부터 자동차에 의한 이동의 비율이 줄었고, 이미 2010년에는 전국 평균 15%가 출퇴근 시 대중교통을 이용하고 있다. 하지만 뮐루즈 도시권 공동체에서는 아직 이동수단의 61.3%가 자동차로, 대중교통의 이용률은 10.4%에 지나지 않는다.[49] 도시 대중교통이 도입된 이후에도 프랑스의 많은 지방 소도시의 경우와는 달리 뮐루즈는 자동차 사회이기도 하다. 대중교통 이용 촉진을 위해서는 "대중교통을 이용하세요"라는 메시지만으로는 교통 전환은 진행되지 않는다. 또 생활 속에서는 자동차가 필요해지는 일이 많아 평소에는 대중교통을 이용하더라도 필요한 때에 쉽게 자동차를 대여할 수 있는 시스템을 도입해야 한다. '더 간단한 모빌리티'란 이러한 전체적인 정책을 가리킨다. '수송방식 변경(모델 시프트)에 대한 보조'라고 해도 좋다. 구체적으로는 뮐루즈에서는 지자체가 라이드 셰어나 카 셰어링 등의 시스템을 추진해 간다.

자동차 도시에서의 트램 트레인의 매력

도심을 천천히 달리고 개방성이 있는 트램은 스트라스부르처럼 이미 시가지 인구가 많은 지방 도시에서는 충분하지만, 교외 인구를 지역의 중심부로 끌어오기 위해서 앞으로는 트램 트레인이 주류가 될 것이다. 일단 도심을 벗어나면 고속 열차로 변신하는 교통수단이 외곽에 인구가 집중된 소도시에는 적합하다. 독일에서는 '칼스루에 타입'으로 불리는 트램 트레인이 보급되어 있다. 칼스루에 시의 경우 철도 중앙역이 경제권의 중심에 위치하고 주거권이 원형으로 퍼져 있기 때문에 '도심에서는 빈번하게 멈추거나 교외에서는 급행 운행'하는 트램 트레인을 정비하기 쉬웠다. 시가지에서 1시간 만에 산간의 온천지에 도착한다. 어쨌든 종점에서 중앙역까지의 급행이 필요하다. "계곡에서 도심에 있는 중앙역까지의 직행 특급과 도심을 정차, 통과하여 중앙역으로 가는 트램 트레인 준급행을 둘 다 설치해야 했다"고 뮐루즈의 엔지니어도 말한다. 당사자로서는 '더 잘 만들 수 있었는데' 하는 아쉬움이 들지도 모르지만 어느 도시에나 딱 맞는 정답은 없다.

그러나 인구 11만 명, 트램 트레인의 연선 인구를 포함해도 26만 명밖에 되지 않는 소규모 지자체 연합에서 프랑스 최초의 트램 트레인을 실현시킨 것은 쾌거라고 할 수 있다. 이 책에서 뮐루즈를 특별히 다루는 것은 소규모 도시이므로 비교적 전체상을 파악하기 쉽다는 점, 기존의 철도와 노면 전철의 연장으로 대중교통 이용 전체의 편리성을 향상시키고, 트램 트레인을 도입하여 과감한 도시재생을 했기 때문이다. 뮐루즈 시의 앞으로의 선택은 트램 역을 거점으로 우선 신호 시스템을 탑재한 편리성 높은 굴절형 버스[50]를 '트램 버스'로 명명하고 전개해 가는 것이라고 한다.

5. 도시와 자동차

프랑스인과 자동차

지금까지 서술한 교통수단은 역설적이게도 차와 공존해야만 그 편리성이 높아진다. 자동차와 절충되지 않는 마을 만들기는 시민의 찬동을 얻지 못한다. 도심의 주차대수를 억제하고 가급적 대중교통으로 시가지에 접근하도록 유도하는 LRT나 BRT를 도입하고 있는 도시에서도 일단 도심을 벗어나면 자동차 없이는 생활할 수 없는 농촌 지대가 이어진다. 프랑스에서는 1000명당 승용차 보유대수가 540대로 일본의 477대와 거의 비슷한 수준이다.[51] 82%의 세대가 적어도 1대의 자동차를 소유하고 있고 하루에 이동으로 소비하는 시간은 56분, 대도시인 파리의 경우, 보유율은 45%로 줄어들지만 이동시간은 반대로 82분으로 늘어난다.[52] 이미 1960년대부터 고속도로를 비롯한 도로 정비가 일본보다 약 20년 빨리 진행되어 2011년에는 국토 면적 약 64만㎢에 대해 고속도로 정비는 약 1만 1000㎞에 달했다. 2012년 국내의 장거리 이동 9850억㎞의 83%가 자동차로 이루어지고 있다. 즉, 프랑스가 차에 대한 의존도가 낮아서 대중교통을 도입한 도시 조성에 성공한 것이 아니다. 또 르노, 푸조로 대표되는 자동차 산업의 피고용자도 많은 나라이지만, 그래도 지방 도시 도심에는 도시 정책의 일환으로서 대중교통 도입이 함께 진행됐다. '환경'이 키워드가 된 2000년대에 교육을 받은 젊은이가 20-30대가 되자 확실히 도심에서는 자동차에 대한 행동양식도 달라졌다. 18세에서 29세까지의 청년 73%가 면허를 갖고 있는데, 이는 LRT가 주행하는 규모의 지방 도시에서는 70%, 파리에서는 60%까지 내려간다. 태어날 때부터 마을에 존재하는 대중교통은 도심 청년들의 '마이카 감각'도 바꾸게 했고, 필요에 따라 이용자가 디지털 정보를 구사하여 다종다양한 이동 수단을 선택할 수 있는 모빌리티 혁명의 시대로 접어들었다.

카 셰어링

대여 자전거 경영과 마찬가지로 카 셰어링 또한 파리를 비롯하여 지자체의 교통국이 행하는 도시가 많다(그림 33). 1999년 프랑스에서 최초로 비즈니스화된 스트라스부르 카 셰어링 회사 'Auto'trement'[53]는 지금은 '시티즈CITIZ'[54]로 이름을 바꾸어 전국에서 사업을 벌이고 있다. 2014년 6월부터 시티즈는 스트라스부르에서 '예약 없이, 타고 아무곳에나 두고 가는 식'의 카 셰어링 서비스 YEA차(그림 34) 공급에 나섰다. 사이트에 접속하고 이용 요금을 직접 계산할 수 있다. 연료, 보험, 수리가 포함된 가격으로

[그림 33]

파리의 카 셰어링. 도로 위에서 충전 중인 전기 자동차

[그림 34]

타다 아무곳에나 두고 가는 식의 원웨이 자동차 셰어링 YEA(스트라스부르 시)

출처: 시티즈의 홈페이지

종전처럼 카 셰어링용으로 지정된 장소에 주차할 필요는 없어 어디에나 세울 수 있다. 이는 자동차로는 최초의 시스템이다. 지금은 스트라스부르에서도 아직 30대밖에 없지만 아마 앞으로 급속히 발전할 것이다. 왜냐하면 사회 전체에서 '물건을 소유하지 않고 공유하는 습관'이 일반화되고 있기 때문이다. 그 경향을 실제로 구현하고 있는 것이 '블라블라 카'다.

카 풀링(라이드 셰어)

회원제 클럽에 등록하여 차를 빌리는 셰어링과는 달리 일반 시민이 운전하는 차로 라이드 셰어를 하는 것이 카 풀링(합승 자동차)이다. 운전자와 이용자의 매칭 서비스를 제공하여 크게 성장하고 있는 것이 민간 기업 '블라블라 카BlaBlaCar'(그림 35)다.

일반인 사이에서의 '자동차 합승' 시스템을 비즈니스화한 것

[그림 35] 블라블라 카의 예약 페이지

은 프랑스의 최고 학부, 랑겔. 사르트르의 출신교이기도 한 고등 사범학교 출신의 프레데릭 마젤라[55]다. 2003년 크리스마스에 파리에서 집으로 귀성하는 열차가 만원이라서 인터넷으로 '자동차에 동승시켜 줄 친구'를 찾고 있을 때, 라이드 셰어의 매칭 사이트에서 아이디어를 얻어 2004년에 플랫폼을 직접 코드화하여 비즈니스화했다. 2013년 인터넷 예약에 수수료를 도입하여 유료화함으로써 그때까지의 '합승' 취소율이 35%에서 3%까지 내려갔고, 이로써 시스템은 이용자의 신용을 얻어 큰 발전을 보였다. 요금은 라이드 셰어 이용자로부터 기업에 일단 입금되며, 이용자가 목적지에 도착한 시점에서 이용자가 패스 코드를 운전자에게 통지하고 운전자가 기업에 코드를 전달하면 기업으로부터 운전자에 합승 요금이 입금되는 시스템이다. 요금에는 소비세도 포함되어 있다. 기업 블라블라 카 서비스는 이미 19개국에서 이용되고 있으며, 2015년 봄에는 독일의 같은 업종 카풀링Car Pooling 사를 2000만 유로에 인수하는 등 발전을 거듭하고 있다. 운전자는 고속도로 이용료와 연료비인 실비를 탑승자와 반분하므로 절약할 수 있지만 수익은 얻지 않는 시스템으로 '자가용차의 유상 운송'과는 다르다. 웹 사이트에는 운전자와 이미 동승한 적이 있는 라이드 셰어자들의 코멘트가 실려 있다. 이러한 모든 정보는 이용자들이 운전자를 '신용'하고 '안전'하게 여정을 공유할 수 있음을 알리기 위해서다. 블라블라 카 시스템의 마지막 숙제로 지적된 각종 보험 시스템도 정비되었다. 젊은 세대의 '탈 자동차 소유'의 교통 행동에 대해서 자동차 그 자체에 먼저 익숙해지라는 의도로 벤츠에서는 카 셰어링용 'Car 2 Go' 차를 제공하고 있다.[56] 자동차업계도 소유에서 이용으로의 자동차 시장의 변화에 따른 카 셰어링을 포함하는 운송 서비스로 비즈니스를 확장하고 수익원을 다각화하는 자세라는 새로운 대응을 요구받고 있다.

협력형 경제 혹은 참가형 경제

젊은 층이 자동차를 기피하는 이유로, 불안정 고용의 증가에 따라 면허 취득 비용을 낼 수 없다거나 할부로 자동차를 구입할 수 없는 30세 미만의 젊은이들이 늘어나고 있다는 배경이 있다. 한편 소득이 높은 젊은이는 중심시가지에 거주하는 경향이 있지만, 시내 주차는 어느 유럽 도시에서나 어려워지고 있다. 또 이 젊은 층은 '이동과 관련된 돈은 오히려 해외여행'에 쓴다. 구매 능력이 있는 층에서도 '소유'에 반드시 구애받지 않고 '필요할 때 빌리면 된다'는 개념이 자동차뿐만 아니라 전체적으로 조금씩 퍼지고 있다. "셰어는 '환경'을 위해서"라고 말하는 이용자도 있으나, 사회학자는 이 새로운 스타일의 소비를 '협력형 경제'[57]라고 명명한다. 그 배경에는 '연대', '공유' 그리고 '교류'라는 철학이 있다. 이러한 '가치관'을 세상이 요구하고 있기 때문이라고 한다. 예를 들면 자전거 투어링으로 유럽에는 수천㎞도 달리는 라이더가 있는데, '핫 샤워'[58]라는 사이트에서는 숙박을 무료 제공하는 각국 라이더의 정보를 제공하고 있다. 자전거 이야기로 밤을 보내고 다음 코스로 떠나지만 취미를 공유하는 동지라서 이야기꽃을 피울 수 있고 유럽의 경우라면 국경을 넘은 교류로도 연결된다. 그야말로 연대와 공유, 교류다.

또 일본의 택배 서비스를 개인이 맡는 '참여형 경제'[59]도 있다. 웹상에 여정을 기입하면 같은 여정의 배달이 필요한 사람과 그 수령자가 드라이버와 연결되는 구조로, 블라블라 카와 같은 매칭 정보를 제공하는 네트워크 서비스다.[60] 택배가 없는 프랑스에서 이런 시스템이 발달하리라고는 상상조차 할 수 없었다. 바캉스에서도 에어비앤비를 통해 인터넷상에서 서로 집을 교환하거나 더 비즈니스화시켜 별장이나 자신의 차를 단기간 대여하는 일이 자연스러워졌다. 유럽에서는 지금 이렇게 시민이 얻는 부수입에 어떻게 사회 보험 등의 부담금 및 소득세를 과세할 것인가 하는 사회적 과제를 검토하는 단계에 있다.[61] 결국 편리하고 독립된 부업을 가능하게 한 인터넷은 어떤 의미에서 지하 경제를 발달시켰다. 그것이 프랑스의 우버를 둘러싼, 2015년 여름부터 2016년에 이르는 논란으로 번졌다고 할 수 있다.

자동차 경제의 다양화-우버와 VTC

우버Uber는 2011년 프랑스에 상륙했다. 스마트폰으로 간편하게 운전사 딸린 자동차를 부를 수 있는 배차 서비스로, 이용자는 우버 사이트에 신용카드 번호를 등록하고 스마트폰에 전용 앱을 다운로드한다. 차가 필요한 때 앱을 열어 지도를 보고 이용자와 가장 가까이에 있는 우버의 드라이버와 서로 응답한다. 요금은 앱에서 자동으로 결제된다. 그러나 택시업자의 강렬한 반대에 부딪혔다. "우버는 사실상 택시 사업을 전개하면서 영업 허가를 받지 않고 있으니 공정한 경쟁이 아니다"라는 주장이다.

파리의 택시는 인가 제도에 있어서 런던이나 뉴욕에 비해 인구당 대수가 4분의 1밖에 없으므로 항시 택시가 부족하다. 거기서 VTC[62] '운전사 딸린 관광용 자동차' 시스템이 탄생했다. 호텔 등에서 공항행 택시를 예약하면 사전에 요금을 설정한 자동차가 온다. 대체로 택시보다 고급차로, 운전자의 태도도 정중하고 자동차도 깨끗해서 상당히 보급되었고, 2014년에는 VTC 비즈니스 그 자체가 합법화되었다.[63] 이용자의 눈높이에서 말하자면 '요금을 미리 알고 있고 손님을 찾아다니는 빈 차가 아닌 택시'다. 현재 1만 명의 계약 운전사들이 몇몇 병존하는 VTC 서비스 공급 업체와 계약하고 있다. 우버사는 VTC 서비스를 제공하고 있는 기업 중 한 곳이지만 프랑스에서는 압도적인 존재감이 있으며, 미국, 영국에 이어 우버 이용자가 많다고 알려져 있다. 합법적인 우버 서비스와 병행하여 2014년부터는 우버 팝[64]이라는 비합법적인 비즈니스도 시작되었지만, 택시 업계의 맹렬한 항의 행동도 있어서 2015년 7월에 영업이 정지됐다.

<표 4> 배차 비즈니스의 다양화

업종명	택시	VTC (운전사 딸린 관광 자동차)	비합법 운송 서비스	라이드 셰어 (합승 자동차)
회사명 (고유 명사)			우버(VTC 중 하나)	우버 팝	블라블라 카
외견	택시 램프 있음	램프 없음		램프 없음	
승차 방식	예약 예약 없이도 탑승할 수 있음	예약만 가능	우버 앱을 이용한 예약만 가능	예약만 가능	인터넷 예약만 가능
주행 도로	택시 전용차선 사용 가능	일반 자동차와 같은 차선 사용	일반 자동차와 같은 차선 사용	일반 자동차와 같은 차선 사용	일반 자동차와 같은 차선 사용
요금 결정법	주행거리에 따라 요금 결정 미터제	예약 시 요금 결정	예약 시 요금 결정	예약 시 요금 결정	운전자와 라이드 셰어자 간의 연료비와 고속도로 통행료 실비 분담이 목적
회사 형태	허가제	회사조직 · 사회보험 기업 부담 있음 운전사는 최소 250시간의 교육을 받고 개인영업자로 등록	2009년 캘리포니아에서 설립된 회사 프랑스에는 2011년에 진출하였고, '파리, 니스, 리옹, 릴'의 4개 도시에 4000명의 운전사가 있음	2014년 2월 프랑스에서 9개 도시에서 실시 자동차를 소유한 누구든 가능하며, 우버 앱을 다운로드하여 픽업 서비스 진행	자동차를 소유한 누구나 블라블라카의 플랫폼상에서 자가용으로 합승할 동승자를 모집하는 시스템을 개발함. 라이드 셰어자로부터 수수료를 받는 비즈니스

		프랑스에는 VTC 서비스를 제공하는 몇몇 기업이 존재	기업으로서 성장 중	2015년 7월 3일 미국의 우버에 의해 금지	기업으로 성장 중

출처: 라디오 Europe1의 웹 발표자료(2015년 7월 3일, http://europe1.fr/economie/vie-uber-uberpop-quelle-est-la-difference-1364150)를 바탕으로 필자가 정리

자동차 이용을 둘러싼 공방

프랑스인들은 "대중교통 도입 시에 택시 업계의 로비를 왜 반대하지 않았나?"라는 질문을 많이 받는데, 본래 프랑스에서는 택시 이용 인구가 일본보다 한정되어 있고, 택시를 이용하던 사람들이 LRT나 BRT가 운행된다고 해서 바로 대중교통을 이용한다고 볼 수는 없다. 그래서 더욱 택시 이용자가 대상이 되는 우버 등의 새로운 배차 서비스 운영의 형태에 택시 업계는 그야말로 목숨을 걸고 반대하고 있다. 택시를 이용하지 않는 인구 층을 대상으로 카 셰어링 등의 라이드 셰어 협력형 경제가 탄생했다. 이 자동차 이용의 다양성을 보면 프랑스 사회의 자동차, 택시, 대중교통(표 4)의 위치가 명확해진다. 라이드 셰어는 근거리를 달리는 LRT나 버스 등의 도시 교통과는 경쟁 관계에 있지 않지만, 장거리 버스, 철도, 저가 비행기의 고객을 뺏는다고 간주되고 있어 프랑스는 넓은 의미에서 교통 이용객 쟁탈전의 시대로 접어들었다.

6. 도시 교통 계획을 뒷받침하는 구조

지역 대중교통 계획 주체는 지자체

각 도시의 교통 정책에 대한 의지와 투자를 보고 인재와 재원의 확보나 실제 운영 실태에 대해 생각하는 분이 많을 것이다. 연간 대중교통 주행거리가 1060만㎞, 버스와 트램 이용객 수가 3470만인 앙제 도시권 공동체를 예로 들어보자. 31개의 가맹 코뮌의 대표가 구성하는 도시권 공동체의 평의회에서 의장을 선출하고 의결을 집행한다. 의장직은 중심 도시 앙제의 시장으로 평의회 의원 수는 93명. 권한은 주택 정책을 중심으로 하는 도시계획, 도시 교통, 경제 진흥 등 다양하며 평의회에서 세율을 결정하여 징수하는 지방직접세와 구성 코뮌이 인구에 따라 부담

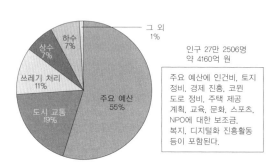

그 외 1%

인구 27만 2506명
약 4160억 원

주요 예산에 인건비, 토지
정비, 경제 진흥, 코뮌
도로 정비, 주택 제공
계획, 교육, 문화, 스포츠,
NPO에 대한 보조금,
복지, 디지털화 진흥활동
등이 포함된다.

하수 7%
상수 7%
쓰레기 처리 11%
도시 교통 19%
주요 예산 55%

[그림 36] 앙제 도시권 공동체 예산 2015년도 전체 예산 3억 3300만 유로(약 4160억 원) 중 30%가 투자자산, 70%가 경상예산으로, 인건비는 그중 약 9%

제공: ALM

하는 분담금 등이 재원이다. 이 앙제 도시권 공동체의 2015년도 예산은 3억 3300만 유로(약 4160억 원)로, 인구 한 사람당 약 1221 유로(약 157만 원)가 되고, 그 19%가 교통 정책에 충당되고 있다 (그림 36).

지자체 예산에서 차지하는 교통계획의 중요한 위치를 알 수 있다. 인구 27만 명의 지역에는 25개 역이 있는 12.3km의 LRT 노선 한 개와 1580개의 버스 정류장이 있고, 그중 714개 정류장에는 지붕 달린 정류장이 정비되어 있다. 러시아워 때 주민의 이동에서 대중교통 이용 비율은 18.8%지만, 하루 전체 이용률은 평균 9.3%다. 교통계획의 행정 책임을 담당하는 교통국(운수부)은 앙제 도시권 공동체 정부의 한 조직으로 AOTU(도시교통사업 관할 기관), 관할 범주를 PT(운수 서비스 공급권 지역)[65]라고 부른다.

도시 교통 운영은 상하 분리 방식

교통연구소의 발표에 의하면, LRT 투자 비용은 1km당 1300만에서 2200만 유로로, 금액에 큰 차이가 있는 것은 전용 궤도 부설과 함께 행하는 경관 정비의 질에 좌우되기 때문이다. 전용 궤도 도입을 수반하는 도시 교통 인프라 정비공사에 대한 국가로부터의 보조는 현재 상한선이 전체 비용의 25%로, 지자체의 장기 차관이나 교통세가 사업의 주요 재원이 된다. 교통세는 종업원이 11명 이상인 기업의 총 인건비에 과세되는 목적세다. 파리를 제외하면 최고 과세율은 2%로 지자체의 독립 재원이 되고, 대중교통의 정비 운영에만 운용 가능하다.[66] LRT 운영 비용은 1㎞당 5에서 7유로. 버스를 포함한 프랑스의 도시 교통 운영은 공설형 상하 분리(인프라와 운행 서비스 관리 주체의 분리)가 90% 가까이를 차지한다(그림 37). 일본에서는 궤도 운송 고도화 사업에 따라 상하 분리가 가능하게 됐지만 프랑스에서는 광역지자체 연합의 수장과 의원이 정책의 주체가 되어, 노선 · 요금 등을 결정하고 대중교통 정비에 투자한다.

궤도 운송 업무는 민간사업 단체에 위탁하거나 광역지자체 연합 스스로 제3섹터를 설립한다. 어느 도시나 사회 운임[67]을 적용하기 때문에 생기는 운행 비용의 적자를 광역지자체 연합이 보전하고 있다. 지자체가 운행 사업체에 정액 보전금을 공여하고 운송 업무를 위탁하는 '공설 민영' 방식이 프랑스의 도시 교

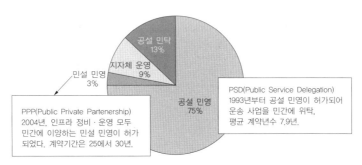

[그림 37] 프랑스 지방 도시 교통운영에 있어서의 상하 분리

GART 'Groupement des Autorités Responsables de Transports 도시 교통 관할 기관 전국연합'의 2012년 발표 자료를 근거로 저자 작성

통 운영 전체의 75%를 차지한다.[68] 보조금이 고정적이므로 오퍼레이터(운영자)가 매출 향상을 목표로 지출비를 절감하면 기업이 노력한 대가로 승차권 수익이 증가한 만큼 인센티브를 제공할 수 있게 된다. 만약 운행수입을 지자체가 직접 관리하고 정기 운행 위탁금만을 운영자에게 지불하는 '공설 민탁' 방식을 취하는 경우, 영업 리스크는 지자체로 전환된다. 프랑스는 지자체가 수도 사업 등을 민간에 위탁하는 '공공 서비스의 민간 위탁 사업화'[69]가 역사적으로 활발하며, 현재 도시 교통 사업을 세계 26개 도시[70]에서 전개하고 있는 베올리아사도 수도 사업자인 점은 흥미롭다. 2011년 도시 교통 사업의 총 주행거리 40%를 베올리아 트랜스 스데우사[71]가, 29%를 프랑스 국영 철도 회사[72]의 자회사인 케오리스[73]가 계약처로 되어 있어 업계의 재편성이 진행되고 있다고 할 수 있다. 지자체 연합과의 수주 계약 기간은 평균 8년으로, 계약 만기 시에는 새로 입찰이 이루어지겠지만, 운전사 등 대부분은 비록 운행 업체가 달라져도 새로운 회사가 그대로 승계하도록 되어 있다. 또 다른 운영 형태로는 지자체의 9%가 각자의 교통국에서 도시 교통을 운영하고 있다. 한편 3%의 지자체가 PPP[74] 사업에서 민설, 민영을 선택했지만, 민설이라고는 하나 예를 들면 낭트 시는 교통세를 투여하여 초기 투자에 참가하고 있다.

교통세 위주의 공금으로 지원하는 지역 대중교통

앙제 도시권 공동체의 AOTU 운수부(그림 38)에는 15명의 직원이 있으며, 자전거 대응이 4명, 주차 대원 1명, 버스 담당이 3명, 신호 등의 엔지니어가 2명, 그래픽 디자이너로 구성된다. 앙제에서는 개개의 신호가 프로그램화되어 있지만 신호 운영체계는 도로국 담당이다. 대중교통의 '운행 속도' 개선 때문에 버스나 트램의 우선 신호는 필수로, '운영 비용을 낮춘다'는 의식이 철저하다. 메츠의 BRT에서 버튼을 누르지 않으면 장애인용 슬로프가 나오지 않는 것도 같은 논리다. '하나하나가 도시 교통의 실행에 영향을 미치고 있다'는 표현을 여러 도시에서 들었다. 지자체가 궤도 운송을 맡는 민간 기업에 공금을 원조하면 '보조금 체질'이 된다고 하는데, '세금 경영이라서 관리가 허술'하다거나 '보조금을 주기 때문에 민간 측의 인센티브가 낮아진다'는 인식은 적어

[그림 38]

앙제 도시권 공동체 '운수와 이동'부의 카바레 부장

도 행정 당국의 교통국에는 없다.

2015년도 운수부 예산은 약 850억 원(빚 상환도 포함)으로 도시권 공동체에는 교통세에서 5000만 유로(620억 원)의 수입이 있다. 한편 실제 운영 업무를 행하는 케오리스 앙제사의 2015년도 세출은 5712만 유로(약 714억 원)로, 운임 수입 1780만 유로는 운전비의 25%다. 도시권 공동체의 운수부는 케오리스사에 4만 유로(500억 원)를 운행 사업 위탁 계약금으로 지불했고,[75] 공금으로 지역 대중교통을 지탱하고 있음을 알 수 있다. 앙제 도시권 공동체와 LRT나 버스 운행 업무의 위탁 업체 케오리스사 간의 계약에는 예측 액보다 일정액 이상 승차권 수입의 초과분은 도시 공동체와 케오리스사 간에 반으로 나누는 등 세세한 규정이 기재되어 있다. 이는 운행 사업 측이 승차권 세입을 적게 산출하고, 최대한 많은 보전금을 도시권 공동체로부터 끌어내려는 시도를 저지하는 목적이 있다. 또 이 책 106쪽에서 소개한 뮐루즈에서는 2014년도 푸조사가 전체 인건비의 1.8%인 440만 유로를 교통세로 뮐루즈 도시권 공동체에 지불하고 있고, 지자체는 푸조사에게 120만 유로를 반환하고 있다. 왜냐하면 종업원의 약 25%가 푸조사가 제공하는 차를 이용하고 있기 때문이다. 다만 기업 수배 차량 운임 무료 설정이 교통세 반환의 조건이다. 실제로는 시청에서 푸조사에 지불하는 상환액의 2.75%를 깎아주는 대신, 지자체는 푸조사에 대해 출입검사를 하지 않는다. 검사를 하면 지자체의 인건비 부담이 큰 것이 이유인데, 이런 임기응변은 자못 프랑스답다. 2011년 푸조사가 종업원용으로 운행하고 있는 버스 비용은 380만 유로(47억 원)였다.

　교통세를 통해서 공금으로 지역 대중교통을 지탱하는 구조는 전 지방 도시에서 공통되고 있어 승차권 수입은 경영 예산의 평균 30%를 밑도는 반면, 대중교통 이용자는 해마다 늘고 있다. 지자체 교통국AOTP의 전국 조직 '도시교통 관할기관 전국연합GART'에서는 운임 혹은 교통세의 증세나 탄소세의 일환으로 도입하는 자동차세 등 이떤 방안을 도입할 필요가 생기면 언제든 검토하고 있다. 그러나 세액을 증가해도 '환경이나 시민을 위해서 지역의 대중교통은 지탱시킨다'는 원칙은 관민 모두에서 일치한다.

공공 계획의 채산성과 TRI

　프랑스 대중교통 비용 대비 효과는 TRI 지표[76]로 나타난다. 시민을 위해 싼 운임을 적용하고 있으므로 처음부터 독립 채산성을 목적으로 하지 않고 도시 교통의 적자 운행을 전제로 하는데, 왜 비용 대비 효과 계산이 필요한 것인지 모순되지 않는 것은 아니다. 공금을 투여하는 이상 이른바 현금 수익 계산이 아니라 지자체가 투자한 금액에 대한 넓은 의미에서의 사회 기여도와 효과 등도 고려한다. 대중교통을 도입한 경우는 인프라 정비 비용과 감가상각을 비추어 교통사고 감소율이나 정체 완화에 따른 시간 획득, 환경에 대한 공헌율 등을 대비시킨다. TRI가 4 이하인 대중교통은 '투자에 대한 효과가 없다'고 간주된다. 그러나 너무나 많은 요소를 TRI 계산식에 포함했기 때문에 도시 교통을 담당하는 사람들에게조차도 구체적으로 어필할 수 있는 숫자는 되지 못하고 있는 듯하다. 한편 1982년의 '국내 교통 기본법'[77]에서 5년마다 모든 대형 공공 공사의 사회 평가 보고서 작성이 의무화되었다. 이 국내 교통 기본법 보고서에는 복잡한 계산식은 없으나, 모든 지자체에서 방안을 짜내 매우 알기 쉬운 보고서를 작성하고 있으며, 간략하게 정리한 내용은 일반 열람도 가능하다. 지자체의 계획 입안 의무, 정부로부터의 보조금 교부, 계획의 실행, 사후 평가, 다음의 계획 개선으로 연결되는 프로세스가 활용되고 있다. 큰 폭의 적자를 각오하고 마을의 간판이 되는 대중교통을 운행하고 있는 지방 도시는 단순한 비용 대비 효과 계산보다 '마을이 활기차진다'는 수치화될 수 없는 실효성을 공통으로 평가하는 것처럼 보인다. 환경, 복지, 관광, 경제 발전에 기여하고, 주택과 상업 지대를 잇는 대중교통을 싸게 공급하는 프랑스의 모델은 관민 모두의 '자동차 이용을 줄이는 교통 전환 추진'의 원칙에 의해 뒷받침되고 있다.

7. 누구를 위한 교통인가?

약자를 버리지 않는 마을 만들기 · 사회 운임 구조

 선불카드가 전국 공통으로 매우 편리하게 사용 가능한 일본에서 LRT나 BRT가 진행되지 않는 이유 중 하나로 '채산이 맞지 않는 대중교통사업에는 공금 투입이 어렵다'는 말을 자주 듣는다. 도시 교통에 값싼 사회 운임을 적용하고 있는 프랑스에서는 이용자가 먼저 입금한 금액이 승차 때마다 줄어드는 '이용자가 사업체에 선불하는' 승차권은 없다. 모든 도시에서 기본이 1.5유로 전후로 1시간 정도 마음껏 탈 수 있는 승차권을 제공하고 평균가격 26유로(3만 2500원)의 한 달 정기권(버스, 트램 공통)으로 도시권 전체 교통기관을 이용할 수 있다. 운임을 더 높게 설정하면 사업의 채산성은 향상되지만, 부족분은 6항에서 살펴본 것처럼 지자체의 보전과 교통세에서 마련된다. 통근 · 통학에 매일 이용하는 도시 대중교통은 수도나 전기와 마찬가지로 시민들에게 공급하는 공익성이 높은 기본적인 사회 서비스로 규정되고 있어 도시 교통에 대한 세금 투여에 대한 반대 의견은 들리지 않는다. 이런 생각의 근저에 있는 것은 1980년부터 법률로 보장된 '교통권'이다. 2014년에 LRT를 도입한 인구 4만 5000명의 오바뉴Aubagne 시는 2009년부터 버스와 LRT 운임을 무료화했다. 일본 이상으로 자동차 사회였던 프랑스에서 대중교통에 대한 생각이 여기까지 진행되어 왔다. 프랑스 전체에서 교통세는 60억 유로(8조 655억 원)를 지자체에 가져오고, 그 40%가 파리 수도권을 포함하는 일드 프랑스Île-de-France 지역의 세수다. 파리나 리옹에서는 장거리일수록 요금이 높아지는 구간제지만, 2015년 9월부터 파리의 운임이 1구간에서 5구간까지 전 구간을 대상으로 월 70유로(9만 3000원)로 균일화되었다.[78] 메트로 버스·트램·고속 지하철도RER, 공항행 버스 등 모든 교통기관을 카드 한 장으로 이용할 수 있다. '도쿄 도내의 이동이 한 달 동안 9450엔(9만 4500원)으로 마음껏 이용 가능'하다고 상상해 보면 이 정책의 참신함이 느껴질 것이다. 이 정기권 나비고[79]가 이용 가능한 파리를 중심으로 하는 일드 프랑스 지역의 인구는 1280만 명이므로 인구 1335만 명의 도쿄 지역과 비슷하다고 생각해도 좋을 것이다.

일드 프랑스 지방의 대중교통 정책을 결정하는 대중교통 사무조합STIF[80]은 2008년까지 정부의 관할하에 있었지만 현재는 지방분권화되어 이사회에는 지방의회의원, 지방을 구성하는 8개 도와 1281개의 행정 최소 단위인 코뮌의 각 대표가 자리를 갖는다. 최근 2, 3년 파리의 LRT나 버스 차체에 대중교통 사무조합의 로고가 눈에 띄게 되어 오래된 버스 정류장도 지붕이 있는 디지털 운행 정보 제공 패널 장비로 개선되었다. 대중교통 사무조합이 교통 정책을 결정하고 그 위탁을 받은 파리 지하철공단[81]이 운영자로서 메트로metro를 운행하는 방식이다. 대중교통 사무조합의 운영자금의 39.2%가 교통세이며, 29.3%[82]는 운임수입으로 충당되고 있다. 또한 이사회를 구성하는 각 공공 단체가 19.3% 상당을 각출한다. 70유로 일률 운임 설정에 있어 운임수입 감소분 4억 유로를 채우는 것은 지자체로부터의 각출금의 증가와 각 기업의 협력, 즉 교통세율의 상향을 의미한다. 파리 주변에는 고액 소득자 층이 많고 월급 수준도 다른 지역에 비해 높기 때문에 인건비에 대해 부과되는 교통세는 상당히 확실한 수입이 된다. 대중교통 사무조합은 교통세를 이미 한도 이상인 2.85%에서 0.1%p 더 올리는 허가를 정부로부터 받았다.[83]

이 과감한 운임 인하는 자가용 통근에서 대중교통 통근으로의 교통 전환 추진이 목적이지만, '대중교통에 대한 철학'도 볼 수 있다. 프랑스의 도시 교통은 수익성 향상이 아니라 '시민에 대한 모빌리티 제공'이 목적인 공공사업이라고 해도 좋다. 이는 '교통 거버넌스'의 문제다. "누가 교통 정책을 결정하는가?", "시민에 의해 선출된 의원으로 구성되는 의회와 이사회가 교통 정책 주체가 되어 결정한다." 공금을 운영하는 프랑스의 도시 교통과 민간 기업이 경영하는 일본의 도시 교통은 비교할 수 없다. 일본에서는 수익자 부담이 기본이라고는 하나 출퇴근 수당을 받고 있는 사람들은 잘 실감되지 않겠지만, '생활에 반드시 필요한 교통운임이 이처럼 높은 것은 이상하다'고 한 번쯤 생각해도 좋을 것이다.

사회적 약자도 이용할 수 있는 대중교통

스트라스부르에서도 2008년부터 보다 철저한 '사회 운임'이 도입됐다. 종래의 '학생이나 고령자 요금'이라는 이용자의 '신분'에 따른 운임 설정이 아니라 교통 이용자의 실제 수입 상태에 따른 서비스 수익자의 입장에 맞춘 요금체제로 획기적인 발상이다. 프랑스에서 잘 이용되는 '부양가족계수'[84]를 써서 가족이 많을수록 운임이 싸지는 시스템이다. 프랑스에서는 '어린이가 늘어날수록 소득세나 사회 부담금이 내려가는' N분 N승 방식이 적용되고 있다. 이 산출법은 저출산 대책[85]으로서 '보육소 충실화 등의 하드웨어 지원', '아동 수당 지급의 현금 지원', '여성의 직장 복귀를 가능하게 하는 노동법의 정비' 등의 지원책 등과 함께 큰 효과가 있었던 정책 중 하나로 꼽힌다.

프랑스는 사회보장의 종업원 부담률이 급여의 21%(일본은 14%), 고용자 부담이 42-60%(일본은 15%)로 인건비가 매우 높은 나라다.[86] 자산이 130만 유로(약 16억 원) 이상의 국민에게는 부유세도 부과되고, 국민 중 10%의 고액 납세자가 소득세 세입의 70%를 내고 있다. 일본의 소비세에 해당하는 부가가치세는 이미 20%다. 고액의 세금을 징수하여 의료 설비, 사회 보장 제도를 갖추고, 대중교통과 보육소 등 많은 시민이 그 이점을 누릴 수 있는 사회 인프라를 정비해 온 것도 사실이다. 교육도 대학 수료까지 기본적으로 무료다. 모두 17조항밖에 없는 프랑스 인권 선언에 조세에 대해서는 2개 조에서 언급되어 있어 '과세에 대해서 기본적인 서비스를 국가가 국민에게 보증한다'는 근대 시민사회의 계약이 프랑스 사회의 기초가 되고 있다. 교통뿐만이 아니다. 주택 정책도 집세를 내린 '사회 주택' 제공이 중심이다.[87] 물론 이 '사회 정책'에는 부작용도 있다. 정부의 보살핌이 너무 잘되어 있어서 노동을 하지 않고 사회가 제공하는 모든 보호에 의존하여 생활하는 인구도 늘어난다. '사회 격차 해소를 위해서 투자를 할 의무'[88]가 있는 정부에 대해 서비스의 수급 측은 '사회의 정합성을 구할 권리'[89]를 당연히 요구한다. 도시 행정에서는 '격차를 해소'하는 사회 정책 시도의 수단으로 교통도 주택 정책도 인식되어 왔다. 스트라스부르의 교통 정책을 맡고 있는 사람이 "교통권은 버려진 장소에 대해서도 같은 권리를 주는 것을 보증하기 위한 개념입니다. 불평등함 없는 이동을 목적으로 합니다"라고 단언했다. 덧붙이자면 프랑스어에서는 '사회 운임'이 아니

[그림 39]

스트라스부르의 LRT 검찰관. 최근에는 승차를 돕는 '서포터'라는 호칭도 각 도시에 침투되고 있다

라 '연대 운임'으로 표현하고, 또 '연대'가 뛰어난 도시란 '공영주택'의 공급이 진행되고 있는 도시를 가리킨다. '가진 자'와 '사회적 약자'의 연대다.

그런데 그렇게 싼 승차권이지만 그럼에도 부정 승차는 끊이지 않는다. 운행의 정시성, 신속성 확보 때문에 신용 승차 방식[90]을 채용하고 있어 개찰구가 없으므로 LRT나 BRT에서는 검찰관(그림 39)을 만나지 않으면 범칙금을 내지 않고, 승차권이나 정기권 없이도 탈 수 있다. 부정 승차율이 10%를 넘는 도시가 많고, 대중교통 이용으로 연간 개인 이동이 1억을 넘는 스트라스부르 시에서는 13.5%가 무임으로 LRT를 타고 있다. 또 이용 상황의 실시간 관리를 위해 승차권 인식기(그림 40)를 터치하도록 권장하고 있으나 11.4%가 표를 인식기에 대지 않고 승차하고 있다. 버스에서는 무임승차가 3%대까지 떨어진다. 한편 연간 대중교통 여행 수가 3470만인 앙제 도시 교통권의 2014년의 부정 승차율은

[그림 40]
승차권 인식기(예를 들면 앙제에서는 차체 내, 스트라스부르에서는 정류장에 설치)

LRT 2.21%, 버스 1.81%로 낮다(검표율 1.72%로, 전체적으로 부정률 2.01%). 홍보 활동을 활발히 추진한 성과지만 특히 청소년을 대상으로 중학교와 스포츠 클럽 등에서 시민 교육의 일환으로 '올바른 대중교통 이용을 계몽하는 아틀리에'에 케오리스사 직원이 찾아가고 있다. 무임승차에는 51.5유로의 범칙금이 가해진다. 승차권이나 정기권을 인식기에 터치하지 않으면 34.5유로의 범칙금이 있다. 벌금 납부율이 56.8%, 19만 7202유로(2조 4000만 원)의 수입이 된다. 이처럼 사회 비용 '연대'는 좀처럼 완벽하게 진행되고 있지는 않지만, 프랑스인이 훌륭한 '연대'를 보이는 것은 거리에서 볼 수 있는 교통약자에 대한 상냥한 배려다.

배리어 프리 상황

2010년에는 지금까지의 여러 법률을 집대성한 교통법이 완성되어 사회적 약자나 이동 제약자의 모빌리티에 대한 접근권의 정의가 명시되었다. 휠체어나 유모차가 쉽게 대중교통에 승하차할 수 있으므로(그림 41), 마을 안에서 휠체어를 보는 것은 결코 드문 일이 아니다(그림 42). LRT와 버스 정류장도 휠체어가 회전 가능한 공간을 확보한 설계다(그림 43, 44). 배리어 프리법[91]은 2005년에 제정되었다. 대상자는 "휠체어 이용자뿐만이 아니라 비장애인도 다치거나 어린이를 데리고 타거나 짐이 많은 사람 누구나 일시적인 장애를 겪는 생활의 한 시기가 있다"고 프랑스 정부는 정의하고 있다. 따라서 장애인 대책이라는 표현은 쓰지 않고 '이동에 제한이 있는 사람'에 대한 대응이라고 한다. 다리 힘이 약해진 고령자도 포함하여 프랑스에서는 1200만 명, 전 인구의 약 5분의 1이 이 범주에 해당한다고 한다. 당초는 2015년까지 공공 구조물과 대중교통 전체의 배리어 프리화가 목표였다. 현재 저상 차량의 LRT에는 휠체어가 쉽게 탈 수 있고, 노선버스에도 배리어 프리 슬로프가 정비되어 차내에 휠체어 공간 2곳이

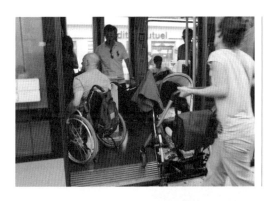

[그림 41]
휠체어도 유모차도 들어가는 LRT차(니스 시)

[그림 42]
보통 노선버스의 배리어 프리 슬로프와 혼자서 승차하는 휠체어 이용자(스트라스부르 시)

마련되어 있으며, 휠체어 공간이 4대 분이 있는 BRT도 드물지 않다. 편리하고 저렴하게 이용할 수 있는 프랑스 지방 도시의 배리어 프리 교통과 대비적으로 파리의 지하철에는 거의 엘리베이터나 에스컬레이터가 없다. 지방의 철도역에도 엘리베이터가 극단적으로 적다. 신규 건축물이나 대학, 관공서 등 건물의 배리어 프리화는 거의 끝나 있지만 낡은 건조물이 많은 마을의 상점 등 일반 건물에서는 아직 20% 정도밖에 대응하지 못하고 있다.

[그림 43]

휠체어 공간을 확보한 버스 정류장 디자인

제공: 메츠 도시권 공동체

[그림 44]

베리어 프리 대응 버스 정류장 디자인의 한 예

제공: EMS

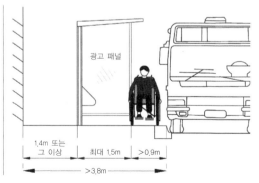

예를 들어 앙제 도시권 공동체에서는 설문에서 매장 총면적 300㎡ 이상의 상업 상점 중 61%가 배리어 프리 대응이 가능하다고 하지만, 지금도 상업 상점 전체의 7%가 '배리어 프리 대응 의무의 정보조차 모른다'고 회답했다. 262개의 공공 건조물 중 배리어 프리 대응은 59개뿐이다. 앞으로 8년에 걸쳐 850만 유로(114억 2600만 원)의 예산을 들여 개선한다.

이처럼 현실에서는 2015년까지 모든 배리어 프리화를 하지 못했기 때문에 각 도시의 대책 위원회에서는 최우선 항목을 결정하고 공사에 우선순위를 매기고 있다. 2014년에 발표된 법률의 시행령에서는 특히 낡은 주택과 상점에 대한 보다 현실적인 대응책이나 시한에 대해서도 3년부터 9년까지의 실현에 있어서 집행 유예 기간이 설정되었다.[92] 지금은 마을 안 작은 상점에서도 문을 크게 하는 등 대응하고 있다. 낡은 건물의 구조상 아무래도 대책이 없을 경우에는 상점이 코뮌에 '예외'를 신청하는 것도 인정되게 되었다.

배리어 프리는 일부 사람에게만 필요한 조치가 아니다. 필자가 다리를 다쳤을 때 휠체어로 오사카 시내로 이동했다. 모든 교통기관의 플랫폼에서 승무원이 "도움이 필요하다면 말씀해 주세요."라고 반드시 대응해 주었다. 엘리베이터도 완비되어 있었다. 그럼에도 불구하고 일본의 도시에서 휠체어 이용자의 외출을 별로 볼 수 없는 것은 점의 부분만 배리어 프리로, 휠체어로 움직일 수 있는 선으로 연속된 이동 공간이 없기 때문이다. 현재 일본의 도시 구조에서는 비록 도시 교통기관의 직원교육이 철저하다고 하더라도 일단 거리로 나오면 장애가 많아서 유감스럽게도 도움을 주는 사람 없이 혼자서 휠체어로 이동하는 일은 어렵다. 마을 전체를 대상으로 하는 유니버설 디자인이 필요하다. 부상 정도나 장애정도가 낮은 경우는 대중교통을 이용한 외출은 어려워도 자가용이면 가능한 것도 잘 알게 되었고, 통계를 통해 고령자일수록 도시 교통에 대해 무관심하다는 사실의 원인도 납득했다. 향후는 고령자나 모빌리티를 제한당하고 있는 시민이 움직이기 편한 마을 전체 디자인을 실시하여 대중교통을 제공하지 않으면 브레이크와 액셀을 거꾸로 밟으면서도 자동차를 운전하는 노인이 줄어들지 않을 것이다.

유니버설 디자인 · 종합적인 교통 정책에 필수적인 픽토그램과 교통 결절 거점

모든 사람이 움직이기 쉬운 마을을 만들려면 종합적인 정책으로 교통수단 실현과 도시계획을 링크시켜 진행시킬 필요가 있다. 이 장에서 소개한 보행자 전용공간, 자전거 전용도로, 트램, 보행자 전용버스가 정합성을 가지고 배리어 프리 대책과 함께 정비되지 않는다면 도쿄에서처럼 각종 교통 서비스는 충분히 갖추고 있지만 낯선 외지인과 일본어를 읽을 수 없는 사람에게는 어려운 시스템이 된다. 기본적으로 북, 서유럽의 지방 도시에서는 현지어를 몰라도 일일권을 구입하여 마을을 돌아다니는 것이 비교적 쉽다. 중앙역 구내와 역 앞에는 눈에 띄는 곳에 지자체가 운영하는 관광 안내소[93]가 반드시 있어 교통 노선도를 포함하여 시가지 지도와 교통 승차권이나 마을 안내서를 입수할 수 있다. 5유로 정도의 공통 승차권으로 모든 대중교통을 갈아타고 마을 전체의 관광이 가능해지는 것은 일본인에게는 신선하다. 왜냐하면 도시 교통이 일원화되어 있으므로 같은 도로를 복수의 노선이 달리는 것이 아니며, 또 픽토그램으로 불리는 그림 문자 표식도 통일되어 있다(그림 45). 1966년 도쿄 올림픽에서 개발됐지만 누가 보아도, 그리고 멀리서도 알기 쉬운 그림 표식은 의외로 일본에서는 찾기 어렵다.

또 하나 중요한 것은 교통 결절 거점을 만드는 방식. P+R 등의 주차장도 포함하고 다른 교통수단으로의 환승이 쉽지 않으면 사

[그림 45] 프랑스의 SNCF(일본의 JR에 해당) 역에 있는 전국적으로 통일된 게시판. 트램이나 버스에 운전사가 제시되어 있는 점이 신선하다.

람들은 자동차에서 대중교통으로 전환하려 하지 않는다. 낭트의 교통 결절 거점인 아르셀[94] 역은 P+R, 자전거 전용도로와 주차장, 노선버스 발착역, 교외에서 오는 트램 트레인, 시내로 향하는 트램과 모든 환승을 평면에서 간단히 할 수 있는 훌륭한 구조다. 5500만 유로(68억 7000만 원)를 들여서 2012년에 완성했다(그림 46, 47). 이 교통 결절 거점의 실현에는 낭트 시를 중심으로 하는 광역지자체 연합뿐만 아니라 유럽 의회·프랑스 정부와 지방정부·도 등의 예산도 포함됐으며, 도심뿐만 아니라 경제권으로 일체화된 '교통의 흐름'을 관리하겠다는 의지가 읽힌다. '이동한다'고 하는 인간의 기본적 욕구를 충족시키기 위해서 사회적 약

[그림 46] 낭트 시의 교통 결절 거점 아르셀 역

[그림 47]
아르셀 역의 안내 패널

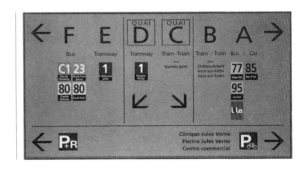

자는 물론 이동 제약자, 다른 나라에서 방문한 자 등(국가의 총 인구를 웃도는 8370만 명의 관광객이 2014년도에 프랑스를 방문했다), 프랑스는 다양한 이용자에게 재정적 배려, 물리적 해법을 발견하고 디자인이나 마을 모습 그 자체의 콘셉트까지 추구하고 있다.

이 장에서는 '걷기 즐거운 마을 만들기'를 위한 교통 정책에 초점을 맞추어 각 지방 도시의 모습을 소개해 왔다. 저서《스트라스부르의 마을 만들기》의 '추천의 말'에서 아오야마 선생이 "스트라스부르는 마을 만들기의 성지다"라고 썼듯이, 지금도 스트라스부르 시는 프랑스 지방 도시를 이끄는 환경 선진 도시의 선두다. 스트라스부르 시장으로 지금부터 20년 전에 트램 도입을 총지휘했고, 현재는 스트라스부르 광역지자체 연합 위원회의 부의장으로서 지역 경제 발전을 담당하는 트라우트만 여사[95](그림 48)에게 "트램이 시민의 생활에 가져온 것이 무엇이냐"고 물었다.

[그림 48]
트라우트만
제공: 본인

전 스트라스부르 시장 인터뷰

장래의 경제 발전에 현존하는 교통 인프라 스트럭처는 부응할 수 있는가?

❓ 왜 프랑스에서는 일본처럼 젊은이들이 꼭 대도시로 가려 하지 않을까요?

"프랑스인은 대도시의 익명성 속에서 묻히는 것을 두려워하고 있습니다. 파리 중심에 사는 것은 근사한 일이지만 집세를 생각하면 교외에 주거할 수밖에 없습니다. 그렇다면 지방 도시에서 더 나은 삶의 질을 누리는 것이 좋다고 생각합니다. 기업도 파리에 본사를 두면 각종 세금 부담이 높아지므로 지방에 진출하고, 거기에서 일자리도 생깁니다. 스트라스부르에서는 광역지자체 연합 지역 전체의 상점 면적의 39%를 시가지의 상점이 차지하고 있습니다. LRT를 중심으로 하는 대중교통이 정비되어 있어 사람들이 이동하기 쉬워진 결과, 마을 상업도 발달했습니다. 지방 도시에도 충분히 충실한 상점이 갖추어져 있습니다.[96]

스트라스부르 중심에서의 보행자 전용공간 만들기는 오래 전부터 시작되었습니다. 대중교통이나 자전거 접속의 편리화, P+R의 확충으로 인한 자동차 이용자의 편의성 등의 요소가 중첩되고 당초 자동차 통행 규제로 손님이 떨어질까 봐 걱정했던 상점가의 걱정은 불식되었으며, 화려하게 중심가의 활성화에 성공했습니다. 벌써 20년 전의 이야기입니다. 최근 주말에 시내로 들어가는데 P+R이 있음에도 자동차의 혼잡을 볼 수 있어 새로운 스트라스부르 서쪽으로 순환 고속도로를 건설하여 교통량의 완화를 도모하려고 합니다. 이처럼 자동차에 대한 대응 방안과의 정합성이 중요합니다."

Q 즉, 시가지 활성화에는 교통 네트워크의 재구축이 가장 긴밀하게 관련되어 있습니다, 그래서 도시계획에 교통계획도 통합시켜야만 의미가 있다는 것이지요?

"그렇습니다. 버스나 전철을 포함한 모든 교통수단의 일관된 정합성이 반드시 필요합니다. 환승뿐만 아니라 요금의 일원성도 중요합니다. 정합성은 도시계획과 교통만이 아닙니다. 2015년도 말에는 '2030년을 목표로 한 경제 발전 로드맵'의 재검토가 의회에서 이루어졌는데, 부의장으로서 내 임무는 장래의 경제 발전에 현존하는 교통 인프라가 부응할 것인지를 검토하는 것이었습니다."

Q 교통 인프라가 없는 곳에서는 산업을 일으킬 수 없다는 것이지요?

"네, 그리고 경제 발전 계획 책정 시에는 반드시 일자리 창출과 주거 대책의 제휴도 중요하므로 주택과의 협의도 필요합니다. 행정표에는 대학과의 협동에 의한 연구 개발이나 직업 훈련 프로그램도 포함됩니다. 지방정부, 도 상공회의소, 대학 등 복수의 파트너와의 합의하에 경제 발전 로드맵(행정표)을 정리했지만 책정 주체는 어디까지나 광역지자체 연합입니다. 로드맵은 우리의 경제 전략의 우선순위를 매긴 것이지만, 기재된 각각의 프로젝트는 각각의 계획 주체가 수행합니다."

▮ 어떻게 지방 중소도시 산업 진흥이 가능한 걸까요?

"구체적인 예를 들겠습니다. 청소년 고용의 기반이 되기 쉬운 디지털 하이테크 산업의 진흥에 광역지자체 연합은 다른 파트너와 협력하여 디지털 스타트업 기업용으로 라인 강변의 공지를 이용한 건물 SHADOK(그림 49)을 제공하고, 코워킹Co'Working 등에도 이용하도록 하고 있습니다. 여기에는 아티스트의 아틀리에와 스타트업 기업에 노하우를 전달하고 지원하는 NPO 등도 입주하

[그림 49]
라인 강 지류 운하변에 위치한 창고 등의 산업유산 건조물 재이용의 예. 좌측 앞쪽이 메디아틱, 그 뒤편이 SHADOC의 건물(http://www.shadok.strasbourg.eu/). 우측 앞쪽은 새로 건설된 아파트.

여 타 업종 간의 교류에서 나오는 역동성을 기대하고 있습니다. 예를 들어 라인 운하변의 하천 교통 기업이 근대화를 도모하는 과정에서 대학에 연락을 취하여 젊은 세대의 콘셉트를 구하는 등, 이들은 모두 산업계의 창조성을 높이기 위한 시도입니다. 의료업계에서는 이미 1000개 이상의 신규 고용이 창출되고 있습니다. 한편 로르Lohr사[97]는 혁신적인 근미래적 교통수단 개발 프로젝트의 유입도 표명하고 있습니다. 또 일자리 창출만으로는 젊은 세대를 지방에 묶어둘 수 없습니다. 적절한 가격의 주거 제공도 비슷하게 중요합니다."

마을을 읽는 작업은 시민의 '쾌적함'으로 이어지는 도시계획을 구축하는 것

"4개의 국경에 걸쳐진 이 알자스 지방은 프랑스 안에서도 풍부한 경제 기반이 있습니다. 독일의 칼스루에 대학, 독일의 프라이부르 대학, 스위스의 바젤 대학과 스트라스부르 대학에서 학점 호환을 인정하고 문화 프로그램에 자유롭게 참여할 수 있는 공통 카드를 만들거나 하는 선진적인 시도를 행정에서 직접 대학 관계자에게 요구하고 있습니다. '유럽 캠퍼스'라고 불러도 좋겠지요. 스트라스부르 대학을 비롯한 고등기관과의 여러 제휴를 담당하는 행정관을 관공서 안에 내가 이미 20년 이상 전에 설치해서 대학과 행정의 인사 교류도 해 왔습니다."

Q 20년 전의 트램 도입과 마찬가지로 다른 선두에 선 혁신적인 아이디어나 프로젝트는 도대체 누가 주도권을 잡습니까?

"우리 자신, 수장이나 의원입니다. 그리고 우리는 네트워크와 파트너십을 중시하고, 일을 잘하는 팀을 만났습니다."

Q 개인주의적 성과를 이루어 가는 비즈니스의 토양이 있는 프랑스에서 어떻게 타 업종 간 팀워크를 만드셨습니까? 예를 들어 도시계획과 교통부의 협동 등.

"1994년에 완성된 트램은 프랑스 최초의 프로젝트여서 포맷이 없었습니다. 그래서 태스크 팀을 창단, 프로젝트 리더를 지명했습니다. 트램국은 교통뿐만 아니라 재무, 법무, 홍보, 도로, 공간 정비 등 모든 행정을 횡적으로 관통하여 프로젝트를 완성시켰습니다. 그때 요구된 기술성의 향상과 협력 체제가 당시 스트

[그림 50]

BRT 역의 랜드마크인 빨간 공. 멀리서도 잘 보이는 야외 예술이 되고 있다(스트라스부르 시)

라스부르의 행정을 '변모시켰다'고 해도 좋습니다. 행정의 대형 프로젝트 실현에는 태스크 포스를 기동시키고 행정 전체를 동원할 필요가 있다는 생각을 직원이 잘 이해했다는 점에 의미가 있습니다. 마을로서의 자질이 드라마틱하게 달라진 스트라스부르의 모습을 보고 '마을 만들기는 예술 중 하나다(그림 50)', '마을을 읽는 작업은 시민의 '쾌적함'으로 이어지는 도시계획을 구축하는 것이다'라고 직원 전체가 몸소 납득한 것입니다."

Q 앞으로의 마을 만들기의 과제는 무엇입니까?

"어반 스프롤에 어떻게 대응할지입니다. 마을 중심으로 사람을 모으면서 어떻게 하여 살기 좋은 중심가를 만들어 갈까. 보다 넓은 녹지 공간이 필요하고 에코 카르티에eco-quartier[98]의 확대도 기대됩니다. 주택을 어느 정도 밀집시키더라도 녹지 공간을 배치하여 자전거 이동을 우선해 교통을 조정할 필요가 있습니다."

교통세 제도(공급 투입)는 대중교통이 시민에게 가져다준
사회생활의 혜택에 대해 연대 지불하는 비용의 일부

Q 오늘은 교통에서 산업 육성, 주택에 이르기까지 이야기를 들려 주셔서 감사합니다. 마지막으로 '프렌치 트램 웨이'[99]가 사람들의 생활을 어떻게 바꾸었는지, 무엇이 가장 큰 성과였는지에 대해 들려주세요.

"승차하기 쉬운 트램이 도입되고부터 마을에 접근하는 시민의 모습이 바뀌었습니다. 지금도 마을에서 시민들에게 "트램을 깔어 줘서 고맙다"는 인사를 자주 받습니다. 벌써 20년 이상 전의 일인데, 마치 최근 시작한 사업인 것처럼. 사람들은 트램을 받아들인 것입니다. 그리고 트램은 자전거 이용도 쉽게 했습니다. 다만 보행자와 자전거가 너무 늘어나서 어떻게 조정할지가 과제입니다."

🄠 이렇게 세금을 투입하는 것에 반대 의견은 없습니까?

"대부분의 시민은 트램을 갈망했던 것입니다. 마을을 아름답게 만들었던 트램은 그 도입 지역의 부동산 자산 가치를 상승시켰습니다. 편리하고 모든 연령대에 유익한 트램은 '사회 자산'의 하나로서 시민들에게 인정받고 있는 것입니다. '트램은 돈이 많이 들지만 마을에 도움이 된다'는 것이 시민들의 실감이라고 생각합니다. 또 트램은 마을의 이미지를 바꾸었습니다(그림 51). 지속 가능한 개발 도시가 말뿐 아니라 그 확실한 이미지화가 가능해진 것입니다. 교통세 제도(공금 투입)는 대중교통이 시민에게 가져온 사회생활의 혜택에 대해서 연대 지불하는 비용의 일부라고 보고 있습니다. 그래서 '나는 비록 이용하지 않더라도 받아들이는 것'입니다. 교통세에 관해서는 문제시될 것이 없다고 단언해도 좋습니다. 한 가지 아쉬운 점은 이 정도로 노력했음에도 불구하고 환경적 성과는 기대만큼 얻지 못했어요. 도심의 자동차 이용이 감소했어도 교외의 경제활동이 발달한 결과, 대기오염은 이 20년간 별로 개선되지 않았습니다. 그것이 유감입니다. 그렇지만 아무것도 하지 않았다면 더 사태가 심각해졌을 겁니다."

[그림 51] 스트라스부르 시 중심가 프랑 부르조아 대로의
LRT 도입 전(상)과 도입 후(하)

제공: EMS

복지, 건강, 상업 진흥, 관광, 마을의 이미지 만들기, 기업이나 대학 유치의 촉진, 지역 커뮤니티의 형성 등 지역 교통은 도시 생활과 밀접하게 연결되어 있다. 트라우트만의 '대중교통 정비를 중심으로 하는 마을 만들기'가 '시민의 살기 좋음'으로 이어지고 있다는 점에 대한 신념은 흔들림이 없다. 또 '도시계획'에 '산업 진흥', '교통계획', '주택 정책'을 통합시켜 미래상을 그리는 스트라스부르 광역지자체 연합 평의회의 모습이 엿보인다.

자, 여러분은 '공금 투입은 대중교통이 시민들에게 가져올 사회생활의 혜택에 대한 지불 비용'이라는 생각에 대해서 어떻게 생각하십니까?

주

1   출처: Plan Piéton(2012CUS)

2   출처: Enquêtes publiques(2009 CUS)

3   2015년부터 예전의 스트라스부르 도시권 공동체(CUS: Communauté Urbaine de Stras-bourg)는 유로 메트로 스트라스부르로 명칭을 변경. 현으로부터 업무를 양도받아 관할 분야를 더 넓혔다. 이 책에서는 실태 파악이 쉽도록 '스트라스부르 광역지자체 연합'으로 기재한다.

4   Plan Piéton: 직역은 도보계획. 이 책에서는 '도보 헌장'으로 번역한다.

5   세계보건기구

6   2012년 1월에 당시의 스트라스부르 도시권 공동체 의회에서 채용한 도시 교통 계획. 도보에 관한 목표는 '현재 1㎞ 미만의 이동에서 62%를 차지하는 도보율을 75%까지 올리고, 1-2㎞ 이동의 도보율 또한 18%에서 5%p 상향시킨다'.

7   캐나다에서 쓰이기 시작한 표현. 프랑스에서는 자전거, 도보는 'mode doux(소프트 모드)'의 이동수단으로 표현되어 왔으나, 시민 스스로가 움직인다는 관점에서 'mode actif(액티브 모드)'라는 표현도 쓰인다.

8   자전거 이동에 대한 보행자와의 충돌사고가 15만 대당 10건. 2004년부터 2008년까지의 사망사고 0건(출처: 스트라스부르 세대조사, 2009년)

9   예를 들면 LRT A선의 연장 공사 중인 루드로프(Rudloff) 정류장에서는 정류장까지의 도보 접근의 편리성을 높이기 위해 보행자 횡단 공간의 안전화 등의 공사에 7만 유로(약 9030만 원)를 투입했다.

10 출처: INSEE, Insécurité Routière, 2014 및 http://www.preventionroutiere.asso.fr/Nos-publications/Statistiques-d-accidents/Accidents-pietons, 일본 경시청 교통통계

11 Transport sur les voies réservés: 직역은 '전용궤도수송'. 현지에서는 트램으로 불리고 있으나 프랑스 도로법에 의해 운행되는 BHNS. 궤도상과 무궤도 주행 모두 가능한 고무 타이어를 가지고 있다.

12 사회당의 환경보전 추진파 시장이 2002년부터 시작한 파리 플라주(Paris Plage, 파리 비치)는 비용을 너무 많이 지출해 야당의 비판을 받으면서도 매년 계속되고 있다. 인건비, 유희도구, 의자, 야자수, 약 6000톤의 모래 등의 정비 등, 2013년도의 비용은 50만 유로(약 64억 5000만 원)였으나 연간 400만 명 가까운 방문객이 있다고 한다. 2009년에는 운영비의 60% 가까이가 스폰서, 출점 카페, 잡지나 소품 판매점의 간이매점 등의 지불로 마련되었다.

13 독일, 영국의 다음 순. 네덜란드는 인구가 적으므로 모빌리티에 있어서의 자동차 판매 대수는 적다.

14 출처: cabinet danois Copenhagenize, 1위 코펜하겐, 2위 암스테르담, 3위 위트레흐트, 4위 스트라스부르, 7위 낭트, 8위 보르도, 17위 파리. 1위인 코펜하겐 시내의 자동차가

모빌리티에서 차지하는 비율은 45%나 된다.

15 개최 도시 낭트의 시장을 1989년부터 2012년까지 지냈던 에로(Jean Marc AYRAULT, 2012년부터 2014년까지 수상이었고 현 정권의 외교부장관)와 함께 스트라스부르 시의 시장인 리스는 일찍부터 환경에 유념한 교통 정책을 추진해 왔다. 그 발언에는 자동차 시대부터 고생해 온 정치인의 체험이 담겨 있다.

16 PDE: Plan de Déplacement d'entreprise, 직역은 '통근 교통 플랜'. 이 책에서는 '기업 대상 모빌리티 플랜'으로 번역한다.

17 'Boulot 프로'는 일, 'Vélo 베로'는 자전거의 속어, '오 브로 아 베로'라고 음운을 살려 '자전거로 출퇴근하자'. 자전거는 bicyclette(비시크리트로 발음). 속어인 베로가 사용빈도가 높다.

18 http://www.vialsce.eu/fr/itinaires-en-alsace/4/JourneyPlanner/Index

19 CADR 67은 《스트라스부르의 마을 만들기》 25쪽에서 그 역사를 소개하고 있다.

20 http: auboulotravelo.eu/. 상품은 우승한 기업의 참가자 전원에게 릴랙스 마사지 코스. 2등과 3등 기업에게는 머그컵이 참가자 전원에게 지급

21 이 이벤트의 상금으로서는 승리한 기업의 직원 전체의 주행거리 1㎞당 0.055유로가 주최자로부터 NPO 'Cycles et Solidarité(자전거와 연대)'에게 지불되고, 그 대금으로 프랑스에서 이용되지 않게 된 자전거를 수리해 아직 자전거가 일상생활의 주된 이동수단인 동남아시아에 기부한다.

22 출처: 스트라스부르 시청 홈페이지. 보조금 교부처 NPO 활동 내용은 교육, 문화, 청소년, 스포츠 대책, 사회복지 활동, 관광 진흥, 환경보호 활동의 순서다. 앙제 시에서는 보조율이 16%로, 사회복지 활동, 문화나 역사유산 보호, 스포츠, 레저 진흥, 아동 대책, 마을 만들기의 순서다.

23 Vé'lib: Vélo en libre-survice, '셀프 서비스 자전거'를 의미

24 Vélo'v: Vélo love, 원웨이 자전거 대여 시스템은 2005년에 리옹에서 시작됐다. 스트라스부르 광역지자체 연합은 주민세대의 자전거 이용률이 높았기 때문에 벨리브와 같은 타고 두고 가는 원웨이식 자전거 대여 시스템은 채용되지 않았다.

25 역이나 자전거 주차장의 광고권 입수 대신 인프라 관리나 자전거 관리를 하청하는 비즈니스 모델을 구축한 회사.

26 vélocité. '자전거 도시'라는 의미

27 Vélo Libre Service. 셀프서비스 자전거. 숫자는 앙제 도시권 공동체 운송과 이동부장 카바레 제공.

28 Shéma Directeur Vélo. '자전거 마스터플랜'

29 LRT처럼 100% 전용궤도를 달리는 것은 아니라서 정확히 BRT 운행 도시 수를 세기는 어려우나 26개 도시에서 운행 중이며 18개 도시에서 도입 준비 중이다. 이 책 69쪽 참조.

30 출처: CEREMA 1㎡당 4명 승차, 1/3대 운행으로 산출

31 Centre d'études et d'expertise sur les risques, l'environnement, la mobilité et

l'aménagement. '리스크, 환경, 모빌리티 및 도시정비조사국'. 이 책에서는 '교통 연구
소'로 번역한다. 환경성에 속하는 연구소에서 3100명이 일한다.

32 Nantes Métropôle, 낭트를 중심으로 하는 광역지자체 연합. 이 책에서는 '낭트'로 기재
한다. 광역지자체 연합의 중심이 되는 코뮌만을 언급할 때는 '낭트 시'로 기재한다. 이
하 동일.

33 Communauté d'agglomération de Metz-Métropôle. 메츠 시를 중심으로 하는 도시권 공
동체

34 Métropôle de Grand Nancy. 낭시 시를 중심으로 하는 광역지자체 연합

35 Métropôple Rouen Normandie. 루앙 시를 중심으로 하는 광역지자체 연합

36 전용차선에는 2종류가 있다. (1) 일반차용 차도와의 사이에 분리대를 정비하여 물리적으
로 소방차, 경찰차를 제외하고 일반 차, 택시는 들어갈 수 없는 버스 완전 전용 두 방
향 차선. (2) 분리대를 설치하지 않았기 때문에 일반 자동차의 횡단만이 가능한 버스전
용차선(쌍방향과 단방향의 경우가 있다)

37 일반 차와 BRT와의 공용 차선의 실례는 여러 종류가 있다. (1) 단방향만의 BRT 전용차
선화. (2) 교통량이 많은 시간대만 버스전용차선을 도로 한쪽에만 마련하고, 반대 차선
에는 자동차와 버스가 함께 달리게 한다(리옹의 예). (3) 역이나 신호가 있는 근방만 도
로 중앙부에 전용차선을 설치하고 BRT의 신속성, 정시성을 확보한다(루앙의 예).

38 프랑스의 도시 교통에서 이용되고 있는 대중교통 우선 신호 시스템에는 CERTRUDE사,
SERELE사 등이 있다.

39 운송 사업은 제3섹터 혹은 교통업자에게 위탁. 이 책 126쪽 참조.

40 출전: 프랑스 환경성 홈페이지. http://www.developpement-durable.gouv.fr/2015년 발표
자료

41 Mulhouse Alsace Agglomération(M2A). 뮐루즈 시를 중심으로 하는 도시권 공동체. 이
하 뮐루즈로 기재한다.

42 낭트에도 '트램 트레인'이 달리고 있으나 중앙역까지 직행으로 도심의 트램 정류장에
서 하차하기 위해서는 이 책 144쪽에서 소개하는 교통 결절 거점인 아르셀 역에서 트
램 차량으로 환승할 필요가 있다. 단, 요금체계가 일원화되어 있어 같은 승차권, 정기권
으로 교외로부터의 TER(주 정부가 운행하는 지역철도)과 도심을 달리는 트램을 이용할
수 있다.

43 Daniel BUREN. 루부르 궁전의 팔레 루아얄에 있는 흑백색 스트라이트 모양의 원주 설
치미술이 유명하다. 2015년에는 다카마쓰 궁전하기념 세계문화상 수상.

44 ANRU: Agence nationale pour la rénovation urbaine, 도시재생 전국기관

45 Adrien ZELLER

46 Thann

47 가장 먼 계곡 쪽의 종착역인 크룻까지는 6.2유로로 1시간 30분간 유효하고 크룻 역에서
는 프랑스 국유철도의 승차권만 구입 가능하다. 따라서 트램 트레인 안에는 프랑스 국
유철도의 승차권과 트램 승차권 양쪽이 각인된 승차권 판매기가 설치되어 있다. 이들은

차체 개량 추가 비용이 된다.

48 2009년 세대 조사에서는 당시 주민 한 명당 자동차 소유율은 교외가 0.58%이며 도심
    은 0.40%였다. 도시권 공동체 전체로는 0.45%. 도심에서는 3세대 중 1세대는 자동차를
    가지고 있지 않다. 고령자 인구가 증가하는 교외에서는 6세대 중 1세대가 자동차를 갖
    고 있지 않으므로 트램 트레인을 이용하면 도심으로의 외출이 가능해진다. 가까운 스위
    스의 바젤 시에서는 도시 인구의 반만이 자동차를 가지고 있다.

49 출처: 112쪽에서 소개하는 숫자는 모두 뮐루즈 도시권 공동체 자료 및 환경부 홈페이
    지

50 "전용차선이 없으므로 BRT라고는 할 수 없다"고 교통국은 설명한다.

51 이 책 28쪽 참조

52 출처: 도로 거리는 프랑스 환경부 홈페이지. 이동시간은 프랑스 환경부 발표 세대 조사
    (2010년). 면허 취득률은 KPGM의 홈페이지 및 〈르몽드〉지 2015년 9월 18일 기사

53 스트라스부르 시청의 전 의원이 설립. 그 과정은 《스트라스부르의 마을 만들기》 124-
    131쪽

54 http://yea.citiz.coop/ 시티즈는 '협동조합' 형태를 취한 민간기업. 이용자가 시티즈의 회
    원이 되기 위해서는 신분증, 면허증, 은행 계좌정보, 현주소 증명서가 필요하고 보조금
    으로 1600유로를 내야 한다. 파리의 타다 두고 가는 자전거 방식인 대여 시스템 벨리브
    와 같아서 이용 가능한 자동차는 스마트폰으로 그 위치를 확인한다. 두고 가는 방식이
    가능한 구역은 도심 지역 안으로 한정되어 있다. 1시간에 2.5유로(3225원), 주행요금은 1
    ㎞당 0.35유로다. 단 하루 종일 빌려도 25유로(3만 2250원)를 넘지 않는다. 100㎞ 이상
    의 주행에는 1㎞당 0.17유로가 가산된다.

55 Frederic Mazzella

56 https://www.car2go.com/en/berlin/https://www.youtube.com/user/car2go

57 Economie collaboratrice

58 https://fr.warmshower.org/

59 Economie participartive

60 http://www.colis-voiturage.fr/colis-covoiturage.html

61 프랑스에서 인터넷으로 이루어지는 비즈니스는 30억 유로 규모의 시장이라고 하며, 개
    인이 연간 5000유로 이상의 수입을 올리는 경우에는 신고할 의무가 있다. 또한 베를린
    에서는 시민의 공평한 부동산 시장을 교란시킨 결과, Airbob 자체가 2016년 봄에 금지
    되었다.

62 Voiture de Tourisme avecchauffeurs. 운전사 딸린 관광용 자동차

63 2014년 10월 1일의 la loi Thévenoud법. '운전사에게는 최저 3개월의 훈련', '미터기제가
    아니라 주행 전 운임의 설정' 등이 세세히 법률로 정해졌다.

64 Uber pop: 21세 이상, 범죄 이력 증명서, 면허증만 있으면 인터넷 우버 팝 사이트에서
    몇 분간의 등록만으로 자동차를 소유한 사람 누구나 운전사가 된다. 운전사들은 사원
    으로서의 계약이나 개인사업자로서의 수속을 밟지 않고 사회보장 부담금이나 소득세를

내지 않는 비합법적인 비즈니스로, 합법적인 VTC(우버도 그중 하나다)나 택시보다 요금이 훨씬 싸서 이용객이 늘었다.

65 AOTU: Autorité Organisatrice de Transport Urbain. '도시 교통 사업 관할 기관'으로 번역한다. PT: Périmétre de Transport '운송 서비스 제공권 지역'으로 번역한다.

66 일본에서는 '교통세'라는 번역이 정착되어 있으나 원어는 '교통부담금'. 1973년에 프랑스 전국으로 도입되었다. 통근수당의 지급이 없는 프랑스에서 '지자체가 인프라 투자를 행한 도시 교통을 종업원도 이용하므로 그 고용자가 비용을 일부 부담한다'는 사고방식에 근거한다. 2015년부터 종업원이 11명 이상인 기업의 총 인건비에 과세. 또 교통세를 둘러싼 뮐루즈 도시권 공동체 정부와 푸조사와의 교섭에 대해서는 《스트라스부르의 마을 만들기》 73쪽에서도 그 구조에 대해 논했다.

67 지자체로부터의 보전금을 넣어 저가로 만든 운임. 프랑스어에서는 '연대운임'. 이 책 132쪽을 참조

68 출처: GART 2012년 자료. 노선이나 차량이 지자체의 고정자산, 혹은 운행업자 소유인 경우 등도 있다.

69 DSP: Délégation du service public이라고 부른다.

70 그중 12개 도시는 프랑스

71 Véolia Transdev. 이 회사와 같이 세계 여러 곳의 도시 교통 운영을 하청 받은 운수 사업체를 'MOLTS: Multinational Operators for Local Transport Services라고 부른다. 세계 규모로 300억 유로(37조 5000만 원) 규모의 시장이 있다고 한다(출처: Transport & Distribution).

72 SNCF: Société Nationale des Chemins de Fer Français

73 Kéolis

74 프랑스어로는 Partenariat Public/Privé

75 출처: 카바레 부장에게 직접 듣거나 케오리스 앙제 르와르 메트로폴사의 2014년도 연감 리포트. 이 회사의 종업원 수는 2014년에 630명, 그중 442명이 운전사로 여성 운전사가 65명(Virginie CABALLÉ).

76 Taux de Rentabilité Interne 내부효과율

77 이 책 60쪽 참조

78 파리에서의 1과 2구간은 이미 2014년 1월부터 70유로였다. 5구간까지의 월 정기권 비용으로 116.5유로를 내고 있던 이용자는 최대 46.5유로 '할인' 혜택을 입는다.

79 NAVIGO. 2016년 9월부터 통일운임은 73유로가 된다고 발표되었다.

80 Syndicat des transports d'Île-de-France. 일드 프랑스 지방 대중교통 사무조합

81 RATP: Régie autonome des transports parisiens

82 출처: 2014년의 STIF 발표에 따름

83 같은 지역 내에서도 교통세율은 구역에 의해 미묘하게 다른 것으로 조사되었다.

84 QF: Quotient Familial란 가족이 많아질수록 느는 계수치, 정기권 금액 계산의 기준이 되는 수입대의 산출방법은 1. 실수령 연수입의 12분의 1을 산출, 2. 사회보장이나 교부금

수급액을 더한다. 3. 2의 총계액을 부양가족계수로 나눈다.

85 프랑스도 1980년대에는 출생률이 1.86까지 낮아졌으나, 2014년에는 2.01까지 회복. 작년에 태어난 57만 명 중 58%가 혼외자. 실제로는 동거 중인 커플의 신생아가 대부분이나 비혼이라도 육아가 가능한 환경이 갖추어져 있다.

86 출처: AFI 프랑스 투자처 발표 숫자

87 자세한 것은 5장을 참조

88 Conscience de l'investissement de la collectivité

89 Droit de la cohésion sociale

90 이용 상황의 파악과 역에서 전철을 기다리는 인원수를 파악하기 위해 운영 사업체는 이용자에게 IC정기권을 인식기에 터치할 것을 권장. 터치하는 것을 잊어버리면 벌금의 대상이 된다.

91 Loi sur l'accessibilité

92 법률의 시행령으로서의 배리어 프리 대상 프로그램 2014 ADAP: Agenda d'Accessibilité Programmée: Le décret d'application de l'ordonnance

93 유럽 각국 공통으로 관광안내소는 'i' 사인으로 설치되어 있는 경우가 많다.

94 Haluchère

95 Catherine TRAUTMANN

96 이 단계에서만 인터뷰에 동석한 모빌리티 부장 얀센(Bruno JANSEM)의 발언

97 http://lohr.fr/. 고무 타이어 LRT 차량도 제조하고 있다.

98 대중교통 거점에 가까운 지역을 설정한다. 환경을 배려한 이동수단을 이용하기 쉽고, 주차 공간을 억제한 녹지가 많은 저에너지 주택군을 말한다.

99 경관 정비를 동반한 프랑스류의 LRT 도입을 유럽에서는 'French Tramway'라고 부른다.

제 4 장

중심시가지 상업이
교외 대형 상점과 공존하는 구조

1. 프랑스의 상업 조정 제도

대형 상점 출점 규제에서 완화로의 흐름

마을로 가는 교통이 정비되어도 매력적인 시가지가 없으면 사람들은 도심에 오지 않는다. '마을의 활기'를 확보하기 위해 어떤 식으로 중심시가지의 상점을 여러 제도가 지원해 왔을까? 이 절에서는 소형 상점 대 대형 상점이라는 대립 구도에 집중하여 상업에 관한 법률의 흐름과 사람들의 소비 행동을 통해서 프랑스의 상업 실태, 상점의 현 상황을 소개하고자 한다.

프랑스에서는 1852년에 세계 최초로 백화점이 탄생하였고, 소매업에 셀프 서비스 방식이 처음 등장한 것은 1948년이다. 슈퍼마켓은 1957년 파리에서 750㎡의 상점이 생겼고 하이퍼마켓은 1963년에 처음 등장했다. 시민들은 계산대 수가 50개 이상 늘어선 오션 르클레르[1] 등이 주차 대수를 200대 이상 정비하여 교외에 자리 잡은 경관에 이미 익숙해진 지 오래다(그림 1). 핵가족화되지 않았던 70년대, 80년대에는 대형 소매점 집적지 거점[2]에 가족 전원이 나가서 일본의 3배 정도 크기의 카트에 일주일치 식료품을 한가득 쓸어 담는 식의 쇼핑이 주말의 메인 이벤트 중 하나였다.

필자는 거대한 하이퍼마켓이 북프랑스의 들판에 갑자기 출현한 80년대 당시 사람들의 기대감을 기억한다. 그리고 순식간에 식료품 이외의 전문 상점이 늘어선 쇼핑센터가 속속 주변에 정비되어 "그곳에 가면 자동차 수리부터 우유 구입까지 무엇이든 할 수 있다"며 소비자는 그 편리성을 대단히 고맙게 받아들였다.

[그림 1]

상점의 끝이 보이지 않는 광대한 하이퍼마켓. 식료품에서 일용품, 자전거, 가전까지 판매하고 있다. 계산대가 100대 정도 늘어서 있다(스트라스부르 교외).

그러나 대형 상점이 사람들의 일상생활로 빠르게 침투되는 한편, 위기감을 느낀 중소 상점주의 반대 운동도 활발했다.

1973년에는 통칭 로와이에 법[3](대형점 출점을 규제하는 법률)이 발의되었다. 이때 까르푸의 사장은 신문 지면을 통해 법률 제정을 반대하는 화려한 캠페인을 벌였다. 이 법률에서는 "새로이 발전 중인 소매 형태가 기존 상업을 짓밟아서는 안 된다"라면서, 1000㎡의 신설, 200㎡를 넘는 매장 면적 확장 사업을 규제하고 '상업에 관한 도 도시계획 위원회'[4]에 사업 전개의 사전허가 결정권을 주었다. 또 가족 경영이 많아 정년 후의 생활 등이 보장되지 못했던 상점주들의 사회 보장 제도와 실업 대책을 정비한 계획을 제정했다. 로와이에 법은 몇 번인가 개정, 보강되어 1996년 라파랭 법[5]으로 정리되었다. 라파랭 법에서는 300㎡ 이상의 신설 및 판매면적 확장공사가 규제 대상이 되었다. 또 총 6000㎡ 이상 매장의 출점에 대해서는 공개 조사를 실시할 의무를 부과하

[그림 2]
낭트 시의 LRT

는 등의 새 기준으로, 대형 상점 출점에 대한 규제를 강화했다. 한편 90년대의 대형 상점의 이러한 증가가 도심 상점가를 재고하고, 그 존재 가치를 되묻는 계기가 되었다고도 할 수 있다. 마침 낭트, 그르노블, 스트라스부르에서 근대형 LRT 정비가 시작된 시기와 겹친다(그림 2). 특히 1994년에 100% 저상 차량을 도입한 스트라스부르 시는 마을 경관 정비를 동시에 하여 도심으로 사람들을 불러들였고, 시가지 활성화에 성공하여 친환경적이며 활기찬 마을로서 선진 모델 도시로의 길을 걷기 시작했다.

하지만 라파랭 법 시행 이후에도 하이퍼마켓은 계속 늘어났고, 게다가 상점 1곳당 총면적은 약 6000㎡로 넓어졌다. INSEE에 따르면 2009년의 소매점 매장 면적은 합계 7700만㎡로, 매장 총면적이 2004년 대비 12% 늘어난 것은 대형 상점의 출점 때문이다. 소매업 성장의 중심이 된 것도 2004년부터 2009년 사이에 매출이 27% 상승한 하이퍼마켓이다. 대형 상점이 소매업 전체 고용의 절반과 매출의 3분의 2를 차지하며, 그중에서도 하이퍼마켓만으로 소매업 전체 고용의 20%를 차지한다.

한편 2008년에는 경제근대화법[6]이 제정되었고, 출점 인가 절차의 기준을 300㎡에서 1000㎡까지 인상한 규제 완화가 이루어졌다. 장 피에르 라파랭 법으로 신설 기준을 낮춘 결과, 중소 규모의 상점에게도 신청 프로세스가 부담이 되었던 점을 반성하고, 1000㎡ 이하의 매장 면적을 신설하는 사업자의 개설을 우대하여 상업 활성화를 꾀했다. 라파랭 법에서 주유소와 호텔 개설 등에 부과되던 규제도 없어졌다. 다만 1000㎡를 넘는 신설은 환경이나 지속 가능한 개발 등의 새로운 기준을 충족시키는 기획 내용을 표기하여 사업 허가를 얻어야 하게 되었다. "일반 도시계획 법제에 상업도시계획 법제를 포함한다"고 명시된 이 법에서는 대형 상점 출점에 대한 규제를 완화했다.

각종 법률이 대형점 출점 규제와 소규모 소매점의 유지에 별로 유효하게 기능하지 못했던 것은 왜일까? 시민이 생활권에서 걸어서 갈 수 있는 상점가를 근린 상점[7]이라고 부르고 큰 애착을 갖는 것은 사실이다. 지역 상점이 주민들 간의 커뮤니케이션의 장소로 충분히 활용되고 있으며, 상인들도 이곳의 사회적 자본[8]을 담당하는 주민이라고 자각하고 있다. 한편 신규 상점 출점 신청을 심사하는 시장·시의회 의장·상공회의소 대표자 등으로 구성되는 '현 상업시설 정비위원회'[9]는 '고용 창출', '사업세 수입의 증가'라는 매력 앞에서 '대형 소매점'에는 매장 허가를 내주었다. 예를 들어 2015년 앙제 시가 위치한 맨에루아르 도의 신청 14건 중 허가가 나온 것은 1건뿐이다.[10] 2000년 무렵부터 대형 상점 진출 속도가 늦어지게 된 것은 규제의 결과가 아니라, 오히려 독신 세대, 취업 여성이나 고령자의 증가, 자동차 이용자의 감소 등 사회구조 변화가 그 이유였다. 결론적으로 법률에 의한 규제가 존재해도 건축 허가나 영업 허가를 지자체가 주었기 때문에 대형 소매점은 늘어났다. 그리고 소규모 상점의 쇠퇴와 대형 상점 출점 규제법을 직접적으로 연관 짓는 일이 없어졌다고 할 수 있다.

새로운 스타일의 소매업태-초저가 할인매장과 E쇼핑

규제 완화의 배경에는 반드시 판매 면적의 규제만으로 대응할 수 없는 새로운 형태의 소매업이 늘어난 것도 사실이다. 진열이나 포장을 최대한 생략하고 창고에서 쇼핑을 하듯 저가 소매업인 초저가 할인매장(그림 3)이 독일에서 먼저 발달했다. 필자가 예전에 살던 스트라스부르 시에서는 국경을 넘어 알디[11]나 리들[12]에서 쇼핑을 한다는 시민도 이미 90년대에 있었다. 독일의 알디는 1988년에 프랑스에 진출했고, 리들은 갓 구운 빵을 판매하는 코너를 마련하는 등 프랑스식 전략을 추가하여 현지화되기 위한 노력을 했다(그림 4). 2009년의 식료품 매장 면적을 비교하면 초저가 할인매장은 하이퍼마켓을 제외한 매장 면적의 4분의 1을 차지하게 됐다. 사회계층 간 가치관과 생활방식에 분명한 차이

[그림 3]

초저가 할인매장의 상품
진열(낭트 교외)

가 있는 프랑스에서는 2000년에 들어서기까지 초저가 할인매장 과 하이퍼마켓에는 비교적 부유한 계층은 별로 가지 않았다. 그 러나 2008년 리먼 쇼크 이후, 10% 이하로 떨어지지 않는 실업률, 특히 높은 청년 실업률, 가치가 떨어진 연금, 침체된 임금 등의 사회 현상이 품질을 별로 따지지 않는 화장지 등 생활 기본 물품 의 구입을 위해 중산층도 초저가 할인매장으로 가게 되었다. 또 1960년대에는 가계 지출의 12%를 수도, 가스, 전기, 보험, 전화 등 필요경비가 차지하고 있었지만, 이것이 2012년에는 28%까지 올랐다.[13] 증가분의 대부분을 차지하는 것은 통신 · 커뮤니케이 션 관련 계약 비용이다. 게다가 2000년에 도입된 법정 노동시간 인 35시간제는 여가시간을 극적으로 늘렸고 휴가를 위해 일상생 활에서의 지출을 절약하는 경향이 젊은 세대에게서 보인다.

스마트폰과 태블릿의 보급에 따른 이커머스E commerce라고 불리 는 인터넷 쇼핑이 최근 5년간 크게 성장했다. 2015년 프랑스인의

[그림 4]

프랑스의 리들. '갓 구운 빵 있음'이라고 광고하는 간판(낭트 교외)

쇼핑 10번 중 1번이 인터넷상에서 이루어졌으며, 2014년도의 인터넷 판매 매출은 6500만 유로(1838억 5000만 원)나 됐다. 항시적으로 300만 명 정도의 인터넷 쇼퍼가 있는 것으로 계산되고 있다.[14] 프랑스의 일반 가정에서도 인터넷 광케이블 정비 등 광대역화가 진행되어 텔레비전이나 전화도 인터넷 회선을 통한 전송이 퍼지면서 요금 면에서도 스마트폰 이용을 포함하여 모든 것이 통일된 저렴한 요금이 된 것도 시민의 인터넷 쇼핑을 뒷받침했을지도 모른다. 일본에서 텔레비전이나 PC의 인터넷 계약, 스마트폰 계약, 유선전화 계약이 단일화되었다고 상상하면 된다.[15]

프랑스인은 어디에서 쇼핑하는가?-교외 상점과 시가지 상점의 공존

2011년 프랑스인 87%가 일주일에 한 번은 하이퍼마켓(그림 5)이나 초저가 할인매장에 가고 있다. 식료품의 72%를 하이퍼마켓에서 구매하고, 나머지 12%를 동네 빵집, 정육점, 채소가게에서 구입한다. 특히 프랑스인의 65%가 빵은 개인 빵집에서 구입하고 있고, 쇠고기와 돼지고기, 가공품도 마을 정육점에서 계속 구입한다. 인터넷으로 구입하는 식료품은 0.6%밖에 안 된다. 시가지의 작은 슈퍼는 구입을 깜빡했을 때의 쇼핑과 고령자의 이용이 주류다. 인구가 2만 명 이하의 코뮌에서는 주민 대부분이 하이퍼마켓에서 쇼핑을 하고 있지만 이는 이미 마을에 아침시장이나 상점이 없어졌기 때문일 것이다. 그런데 코뮌이 커지면 마을의 상점에서 구입하는 쇼핑이 늘어나서 파리의 주민이 소비하는 식료품의 20%가 마을 소매점에서 판매된다. 의류품은 하이퍼마켓보다는 개인 상점에서 구입하는 경향이 강한(프랑스 전체 평균치 34%) 파리에서는 49%의 의류품이 마을의 상점에서 판매된다. 그래서 평소에는 자동차로 하이퍼마켓으로 가서 쇼핑하는 소비자도 의류품은 마을의 소매점을 찾아간다. 전자제품이나 가구 등은 그 70%가 하이퍼마켓에서 판매된다. 이상을 총괄하면 프랑스인은 대형 상점에서는 식료품과 가구·전자제품 등의 생활 물자를 구입하고, 빵과 고기 같은 기본 식료품과 개인적 기호품이나 의류는 마을 상점에서 사고 있다. DVD나 책은 가끔 인터넷으로 구입하는 경향이 엿보인다.

[그림 5]

앙제에서 자동차로 10분 거리에 있는 거대 쇼핑센터 아톨은 초근대적인 디자인과 환경을 의식한 주차장 디자인, 안전을 고려한 보행자 전용도로 배치를 자랑한다. 사진은 유모차 사용 가족 전용 주차장 공간

프랑스인의 구매 능력

유럽에서도 '프랑스인과 돈의 관계는 복잡하다'고 알려져 있다. 현재의 올란드 대통령이 금융계를 신랄히 비판한 2014년의 선거전에서 인용한 것은 "돈, 그것은 인간의 의식까지도 부패시킨다"고 했던 1971년 미테랑 대통령[16]의 말이었다. 증세와 부의 재분배로 세계에서도 보기 드문 고도의 사회복지 국가를 만든 이 나라에서는 공직에서 일하는 공인에 대해 엄격하게 체크하고, 지자체나 제3섹터 운영을 포함하여 공공기관 예산의 공평하고 타당한 운영과 투명성을 가진 공개성에 대한 요구가 높다. 국민적 감정으로 급여 5000유로(약 680만 원) 이상, 자산 50만 유로(6억 7000만 원) 이상인 사람이 부유하다고 간주되고 있다.[17]

프랑스인의 평균 급여는 2912유로(약 364만 원), 실 수령액 2202유로(284만 원)로 연간 실질 수입은 약 3570만 원이다. 에너지, 교통 등 사회 인프라 비용과 부동산 가격은 일본에 비교하면 저렴하고 또 대학 졸업까지 원칙적으로 교육비가 무료다. INSEE에 따르면 25-60세까지의 여성 중 가정주부는 14%에 지나지 않아 프랑스에서는 1가구당 취업자가 두 명인 경우가 많다. 따라서 가구의 가처분소득이라는 관점에서 본 일본의 평균급여와 단순 비교는 어렵다. 2008년은 리먼 쇼크가 경제 침체에 의한 사회적 침체감을 가져온 전환기적 해였으나, 영국이나 독일에 비해 공무원이 많고 해고나 급여 감액이 엄격히 관리되는 프랑스에서는 리먼 쇼크 직후 국민의 구매 능력이 급격히 급락하는 일 없이, 유럽 국가 중에서는 타격이 적었다. 그러나 현 시점에서 경제활동의 상승률이 유럽 주변국보다 둔화되고 있다는 인상은 부정할 수 없다. 노동자의 권리를 지키기 위해 '해고가 어렵다', '그래서 고용이 증가하지 않는다'는 결정적 사실 앞에서 사회주의적인 이상을 추구하는 프랑스의 딜레마가 있다. 2016년에 정부는 노동법이 규정하고 있는 번잡한 절차의 간소화를 시도하고 있지만, 증세 시스템과 복잡한 고용절차, 거의 불가능한 해고, 이러한 노동법규는 영세한 상점에도 마찬가지로 적용된다. 그럼에도 지방 도시의 마을 속 상점은 건재하다. 왜 그럴까?

앙제 생활권의 상업 실태

프랑스 전체의 상업 흐름으로부터 앙제를 예로 들어 거시적으로 그 실정을 검증해 보자. 앙제 시내의 주민이 이용하는 하이퍼마켓과 상업 집적지는 모두 교외의 코뮌에 위치해 있다. 따라서 앙제 시가 중심 도시가 되는 멘에루아르 지방의 상공회의소는 약 1000㎢의 생활권 주민 31만 명을 대상으로 상업 조사를 벌였다.[18] 생활권 전체에서 하루에 105만 회의 이동이 있고, 그중 73만 5000회의 이동, 즉 65%가 앙제 시를 기점 혹은 목적지로 삼고 있어 교외의 코뮌 사람들도 통근, 쇼핑 등의 이유로 앙제 시내로 이동할 기회가 많다. 인구가 15만 명인 앙제 시내에는 한 세대당 평균이 1.9명, 시외는 2.5명이다. 시내에서는 65세 이상이 15%이며, 생활권 내의 경계 지역에서도 23%이기 때문에 고령화는 그다지 진행되지 않았다(그림 6, 7).

　참고로 프랑스의 출산율은 2.09%다. 앙제 시내의 자가용 보유율은 1인당 0.53%, 교외에서는 0.67%. 앙제 시에서 멀어지면 한 가구당 2대의 자동차 보유율이 66%가 된다. 시민들은 하루에 3.87회 이동하고 있어서 1989년의 3.22회에서 이동이 늘어나고 있다. 한 사람당 평균 하루에 18.8km를 52분 걸어 이동했고, 전국 평균보다 직장과 주거가 근접한 모습이다. 이동의 80%가 집을 출발 · 도착점으로 하고 있으며 동기는 일과 쇼핑이 대부분을 차지한다. 시내에서는 이동의 51%가 자동차, 33.6%가 도보이지만, 생활권 경계선 구역의 농촌 지대에서는 자동차 이용률이 78%까지 늘어난다. 반대로 시내에 LRT가 주행하고 있는 구역에서는 대

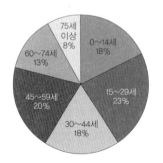

[그림 6] 앙제 생활권 주민 31만 명의 연령 구성

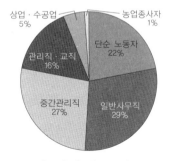

[그림 7] 직종 구성

출처: 현 상공회의소 상업백서 2015 및 AURA observatoire économi-emploi

중교통 이용이 9% 정도 된다.

소매점의 영업 내용을 보면 건강 관련 매장이 595개로 압도적으로 많고, 그 96%가 매장 면적 300㎡ 이하의 소형 상점이다. 의료·구두 등 신변 일상용품을 파는 상점이 431개, 식품이 427개, 문화·레저가 394개, 인테리어 용품이 258개, 자동차 관련이 45개로 이어진다(그림 8, 9). 매장 면적을 보면 식품 전문 분야에서는 상점의 72%가 1000㎡ 이상이다. 합계 슈퍼마켓 12곳[19]과 하이퍼마켓 12곳[20]이 있고, 그중 상점 4곳이 인터넷에서 주문하고 상점에서 상품을 받는 '드라이브 스루' 서비스를 제공하고 있다. 주거 관련 상점의 74%도 바닥 면적이 1000㎡ 이상이다. 그러나 전체적으로 300㎡ 이하의 소규모 상점의 피고용자수가 5228명으로 대형 매장보다 많고, 취업자가 가장 많은 것은 식품 관련 상점으로 3969명이다(표 1, 그림 10).

[그림 8] 양제 생활권 업종별 소매점 수

[그림 9] 판매 매장 면적 전체에 있어서의 상점 형태

출처: 그림 6과 동일

2004년과 2014년을 비교하면 소매점 수 전체는 3.5%(50곳), 매장 총면적 전체는 22.6%(8만 5372㎡) 늘었고, 취업자 수도 8.7%(664명) 증가했다. 늘어난 상점의 종목은 인테리어, 생활 물자 등의 마이 홈 관련, 의류를 중심으로 하는 개인 복식 전문점, 건강이나 힐링 관련이다. 반대로 상점 수, 매장 총면적, 취업자 수의 모든 요소에서 큰 감소를 보인 것이 자동차 관련 업종인 것은 흥미롭다. 상세한 설문을 토대로 이들 〈상업백서〉를 정리한 상공회

〈표 1〉 소매상점의 종업원 수

	2014년(2015년 1월 보고서)	2004년
소매업 상점 수	2174곳	2124곳
300㎡ 이하	1916곳(종업원 수 5228명)	
300–999㎡	164곳(987명)	
1000㎡ 이하	94곳(4064명)	
바닥 면적 합계	21만 6692㎡	
종업원 수	1만 279명	9615명

출전: 그림 6과 동일

[그림 10] 소매점에서의 종업원 수

출처: 현 상공회의소 상업백서 2015

의소는 반은 관적인 성격을 지닌 조직이다. 기업과 상업계의 이익을 대표하는 기관으로서 지방에서는 공항 및 항만 시설 등을 소유, 운영하거나 경영대학을 관리한다. 1980년대의 지방 분권에 따라 주정부가 상공회의소를 훨씬 넘는 예산으로 지역 전체의 경제활동 및 투자계획 등을 담당하게 된 지금은 '창업자 지원'과 '직업 훈련의 제공'이 상공회의소의 주요 활동이 되었다.

새로운 소비 성향

최근 '자신을 소중히 여기는' 문화가 성숙했다. 2010년부터 2014년에 걸쳐 건강 관련 매장(그림 11)이 25%, 향수·미용실이 11%, 안마 시술소 등 서비스 업소가 5% 증가했고, 힐링 제공 매장이나 건강 사업이 거리에 눈에 띄게 진출해 있다. 마찬가지로 '자신에게 포상'할 수 있는 상점이 늘었다. 와인 매장이 11%, 초콜릿 전문점 50%, 고급 커피콩 등을 갖춘 가게가 21%로, 대단한 성장이다. 이런 상품들은 대형 상점에서는 구입이 어렵다. 주말에 거리로 나가서 한가하게 걸으며 영화관이나 카페에 가고 쇼핑을 한 다음 밤에 여유가 있으면 레스토랑이라는 식의 행동으로 이어진다. 따라서 근접 상점으로의 회귀라고도 할 수 있다. 한때 손님이 드물었던 고급 부식물 가게나 치즈 전문점 등도 10% 증가했다. 하이퍼마켓에서 모든 것을 구입하는 쇼핑 스타일이 조금씩 시가지와의 양분화 행동으로 옮겨가고 있다. 또한 자신이 좋으면 그만이라는 것이 아니다. 소비자의 상품 구입에서 환경에 대한 고려나 사회문제에 대한 의식이 강해졌다. 보통 시민이 아동 부당 노동으로 싼 값에 유럽으로 수입되는 상품들을 피하고, 굳이 단가가 높은 메이드 인 프랑스에 집착한다. 또 식품의 생산 프로세스와 원산지에 대한 관심이 높아지면서 2010년부터 2014년 사이에 시가지에 자연 농업 관련 매장이 5% 늘었다. 필자가 보기에도 아침시장 신선 매장의 3분의 1은 이제 유기농, 무농약 생산물임을 강조하는 매대가 차지하고 있다. 시대는 점점 더 내향 지향이 강해져 자신의 거실과 부엌, 침실을 편안하게 만들기 위한 인테리어 관련 상점이 늘어나고 교외의 쇼핑센터에서도 DIY[21] 관련 바닥 면적이 도내에서만 최근 10년 동안 10만㎡ 늘어났다. 원래 프랑스인은 주말 동안 자신이 직접 집 고치는 일을 무척 좋아해서 DIY 매장에는 집 한 채를 지을 만한 원재료가 즐비하다(그림 12). 주 35시간 노동으로 여가가 길어지고 물가 하

[그림 11]

시가지에 돌연 나타난 '아쿠아 바이시클(자전거) 센터'(앙제 시)

락과 동시에 '자신이 재료를 구입하여 건설하는 것이 경제적'이라고 보는 인구가 늘어났다.

소비자들은 보다 많은 시간을 자신을 위해 쓰기 위해서 넓은 하이퍼마켓을 돌아다니면서 토요일에 피곤에 지치기보다는 택배를 의뢰한다. 면적 1000㎡ 이상의 대형 상점 32%가 드라이브(미리 인터넷으로 주문한 상품을 소비자가 자가용으로 상점으로 가서 받는 서비스)를 제공, 시가지 소매점에서도 10군데 중 3군데가 택배 서비스를 제공하고 있다. 2014년에는 권역 내 전 상점의 14%가 인터넷 판매도 동시에 행하고 있다. 이는 경제 상황을 반영하여 소비자가 같은 상품이라면 조금이라도 저렴한 것을 인터넷에서 찾아 먼저 구입한 소비자의 '직접적인 목소리'를 확인하고 물품 구입을 결정하는 소비 패턴이 자리 잡고 있음을 의미한다. 한편 상기의 거리 쇼핑 지향과 반대인 것 같지만, 슈퍼마켓조차도 물가가 비싸다고 인식되어 초저가 할인매장에서의 매출이 2, 3

[그림 12]
대형 DIY 상점. 프랑스인은 일요 목공수업에서 욕실이나 부엌도 만든다.

년간 늘고 있다. 생활에 꼭 필요한 물자 시장에서는 가차 없는 염가 판매 경쟁이 벌어지면서 필수품 이외에서는 공급이 너무 풍부하여 차별화가 진행되고, 무언가 꿈을 꾸게 하는 상품을 제공하는 상점만 살아남는다. 즉, 시장의 양극화가 진행되고 있다.

왜 시민들은 주말에 시가지에 모이는가?

70년대부터 하이퍼마켓의 압도적인 상품과 편리함을 당연한 것으로 누렸던 시절의 아이들이 지금 소비를 뒷받침하는 30대, 40대에 접어들었다. 산업경제학 박사이며 인류학자이기도 한 올리비에 바도[22]는 이 세대를 '즐거움'을 요구하는 세대로 카테고리화한다. 2002년에는 "부모 세대보다 좋은 생활이 가능하다"고 55%가 응답했으나, 2015년이 되면 이 비율이 27%로 떨어지고, 반대로 54%가 "아마 나는 부모 세대보다는 수준 낮은 생활을 할 것이다"라고 응답했다. 사회 상승의 메커니즘이 정체된 프랑스에서는 '불확실한 미래'밖에 없는 대신 지금 현재를 즐기는 향락적인 젊은 세대가 태어나고 있다. 이제 "소비 행동이나 사물을 소유하는 것에서 행복을 추구하지 않고 사회와의 연결, 혹은 '연결되어 있다'는 착각, 가족 간의 유대감, 일에서의 충족감, 레저에서 행복을 느끼는 세대다"라고 논한다. 그들은 자신에게 만족감을 주는 상품을 하이퍼마켓과 비슷한 수준의 풍부한 상품이 있는 가게에서 인터넷 쇼핑몰처럼 '항상 원하는 시간에' 그리고 개인 상점 같은 개인 맞춤형 서비스와 정보 제공을 얻고 소비하기를 원한다. 그래서 상점도 이 세대에 어필하기 위해서는 종전과는 전혀 다른 접근이 요구되며 개인 상점이 소비자를 만족시키는 기준은 점점 높아지고 있다. 프랑스에서 과거에 상점은 12시부터 14시까지 문을 닫았다. 직장과 주거지가 밀접한 관계로 점심시간에 집으로 가는 사람이 많았기 때문으로, 지금도 초등학교의 점심시간이 2시간인 곳도 있다. 그러나 앙제 시 보행자 조사에서는 중심가를 걷는 인파의 23%가 12시부터 14시 사이에 집중되어 있어, 지금은 상점 대부분이 점심시간에도 영업하고 있다. 또 50년 간 노동조합과 정부의 공방전이었던 일요일 영업도 여러 조건이 붙기는 했지만, 2015년도 마크롱 법의 제정 이래 조금씩 일반화되어 갈지도 모른다.[23]

마을 사람들에게 "주말에 마을에 무엇을 하러 가는가?"라고 묻자 한결같이 "한가하게 산책하러 간다"[24]고 답변했다. 시가지는 그냥 쇼핑뿐 아니라 '걷기 즐거운 공간'으로서의 기능도 갖추고 있다. 쉽게 주차할 수 있고, 대중교통으로도 중심시가지에 접근할 수 있다. 교외의 대형 상점에는 없는 다양한 상품을 갖춘 소매점, 쉬어 갈 수 있는 녹지나 카페, 영화관 등이 갖추어져 있다. 그런 시가지에서 사람들은 가족과 함께 주말에 시간을 보낸다(그림 13).

개업 과정

앙제 생활권에서는 2001년부터 2010년까지 상업 소매점 면적이 42% 증가한 것에 비해 지역 주민의 소비는 14%, 인구는 5.6% 밖에 늘지 않았다. 즉, 작은 파이를 두고 경쟁하는 비즈니스다. 앙제 생활권은 상가 주인이 운영하는 상점은 26%밖에 없으며, 대부분이 임대해서 가게를 운영한다. 바닥 총면적이 1000㎡를 넘는 경우는 그 46%가 상점의 부동산 주인이 직접 운영하고 있는 것으로 나타났다. 대물림의 회전이 상당히 빨라서 47%가 최근 5년 이내에 개점하고 있다. 체인점과 대형 체인점에 속하는 것은 소수파로 80%가 그냥 개인 상점이다. 임대로 들어오는 상점주인 경우, 상점을 전문으로 취급하는 부동산의 웹 사이트나 혹은 직접 뛰어 물건을 찾아낸다. 상점의 79%가 집주인과 임대차 계약[25]을 맺고 임대료를 낸다. 일반 임대주택과 마찬가지로 3년, 6년, 9년 계약이 있고, 해약은 쌍방에서 요구 가능하다. 계약

[그림 13]
취미의 와인 매장. 가볍게 와인을 마실 수 있고 빈병도 구입할 수 있다(앙제 시)

만기가 되는 6개월 전까지 수취 증명서가 딸린 등기우편으로 상대방에게 계약 미갱신 의사를 전한다. 건물주가 계약서에 세입자가 하는 상행위의 업종을 지정할 수 있다. 앙제 시에서는 업종이 지정된 임대차권이 37%, '… 이외의 소매는 모두 양해' 같은 조건부 임대차권이 13%를 차지한다. 임대료는 입지에 따라 달라지지만 일반 주택과 같은 기준으로 시가지의 중심에 근접할수록 급등한다. 임대료 외에도 건물주는 일시불의 금액 '빠 드 뽀흐뜨'[26]를 입주 시 임차인에게 요구할 수 있는데, 6개월치 임대료 정도로 고액인 경우도 있다. 또 프랑스에서는 개인 상점을 개점할 때 경우에 따라서는 영업권[27]을 산다. 영업권은 테이블이나 의자 등의 유형재산과 고객명부나 노하우 등의 지적재산을 포함하는 무형재산을 의미하고, 양쪽 모두 양도나 상속의 대상이 된다. 그리고 상업 등록[28]을 하면 상점 경영자로서의 사회적 신분이 확보된다. 이 등록번호가 없으면 어떠한 결제도 불가능하고, 이 번호에 따라 사회보험 부담금 징수 및 각종 세금 신고를 실시한다.

만약 계약 기간 도중에 상점 경영자가 변경되는 경우에는 새로운 상점주가 '임대차권'을 승계하고 '영업권'도 매입한다. 'Vices cachées'라고 불리는 '의도적으로 은폐된 불편사항'이나 순조로운 채권 정리를 위해서도 상점 경영자가 바뀔 때('영업권 처분'이라고 부른다)에는 작은 상점이라도 공증인을 통해 수속한다. 경영자가 연금 생활에 들어가는 경우에는 노포의 브랜드 매장이나 대형 상점을 제외하고는 연금 생활에 보태기 위해 자녀 외의 제삼자에게 부동산과 영업권을 매각해 버리는 경우가 대부분이다. 은퇴한 후에도 상속할 때까지의 절세 대책으로 셔터를 내린 채 가게를 방치하는 현상은 보이지 않는다. 왜일까?

닫힌 상점가를 발생시키지 않는 구조 ①
-빈 상점에 부과하는 과세

2006년에 2년 이상 빈 상점인 부동산 소유자에게는 벌칙 세제로 '빈 상점세'[29]의 과세가 법률로 정해졌다. 이는 부동산 시장에서 수요와 공급의 균형을 유지하고, 소유자가 임대를 주지 않는 현상을 막는 데 큰 효과가 있다. 프랑스에서는 일반 주택용 임대 물건에도 같은 과세가 있어서 1년 넘게 비워 두면 '빈집세'[30]가 과세된다. 따라서 상점의 셔터를 내린 채 두면 상점 부동산의 주인에게 고정자산세와 빈 상점세 모두 과세되므로, 당연히 신속히 다음 세입자를 찾는 노력을 한다.

'빈 상점세'는 지자체의 독립 재원이 되고 세율은 상점이 빈 지 3년째에서 고정자산 세액의 10%, 4년째에는 15%, 5년은 20%다. 과세의 적용은 지자체가 판단하며, 모든 지자체가 과세를 적용하는 것은 아니다. 그 이유로는 이런 종류의 세금을 너무 늘리면 부동산에 대한 투자 의욕을 감소시킬지도 모른다는 우려를 들 수 있다. 또 부동산 소유자 명단을 지자체가 가지고 있지 않아서 실제 적용에는 세무국의 협조가 필요해진다. 앙제 시에서는 아직 이 세금을 부과하고 있지 않지만 현재의 빈 상점률은 도심에서 4.8%로 매우 낮다.

상점의 부동산 주인이면서 상점을 운영하는 사람이 퇴직하고 가족이 대를 잇는 경우에도 부동산과 '영업권'의 계승은 가족 이외의 제삼자에게 양도하는 경우와 같은 과정으로 이루어진다. 왜냐하면 프랑스에서는 절세 대책으로 상점도 기업형태를 취하고 있는 경우가 많고, 상점 경영의 경리와 개인으로서 소득 신청이 확실히 분리되어 있다.[31] 부동산으로서의 상점도 기업의 자산으로 간주된다. 그럼 주인이 사망한 상속의 경우는 어떨까?

일반 상속과 같은 조건에서 행해지는 상점의 상속

유산 상속의 경우 민법에 따라 생전에 특별한 계약이나 유언이 없었다면 통상의 유산 상속과 마찬가지로[32] 상점 및 영업권의 상속이 집행된다. 부부가 가게를 경영했을 경우 남은 반려자는 부동산 소유권을 유산 상속의 권리가 있는 자들(자녀들)에게 양도하고, '영업권의 종신용 이익권'을 사용할 수 있다. 가게를 빨리 부동산으로 처분하여 현금을 분배받기를 원하는 자녀들이 있다 하더라도 남겨진 반려자가 정든 장소에서 장사를 계속할 수 있도록 하는 제도다.[33] 종신용 이익권을 얻어 상점 경영을 계속하는 사람에게 부동산의 소유권은 없고 경영에서 생기는 모든 수익을 얻을 수 있지만 상점 수리 등의 출비를 부담해야 한다. 일반적으로는 '용익권을 행사하는 남겨진 반려자'와 '상점의 부동산 소유권을 얻는 자녀들'이 상점 상속에서 흔히 볼 수 있는 형태로, 이 경우 '영업권'은 부동산으로서의 '상점' 물건으로부터 분리된다. 또한 '영업권'도 공증인에 의한 평가액이 상속세의 대상이 되지만, 상점 경영을 계속하는 사람이 반려자인 경우에만 영업권과 부동산의 상속세가 2007년부터 면제되었다. 상점에 대한 특례 조치 중 하나다.

반려자의 상속이 없어 직계 자녀들만이 상점 부동산과 영업권을 상속하는 경우에도 일반 상속과 마찬가지로 상속세가 부과된다. 현행 법률에서 자녀들이 받는 상속은 5만 유로까지는 상속 신고가 면제되고 또 10만 유로까지는 상속세 대상이 아니다. 10만 유로 상속액에 대해 단계별로 5%부터 누진 과세되고, 180만 유로(25억 5000만 원) 이상의 상속액은 45% 과세의 대상이 된다. 상속한 물건을 매각하는 경우도 상속한 시점에서 부동산 평가액과 매매가의 차액에 34.5%(부가가치세와 각종 사회보험) 과세된다. 단, 일반 주택과 마찬가지로 자택으로 이용했던 경우에는 세금이 면제된다. 생전 증여의 경우도 같은 조건에서 공제와 과세가 있으며 반드시 공증인을 통해서 하지만, 15년에 한 번밖에 공제는 인정되지 않는다. 또 이런 수치는 변천이 잦아 여기에서는 2016년 7월 시점의 재정법[34]의 규정을 소개했다.

닫힌 상점가를 발생시키지 않는 구조 ②-지자체의 선매권

시가지 안에는 은행이나 보험 대리점만 늘어선 것이 아니라 패션이나 취미 셀렉트 숍, 카페나 레스토랑, 서점과 꽃집, 식료품점과 구두 수선점, 세탁소 등의 생활에 필요한 가게 모두가 상점가에 즐비하다. 시가지에 살면 걸어서 20분 생활권에서 일상 용무를 차 없이 충분히 해결한다. 어떻게 이런 도심을 유지할 수 있을까?

사실 프랑스 지자체에는 상점의 '선매권'[35]이 있다. 코뮌이 시가지 선매권 행사 포기에 서명한 증명서가 없으면 상점의 부동산이나 영업권 매매 계약이 성립되지 않는다. 도시법 L123-1-5에서 "'근접 소매 상점'을 지키고 상점의 다양성을 발전시키기 위한 지자체의 선매권 대상 범위 설정"을 인정하고 있다. 선매권을 적용하는 구역은 도시계획 마스터플랜이나 광역 도시계획에 표기된다.[36] 비록 지정 구역에 사무실과 서비스 관련 숍이 진출하지 못하더라도 "그 규제가 일반화되지 않고 절대적인 것이 아닌 한, 또 목적이 시가지의 전통적인 상업 보호에 있다면, 용도지역 설정은 상업 및 산업의 자유, 혹은 토지 소유자의 권리에 저촉되는 것이 아니다"라는 견해다. 하지만 이 용도지역 설정이 자유로운 경제 활동을 방해하는 것이어서는 안 된다는 원칙으로부터 국무원[37]은 대상 지구를 코뮌 면적의 20%를 상한으로 하고 있다(그림 14). 이렇게 선매권은 '상업 보호', '사적 소유

권', '창업의 자유'에 관한 매우 섬세한 안건으로서 신중한 대응
을 요구받는다.

　구체적인 단계로서는 우선 영업권, 임대차권이나 부동산 물건
의 매도인은 선매권 설정 지구에 위치한 부동산 물건 매매 신청
서(그림 15)와 영업권, 임대차권 매각 신청서를 지자체에 제출하
고 '지자체가 선매권 포기를 통보하는 증명서'를 신청한다. 지자
체는 2개월 이내에 응답해야 한다. 시청이 '지자체는 이 물건의
선매권 행사를 포기한다'는 취지의 서명을 하면 상점 물건을 제
삼자에게 매각할 수 있게 된다. 즉, 토지 권리자 혹은 부동산 소
유자는 자유롭게 사유재산을 매각할 수 있는 것이 아니다. 앙제
시에서는 2010년부터 법률을 적용하고 있다. 실제로는 부동산이
나 영업권의 매매를 다루는 부동산 업자나 매매 계약을 체결하
는 공증인이 신청 수속을 대행한다. 다만 거리의 상점 모두가 대
상이 되는 것이 아니라 지도(그림 14)에 표시되어 있듯이 시가지

[그림 14]

지자체에 선매권 행사가
인정되고 있는 범위

제공: 앙제 시청 상업과

중심부만이 대상이다. 이 조치를 취하면 도심의 일등지에 은행이나 보험 대리점 등의 서비스 관련 창구 사무실만 생기는 현상을 피할 수도 있다. 그리고 선매권 행사의 대상 지구를 결정하는 것도 '레제류'[38]로 불리는 지자체 의회의 의원들로, 선매권 신청을 심사하는 것은 상공회의소 회원 등으로 구성된 위원회다.

만약 시청이 선매권 행사를 결정할 경우, 2개월 안에 잠재적 구매자가 제시한 시장가격 조건으로 지자체가 물건 구입 계약을 체결하고 6개월 이내에 지불해야 한다. 지자체의 지불이 늦어질 경우에 부동산 소유자는 물건 회수를 요구할 수 있다. 도시계획을 책정하고 있는 지자체의 96%가 도심 U존과 장래의 도심으로 정비 예정 지역 NA존으로 이 '지자체에 의한 선매권 행사 적용 지역'을 설정하고 있다. 원래 이 선매권은 지자체가 토지 정비계획을 기획할 때 장래를 내다보고 '토지 수용'이라는 수단을 피해서 온건하게 시민의 사유 재산인 땅이나 부동산을 지자체가 입

[그림 15]

도시법 제213-10항, 선매권하에 있는 부동산 물건의 매매 신청서

출처: 프랑스 정부 홈페이지

수할 수 있도록 하는 것이 목적이었다. 만약 지자체의 토지 정비 계획 이전 단계에서 대상 구역의 물건이 매물로 나와 지자체가 선매권을 행사한 경우, 부동산 매물은 '지자체의 일시적 보유'가 된다. 지자체에는 실제 공사 시작까지의 공백 시간을 메울 비용 등의 재정 부담이 가해진다. 그래서 실제로는 선매권 행사율이 0.6%에 그친다. 게다가 지자체의 선매권 행사 결정 계획 후에도 매도자의 항소 절차 등도 인정되고 있어 구체적으로 지자체가 물건을 구입하는 데 이르는 경우는 선매권 행사 안건의 60%밖에 안 된다. 하지만 지자체의 선매권이 도심의 난개발이나 무질서 한 상업 상점 진출의 억제력으로 작용하는 것은 사실이다. 무엇 보다도 신청서에는 부동산 매매에 관한 모든 정보를 기입하므로 지자체가 도심 일등지의 부동산 시장의 최신 가격 정보를 입수 할 수 있는 최상의 수단이 되고 있다.

닫힌 상점가를 발생시키지 않는 구조 ③
─지자체가 발행하는 건축 허가와 신규 상점에 대한 기준

지자체가 갖는 세 번째 규제력으로는 가장 유효성 있는 건축 허가 발행을 들 수 있다. '상점의 건축', '면적 40㎡ 이상의 확장 공사', '건물 정면의 변경 등과 동반되는 모든 개축 공사'에 대해 서, 상업자는 건축 허가 신청서를 시청에 제출할 필요가 있다. 이는 20쪽에 이르는 서류로, 실제로는 건축업자가 대행 기입 ·

제출한다. 이 시점에서의 점검으로 경관규제 등과의 정합성이 철저하게 조사되므로 최종적으로는 조화를 이루는 마을의 모습으로 정착된다.

앙제 시처럼 대부분의 상가가 역사 유산 건조물의 반경 500m 이내에 위치한 도시에서는 정부가 정한 보전·활용 계획[39]을 준수하고 모든 공사는 프랑스 건조물 감시관의 견해에 따를 필요가 있다.[40] 40㎡ 이하의 확장 공사나 간단한 파사드(건물 정면)의 변경만이라면 사전 신고서 제출[41]로 해결된다. 또 2005년에 제정된 배리어 프리법[42]을 준수하고 있는지 확인이 필요하다. 그 이외에도 가게 앞에 내건 간판·광고·상호의 표시법에 이르기까지 신고가 요구된다. 프랑스에서 맥도날드의 적색 트레이드마크를 내걸지 않는 것은 건축 허가를 얻기 위해서 건축 사업자가 주위의 풍경에 녹아든 스타일과 색상의 건물 디자인을 시행하고 있기 때문이다. 건설 허가가 나온 시점에서 공사 과정에 대한 허

[그림 16]

안쪽에 보이는 광장을 보행자 전용공간으로 만들기 위해 포장도로에 6개의 유압식 볼라드(계선주)를 설치하였다(낭시 시)

가 신청도 필요하다. 공사 중에 공공 도로나 공공 광장을 사용하는 때에는 '공공 공간 이용 허가 신청서'를 제출하고 상점이 보행자 전용공간에 위치하는 경우는 반입 반출 때 도로에 차로 접근할 수 있도록 '부침식 볼라드'⁴³(그림 16)를 조작할 수 있는 접속 카드를 신청한다. 알코올 취급 상점은 '주류 취급 허가'도 신청한다. 이들 과정은 법률로 정해진 것이다.

2. 모든 사람에게 매력적인 중심시가지를 위한 활동

타운 매니저라는 직업

마을 경관을 보호하기 위해 출점 시에는 여러 가지 복잡한 절차가 있으므로, 행정 문서 등에 익숙하지 않은 일반인을 지자체들은 꼼꼼하게 지원한다. 앙제 시청의 '상업 및 수공업과'의 모드 바타이유가 '중심가 활성화 담당관'으로 활동하고 있는 모습을 전하고 싶다. 바타이유는 법률학 석사 학위를 가지고 있고, 앙제 시에 근무하기 전에는 다른 도시권 공동체 행정부에서 총무·재무 책임자였다. 프랑스에서는 지방 공무원 자격시험에 합격하면 지방 공공 단체 간 이동이 가능하고 행정관도 복수의 업무를 경험하며 경력을 쌓을 수 있다.

앙제 시청 중심시가지 활성화 담당관 인터뷰

"행정이 발로 뛰어 상업 창업자의 네트워크를 만듭니다"

Ⅰ 시가지 활성화를 위해 지자체는 어떠한 활동을 하고 있습니까?

"지자체가 가진 선매권을 행사하면 거리에 같은 종류의 서비스 관련 창구 매장만 집중되는 것을 막을 수 있습니다. 하지만 이건 지자체가 부동산이나 영업권의 소유자가 되는 것이니까, 사들인 상점에 들어오는 경영자의 설정이나 그 지원 업무가 발생하여 그다지 현실적인 해결책이라고는 할 수 없습니다. 또 닫힌 상점가를 피하기 위한 '빈 상점세'도 시장 투자자들에게 찬물을 끼얹는다는 의미에서 무분별한 적용은 별로 좋지 않습니다. 그래서 이런 행정적인 방법이 아니라, 앙제 시에서 가게를 열고 싶은 후보자에 밀착하여 지원하는 쪽이 도움이 되지 않을까 생각하고 있습니다. '시가지를 매력적으로 만들려면 상점을 여러 형태로 지원할 필요가 있다'고 인식한 시청이 2013년에 시가지 활성관 직책을 마련했습니다."

Ⅰ 구체적으로 어떤 방법으로 지자체의 공무원이 마을에 새로 개업하고 싶어 하는 사람들과 첫 접촉을 하나요?

"매우 간단합니다. 부동산업자와 '간판점'에 제가 먼저 인사를 갑니다. 그리고 그들에게 새로운 고객이 오면 '시청에 지원 서비스가 있으니 가보라'고 권하도록 합니다. 한편 각 도시에 창업자를 지원하는 반은 관적인 성격을 지닌 조직의 '창업과 기업 위양 지원 하우스'[44]가 있습니다. 거기에 입주해 있는 컨설턴트 기관 BGE[45]이 매주 목요일 오전 중에 무료로 '창업 과정 및 기업 지원'을 설명하는 세미나를 개최하고 있습니다. 정보 수집을 위해 방문한 이런 기관에서 시청을 소개하여 나를 찾아오는 사람도 있습니다. 중요한 것은 행정이 열심히 뛰어 어떻게 창업자에 관한 네트워크를 구축할지입니다. 이를 위해서는 저 자신이 정보를 구하러 여러 곳을 찾아갑니다."

▌ 상공회의소와 NPO 등에서 이미 창업의 기본 지식을 배우는데요. 그러면 지자체는 여기에서 어떤 지원을 더 제공하는 건가요?

"아까 말한 '간판점'을 예로 들면 개업 시 가게의 매장 입구를 개조하기 전에 '건축 허가'를 지자체에 신청할 필요가 있습니다. 그 행정 업무 절차의 설명 등을 제공합니다. 시가지 주차나 이벤트 등에 대한 실질적이고 종합적인 정보도 전달합니다."

▌ 개업에 필요한 절차 등의 정보를 전체적으로 알리는 웹 사이

트가 있습니까?

"네, 제가 부임하고 나서 새로 개설했습니다. 팸플릿이라면 최신 정보가 들어올 때마다 다시 인쇄해야 해서 기본적으로 정보는 모두 웹[46]에 올립니다. 행정에 신청, 신고해야만 하는 서류의 다운로드 등 모든 것이 웹에서 가능합니다."

Q 그중에는 직접 만나서 정보를 얻겠다는 사람도 있을 것으로 생각됩니다만, 창업자 접수 상담 창구를 두고 있습니까?

"2015년 9월부터 시청의 시민 상담 창구에 '신규 상점 개업자 창구'를 마련했습니다(그림 17). 방문자가 있다고 접수에서 연락이 오면 직원 3명 중 반드시 누군가는 창구에서 9시부터 17시까지 대응할 수 있는 체제입니다. 물론 이 3명은 창구 대응뿐 아니라 다른 업무도 하고 있습니다만, 창업자의 질문에 대답할 수 있

[그림 17]
앙제 시청 일반 시민 대응 창구. 번호가 보이는 안쪽이 시청 직원과의 면담 창구로 사생활이 지켜지도록 배려하고 있다.

도록 필요한 훈련을 받고 있습니다. 여러 기관이 분산된 정보를 기업가에게 제공하는 것이 아니라, 원스톱 창을 설정하는 것이 중요하다고 생각합니다. '새로 상업을 시작하는 분에 대한 접근'이라는 키워드로 모든 정보가 입수 가능한 시스템을 목표로 하고 있습니다."

ℚ 예를 들어 시가지에서 새로운 지역 개발, 교통기관을 도입하거나 할 때는 개입하십니까?

"현재 강변의 부도심 계획이 진행 중인데, 우리는 어디에 어떤 상점이 있는지 파악하고 있고, 상점 경영자에 대한 사전 협의의 노하우도 있으므로 시청의 다른 부서에 필요한 정보를 줍니다."

ℚ 신규 개점 창업자에 대한 지원 이외에는 어떤 활동을 하십니까?

"저희 목표는 어떻게 사람을 도심으로 불러들이느냐는 것이므로 이벤트 창출이 중요합니다. 예를 들어 7월에 개최하는 여름 용품을 노상 매대에 방출하는 '완판 대 바겐세일'에서는 '공공 공간 정비과'와 제휴하여 가급적 축제 분위기를 조성하고자 고심합니다."[47]

ℚ 행상인이나 아침시장에서 매대를 내고 있는 소매상을 관할

하는 '공공 공간 정비과'와의 횡적 관계가 내밀하다는 의미
가 될까요?

"네, 한 달에 한 번 '상업 코디네이션 위원회'라는 이름으로 동
등한 입장에서 참여하는 회의를 개최하고 있습니다만, 목표는
정보 공유입니다. 정기 회합에 참석하는 것은 '공공 공간 정비
과'와 신규 간판이나 상점에 대한 건축 허가를 내주는 '토지 이용
과', 장애인 대책을 담당하는 '안전시설과 접근성과'의 직원들입
니다. 이 외에도 행정은 아니지만 프랑스 건축물 감시관[48]을 겸
하는 건축사무소도 참가합니다. 거기서는 우리가 파악하지 못한
새로운 출점자에 대한 정보를 공유할 수 있으며, 출점 프로세스
가 잘 진행되고 있는지를 보좌할 수 있습니다. 만약 영업 허가나
건축 허가가 나오지 않을 경우에는 그 이유 등을 담당자에게 직
접 듣고 창업자에게 설명할 수 있습니다."

**◻ 지자체가 직접 기획하고 있는 이벤트로는 다른 어떤 것이 있
을까요?**

"'겨울의 태양'이라고 명명한 12월의 대형 이벤트인 크리스마
스 마켓(그림 18)에서는 콘서트, 어린이를 대상으로 한 미술 관
련 아틀리에 등 풍부한 프로그램이 있습니다. 다만 구체적인 크
리스마스 마켓 출점자의 관리 업무는 민간 업체에 위탁하고 있
습니다[49](그림 19).

! 상업 · 수공업과에서 활성화 담당 인원은 단 두 명이라고 들었습니다만, 예산은 어느 정도입니까?

"두 사람밖에 없지만 시청의 다른 과와 협력하고 모든 활동을 하고 있습니다. 작년도의 활성화 예산은 43만 유로(5억 3750만 원)였으나 대부분 1개월간 계속되는 '겨울의 태양' 이벤트용으로, 그중에서도 광장에 설치한 관람차와 거리 전체의 조명 비용 등이 큰 지출 비용을 차지합니다(그림 20). 과 예산의 9%는 상가 조

[그림 18]
크리스마스 이벤트 달력은 각 호에 배포된다.

[그림 19]
크리스마스 마켓(앙제 시 중앙 광장에 설치된 약 90개의 노점)
제공: ALM

합 대응용으로 노조가 가져오는 이벤트 기획에 전체 예산의 50%를 상한으로 보조금을 지급하고 있습니다. 구체적으로는 거리별로 행하는 주차장 방출 세일 행사의 장식 비용, 뮤지션과 관광 산책로용 마차를 부르기 위한 비용 등을 보조했습니다. 우리도 상가 한 곳 한 곳과 직접 교섭하기는 어려워 몇 군데 상가 조합이 지자체와 교류, 협상의 대표가 되고 있습니다."

🄠 중심시가지에는 600개 정도의 상점이 있으며 연간 약 5000만 원 정도의 보조금을 상가 조합이 스스로 기획하는 이벤트에 대해서 지급하고 한 상점에 몰아주지는 않는다는 것이네요. 그 외에도 시청이 직접 기획하고 있는 상점가의 행사가 있습니까?

"상점가의 도로가 무대가 된다는 의미에서는 연극 축제나 음악제도 있지만 이들은 문화부 관할입니다. 단 상점에도 축제 분

[그림 20]
크리스마스 시기에 시청 앞 광장에 설치된 대관람차
제공: ALM

위기를 내도록, 예를 들어 연극 축제 기간 중에는 윈도 디스플레이 콘테스트를 개최하여 상가 전체의 참여 의식을 높입니다. 크리스마스 기간에는 앙제 시의 식물 관련 기업이 프로모션을 하는 홍보부와 연계하여 포인세티아를 상업부에도 양보 받아 각 상점의 창에 장식하여 거리 전체의 일체감을 냈습니다. 각 매장에는 메일로 연락을 하고 시청까지 화분을 받으러 와야 하는 수고는 있지만 그래도 많은 상점이 꽃을 장식했습니다. 행사를 기획한 측도 상점 측도 서로 마을을 조성하려 노력하고, 내방자가 많아진 결과를 누릴 수 있는 윈윈 게임이라고 생각합니다. 우리는 창업자들이 스스로를 앙제 시 행정의 '열린 문'이라고 여기도록 하고 있습니다. 개업 때뿐 아니라 영업을 개시한 후에도 문제가 생기거나 반대로 좋은 아이디어가 있으면 꼭 시청에 들러 이야기를 나누었으면 좋겠다고 부탁드리고 있습니다."

즐거운 도시 정비의 장치, 문화 정책

프랑스의 세대 예산에서 문화 레저의 지출이 차지하는 비율은 8.4%로 국민의 57%가 일 년에 한 번은 역사 유산 건조물을, 35%가 미술관을 찾고 있다.[50] 또 국민의 66.6%가 적어도 일 년에 한 번은 영화관을 방문한다.[51] 프랑스 내에는 4만 7555개소의 문화 시설이 있고, 국가 예산에서 문화 예산이 차지하는 비율은 2016년도에 1.2%,[52] 일본의 경우에는 2015년도에 0.11%다.[53] 문화를

중시하는 풍토를 배경으로 프랑스 지자체의 문화부에는 상당한
재량과 예산이 주어지고 있어서 문화 예산이 25%로 알려진 스트
라스부르 같은 도시도 있다. 정부가 사회보험 부담금 징수·분
배를 일원화하고 있어 지자체들이 의료 예산을 짤 필요가 없고,
교통이나 경제 정책은 도시권 공동체 예산으로 정비, 관리되고
있다. 그래서 최소 행정단위 지자체인 코뮌은 문화에 상당한 예
산을 쏟을 수 있다. 앙제 시에서는 코뮌 전체 예산 3330억 원 중
14%가 문화·스포츠 진흥에 쓰인다(그림 21). 또 540억 원이 각
종 NPO에 대한 보조금으로 책정되어 있는데, 그중 22.6%가 '문
화 및 문화 유산', 15.4%가 '스포츠와 레저' 예산이다(27.6%가 사
회복지 활동과 관련된 NPO에 교부된다). '도시 문화 자본'이라는 사
고가 철저하며, 도시 이미지와 브랜드 구축을 위해서는 마을의
질 높은 문화나 스포츠 이벤트가 필요하다는 공통 인식이 있다.

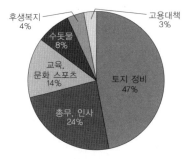

[그림 21] 앙제 시 2015년도 예산의 사용처별 비교표
(인구 약 15만 명/총액 약 3600억 원)
출처: 앙제 시청 자료

뛰어난 인재와 기업을 유치하려면 문화도가 낮은 도시에서는 도시 간 경쟁에서 지고 만다. 도시 문화는 음악·연극·미술뿐 아니라 스포츠·NPO 활동 등도 포함하는 넓은 의미에서의 '일 이외의 시간을 어떻게 즐겁고 유익하며 또 저렴하게 즐길 것인가'라는 도시의 잠재적 가능성 전체를 가리키며, 그 다양성과 레저 가능도가 도시의 매력도를 판단할 때의 큰 요소가 된다.

일본에서 오는 시찰자는 인구 50만 이하 지방 도시의 활기에 하나같이 놀란다. 프랑스의 아침은 바쁘다. 8시 30분에는 출근하여 6시 정도에 퇴근하고, 석양녘의 마을은 한잔하려는 사람들이나 윈도쇼핑을 하는 사람으로 북적인다. 7시에 폐점하는 가게를 대신하듯이 레스토랑이 문을 열면 썰물 빠지듯 거리에 인적이 드물어지고, 여름철에는 10시 이후부터 식후의 카페나 산책, 영화나 연극 관람을 마친 사람들의 인파로 다시 거리가 붐빈다. 거리에는 '리듬'이 느껴진다. 지방 도시에 살아도 놀 곳이 있어 연령별로 대상층을 잡은 음식점이 아니라 다양한 연령대의 시민이 들르는 카페, 바, 레스토랑이 넘쳐난다. 그래서 마을에 활기가 있으며 즐겁다. "어쨌거나 대도시에 살고 싶다"는 발상으로 이어지지 않는다. 프랑스의 지방 도시가 활기찬 것은 지방 도시의 문화가 충실하기 때문이다.

광장의 활용-주민과 가까운 소매 형태, 아침시장

문화 이벤트장으로 자주 광장이 이용된다. 어느 지방 도시도 장소 만들기에 열심이고, 공공 공간을 구청과 시민 소통이나 시민 교류의 장으로 최대한 이용하고 있다. 특히 마을 중앙 광장은 도시의 얼굴로 잘 연출하고 있으며 계절마다 화장을 고친다(그림 22). 부동산업자는 임대 물건 등에 '도보 5분 거리에 아침시장'이라고 홍보하고, 광장의 '아침시장'이 일상생활에 녹아들어가 있다. 최근 발달한 초저가 할인매장이나 이커머스와 대치하는 소비 행태가 아침시장으로, 인구 2만 명 이상의 코뮌에서 광장이나 도로에서 차를 퇴출시키고 아침시장이 선다(그림 23). 인구가 많은 도시에서는 주거구역의 반경 500에서 1000m 이내에서 아침시장이 열리고 관공서에 가면 시장의 개최 안내서를 입수할 수 있다. 프랑스인의 30%가 일주일에 한 번은 아침시장에 간다. 이는 놀라운 수치다. 아침시장은 주 1회에서 2회 열리고 규모는 20

[그림 22]

지자체의 감각이 돋보이는 앙제 시 중앙 광장 연출(2014년 여름)

제공: ALM

개에서 60개 상점으로 대부분이 식료품 판매다. 그중에서도 채소, 과일, 어류, 육류 등의 전문업자, 로스트치킨 등을 판매하는 닭고기 전문 반찬가게나 돼지고기 가공품 가게 등이 주를 이룬다. 조금 규모가 커지면 의류용품, 꽃집이나 칼 가는 집, 의자 커버집 등 온갖 가게가 들어선다. 신선 식품을 취급하는 가게의 약 반수가 현지 생산자에 의한 직판이어서 판매자가 직접 키운 닭, 소고기, 막 만든 치즈, 바로 전날 따온 채소, 과일 등이 풍성하게 쌓여 있고 계절감이 짙다. 아침시장에서는 막 수확해 더 신선한 농산물을 사는 것이 목표인데, 사과 1개부터 자신이 원하는 만큼을 살 수 있으며 단골이 되면 가게 주인이나 다른 손님들과의 대화를 즐길 수 있는 것도 큰 매력이 되고 있다.

　아침시장은 지자체가 완전히 관리하고 있고 출점자는 시청의 '공공 공간 정비과'에 등록하여 '사용료'를 낼 의무가 있다. 시장에는 '공공 공간 정비과'의 로고가 들어간 점퍼를 입은 직원들의

[그림 23]
자동차 280대 분의 주차 공간에서 열리는 대규모 아침시장(앙제 시)

모습이 자주 보인다. 수도·전기 등의 서비스가 완벽하고 아침 6시부터 오후 1시까지의 시장 개최 시간이 끝나면 시청의 청소차가 광장을 깨끗하게 청소하여 2시부터는 통상의 주차장과 도로로 이용된다. 아침시장은 과거의 행상적인 상업 형태가 아니라 신용카드로 쇼핑도 가능하다. 지금은 어엿한 비즈니스 중 하나인 식품 위생 보존 등은 일반 상점과 똑같은 기준이 부과된다. 또 방문자 주차 공간 확보 및 상점의 후계자 확보 등 일반 소매업과 같은 과제를 안고 있다. 교회나 시청이 특정 대광장에서 아침시장을 여는 경우가 많아 주민의 교류라는 의미에서도 지방 도시의 중심이 된다. 앙제 시 도심 아침시장의 내방자 75%가 자동차로 시외에서 오는 손님이라는 상공회의소의 조사도 있다. 그만큼 소비자를 끌어들이는 신선한 상품군을 자랑한다. 대서양까지 1시간. 북적거리는 생선 매장의 새우나 게는 아직 살아 있고, 가리비는 눈앞에서 껍질을 벗겨 준다(그림 24).

[그림 24]

생선은 눈앞에서 모두 준비해 준다. 미리 포장된 것이 아닌, 거의가 전날 저녁에 손질한 신선한 생선류(앙제 시)

크리스마스 마켓이라는 겨울의 대형 이벤트

유럽의 겨울은 혹독하여 본래라면 마을에 사람들이 모이지 않는 계절이지만, 크리스마스 마켓은 12월의 경관을 바꿔 놓았다. 프랑스에서 가장 유명한 크리스마스 시장이 열리는 스트라스부르에서는 2014년에 268만 명의 관광객이 와서 3000억 원 이상의 경제적 효과를 알자스 지방 전체에 가져왔고, 이 기간 중에는 3000개의 계절 고용이 창출되었다고 전해진다. 연간 호텔 가동률은 66%인데 12월은 85%로 투숙객 한 사람당 하루에 8만 1250원을 현지에서 소비한다. 크리스마스 시장의 최대 효과는 다시 방문해 줄 관광객의 확보라고 지자체는 생각한다. 프랑스 37개 도시에서 개최되지만, 파리, 앙제(그림 25), 낭트, 메츠, 리옹은 규모가 크다.[54]

이처럼 광장의 활용은 시청이 아침시장, 이벤트도 포함하여 모든 것을 관할하므로 지방 도시의 지자체의 감각이 반드시 필

[그림 25]

앙제 시 크리스마스 마켓의 샬레와 트램

제공: ALM

요해지는 도시 공간으로 간주되고 있다.

도로의 높이 이용, 여름 음악 축제나 연극제의 거리 공연

지자체는 공공 공간으로서 광장뿐 아니라 도로의 활용에도 적극적이다. 1982년부터 당시의 문화부 장관 잭 랭의 주도로 매년 6월 하짓날에 '시민 음악의 날' 행사가 개최되고 있다(그림 26). 아마추어 음악가들이 장르를 불문하고 거리에 나와 연주하는 날이다. 광장이나 도로에는 자동차를 차단하는 교통 우회책이 도입되었고, 밤 11시 정도까지 밝은 하짓날 저녁을 즐길 수 있다. 과거에는 너무 큰 성공 때문에 '밤중까지 음악소리로 시끄럽다'는 민원이 많았고 알코올 섭취로 폭도화된 젊은이 등의 문제가 속출했다. 지금은 '알코올 판매는 밤 11시까지' 등의 조치가 지

[그림 26] 광장을 이용한 아마추어 야외 클래식 콘서트(앙제 시)

[그림 27] LRT 노선 옆의 음악대와 사람들. 이런 상태에서도 LRT는 주행한다는 점이 놀랍다(앙제 시).

자체에 의해 취해져, 그야말로 시민의 축제로 정착했다(그림 27, 28). 일본의 여름 축제 분위기와 비슷하지만, 관광객 대상이 아니라 현지인을 중심으로 한 축제라는 점이 특징이라고 할 수 있다. INSEE에 따르면 프랑스인의 79%가 최근 25년간 한 번은 '음악의 날' 행사에 참여하고 있다. 이 날의 콘서트 대부분은 무료이며 폭넓은 장르의 음악이 제공된다. 도시의 자유업이나 관리직층이 아니라 농촌 지역에 사는 인구를 끌어들이는 데 성공하여 '음악-고리타분-잘난 척'이라는 이미지가 불식되었다.

이 '음악의 날'의 성공은 여름 동안 프랑스 각지에서 행해지는 다양한 '음악제'나 '연극제'에 극히 보통의 시민이 가볍게 발을 옮길 수 있는 문화적 토양을 만들어 왔다고 할 수 있다. 자동차

[그림 28] 파리에서는 음악의 날에는 한밤중에도 대중교통이 운행된다는 포스터

[그림 29] 시청 문화부가 주최하는 9월의 연극제 'Accoche Coeur'에서는 모든 도로 공간이나 광장이 노상 공연장이 된다(앙제 시).

를 일시 제거하고 도로 공간과 공공 공간을 각종 행사에 이용할 기회는 연극제 기간의 도로상의 퍼포먼스와 노점 등 부지기수다(그림 29, 30). 그중에서도 독특한 것은 매년 5월에 열리는 '이웃 축제'[55]에서 평소 교류가 없던 이웃과 어울릴 기회로, 공공 공간에 탁자를 내고 소풍과 저녁식사를 함께 한다는 것이다. 프랑스에는 일본 같은 지역 자치회가 없으므로[56] 주민이 자발적으로 기획하여 참가 희망자만이 음료나 가벼운 음식을 가지고 자유롭게 드나든다. 이른바 오픈 형식 뷔페다. 1999년 파리에서 시작되어 누구든지 개최 주최자가 될 수 있는 모임이기 때문에 정확한 참가자 수는 파악하기 어렵지만 2015년에는 국민 10명 중 1명이 참가한 것으로 알려졌다(그림 31).

[그림 30] 앙제 연극제에서 고속도로 입구 도로에서 말타기 놀이를 즐기는 시민

제공: ALM

[그림 31] 이웃 축제에서는 광장이나 도로가 그대로 피크닉장이 된다

제공: ALM

도로

도로의 높이를 이용한 보다 일상적인 예로는 앙제 시 대성당 앞의 일반 도로에서 차량 통행을 금지하고 매월 첫째 주 일요일에 열리는 골동품 시장(그림 32)이 있다. 성곽이 있는 지역인 만큼 훌륭한 은식기나 유리 세공 등도 선보이며 찾아오는 사람들로 북적인다. 이러한 골동품 시장은 프랑스 지방 도시에서 활발하다. 또 6월의 지자체 주최 스포츠의 날에 열리는 마라톤이나 스포츠 NPO의 활동 소개 행사 등에도 참가자가 많다. 이처럼 도로나 광장의 높이 차이를 이용한 예는 풍부하고 모든 행사가 '걷기 즐거운 마을 만들기'로 연계되고 있으며 인구 15만 명의 지자체 앙제 시가 직접 기획하는 행사 이벤트도 다양하다(표 2).

[그림 32]

마을의 메인 도로 중 한 곳에서 열리는 일요 골동품 시장(앙제 시)

월	이벤트	
1월	젊은 재능 발굴 영화제	16-23일
2월	르와르 강 와인 축제	1-6일
	식물 견본시장	16-18일
	앙제 특산물 견본시장	1-16일
	고용 활성화 포럼	26일
3월	지역 여자농구대회	6일
	수영 코치 프랑스 대회	24-27일
	프랑스 스코틀랜드 청소년 축구	24일
	여름의 계절고용 준비 포럼	30일
4월	오픈 테니스 대회	20-26일
5월	미술관의 날	21일
	싱크로스위밍 프랑스 챔피언십	17-22일
	자연의 날	18-22일
	게이프라이드	21일
	올림픽 여자농구 선수권 선발시합	26-28일
	기업 간 마라톤대회	27일
6월	앙제 스포츠 데이	5일
	스마트시티 포럼	9일
	현과 공동개최 연극제	6월 중순-7월 중순
	자전거 축제	18, 19일
	음악의 날	21일
	장미축제	20-24일
	프랑스 육상선수권	24-26일
	싱크로스위밍 프랑스 주니어 선수권	6월 중
	저널리즘 세계대회	6-10일
7월	투르 드 프랑스 전야제	3일
	투르 드 프랑스 앙제 통과	4일
	파리제 불꽃놀이	13일
	야외 콘서트(주 2회)	7월 13일-8월 16일
	앙제 철인 레이스	23, 24일
	앙제의 여름(아동용 여름방학 활동 5일간 프로그램. 스포츠, 문화 등 24개 항목)	7월과 8월
9월	시가지 연극제	9-11일
	세계유산 유럽의 날	17, 18일
	주택·인테리어 견본시장	23-26일
10월	시가지 상점 일요 페어	16일
11월	승마의 날	11-13일
12월	크리스마스 마켓	12월 중

여기에서 소개하는 것은 일반시민이 참가할 수 있는 대표적 이벤트이며, 이외에도 업종별로 전문가용 각종 이벤트가 기획된다.
제공: 앙제 시청

1 슈퍼마켓의 정의는 매장면적 400-500㎡, 매출액의 최소 3분의 2가 식료품. 하이퍼마켓
   의 정의는 250㎡ 이상의 매장으로, 매출액의 최소 3분의 1이 식료품. 연간 매출액으로
   보면 까르푸, 오샹, 르끌레르의 순서. 이 장의 숫자는 특별한 기재가 없는 한 INSEE 발
   표자료에서 인용하고 있다.

2 프랑스어로는 Grande Surface. 문자 그대로 '대형 면적'이라는 의미

3 정식 명칭은 상업 · 수공업 기본법(Loi ROYER: Loi d'orientation du Commerce et de
   l'artisanat).

4 CDUC: les Commissions départementale d'Urbanismen Commercial

5 정식 명칭은 상업 · 수공업의 진흥 발전에 관한 법률. Loi relative au développement et
   à la promotion du commerce et de l'artisant

6 Loi de modernisation de l'economies. 1000㎡ 이상의 판매 설비의 건설, 확장은 지자
   체가 승인하는 건설 허가 취득에 앞서 특별한 허가를 얻을 필요가 있다.

7 Commerce de proximité

8 사회관계자본. 사회, 지역에 있어서의 사람들의 신용 관계나 연결을 나타내는 개념

9 CDAD: Commission Departementale d'Amenagement Commercial. 출점처의 코뮌 수장
   과 토지의 상업계를 대표하는 합계 7명으로 이루어지는 위원회로, 대형 상점 출점 신청
   을 검토한다(상법에 근거함. CDAC가 각하한 프로젝트에 수장은 건축 허가를 내줄 수
   없다). 전술한 도 도시계획 위원회 CDUC의 새로운 명칭

10 출처: CDAC 웹 사이트. 신청조건은 100㎡에서 1만 9960㎡까지 폭넓으나, 반드시 넓은
   면적의 안건이 각하되는 것은 아니다. 단 1만 9960㎡의 쇼핑센터에 대해서는 현이 진
   행을 결재했으나 정부의 상업시설 정비위원회(CNAC)가 허가를 내주지 않았고, 결국 계
   획은 무산되었다.

11 ALDI

12 LIDL

13 출처: 멘에루아르도 상업백서. 단 이 숫자는 프랑스 전국 평균치.

14 출처: INSEE. CD나 책 등의 문화 기호품 소비의 11%가 인터넷으로 이루어지나 식료품
   이나 의료품의 인터넷상에서의 구입은 아직 드물다.

15 예를 들면 TV, 유 · 무선전화, 인터넷 접속의 1개월 계약요금은 30유로부터 상품화되고
   있다. 원칙적으로 프랑스 국내의 유 · 무선전화에 대한 통화와 세계 100개국 이상에 대
   한 유선전화에 거는 통신료는 무료

16 François MITTERRAND. 1980년부터 1994년까지의 프랑스 대통령

17 월간지 〈Les Echos〉가 2015년에 행한 조사에 의하면, 78%가 "부자가 좋아 보이지 않
   는다"고 대답했고, 프랑스에서는 미국처럼 성공이나 부를 자랑하는 행동양식은 촌스러
   운 것으로 간주된다. 동시에 같은 응답자의 72%가 "부자가 되려는 노력은 좋다"고 답

했다. 부에 대한 상반된 감정이 보인다.

18 종합 개발 전략의 범주. 이 책 228쪽 참조. 이 페이지의 숫자는 앙제 지방 토지정비청 AURA(이 책 220쪽 참조) 2012년 5월 발표 조사 및 상공회의소의 상업백서(2015년)에 서.

19 면적 800-2500㎡의 슈퍼마켓은 12곳이 있다.

20 2500-4999㎡의 하이퍼마켓은 5곳, 5000㎡ 이상은 7곳이 있다.

21 Do it yourself. 주말 기간 동안 집 고치기 목공수업

22 Olivier Badot, "Prospective du commerce urbain : Tendances, gouvernance et acteurs" BADOT and al - 2013.

23 loi Macron: loi pour la croissance, l'activité et l'égalité des chances, économiques. 프 랑스의 노동법 L2211-5에서 '일요일은 노동자의 휴식일이 된다'고 명시하고, 일요 노동 에 해당하는 근로자에게는 특별한 조치나 수당을 지급하도록 고용자에게 의무화되어 왔다.

24 "On va se promener"

25 Bail de Location

26 Pas de Porte: 직역하자면 '부거권'. 일본의 '권리금'과 같은 것

27 Fond de commerce. 영업권의 매매는 시장의 원칙에 따른다. 예를 들면 레스토랑이었 던 상점이 치과로 업종을 변경할 경우에는 영업권은 매매의 대상이 될 수 없다.

28 상업 활동 거점의 번호가 기업번호로서 상업법원에 등록된다. RCS: Registre du Commerce et des sociétés

29 TFC: Taxe sur les friches commerciales Code des imports. 20/12/2006 제1530항 프 랑스어에서 이 세금의 명칭이 '상업 황폐세'라는 점도 흥미롭다. https://www.service-public.fr/professionnels-entreprises/vosdroits/F22422

30 인구 5만 이상의 코뮌에서 적용되는 '빈 임대용 부동산세': Taxe sur les logements vacants applicable à certaines communes(TLV). https://www.service-public.fr/particuliers/vosdroits/F2847

31 가족 경영 형태로 상점을 등록하면(IR) 법인세율은 40%가 된다. 상점을 유한회사로 등 록할 경우(IS)는 수익에 대한 법인세율은 15-33%로, 법인이 상점 경영자인 개인에게 배 당이나 급여를 지급하는 형태가 된다. 상점을 회사조직으로 하고 있을 경우, 오너가 퇴 직할 때 회사를 직계 자손에게 매각할 경우 30만 유로(3억 8700만 원)까지는 증여세가 면제된다. 그러나 증여 후 5년간은 후계자가 상점 경영을 계속할 의무나 '선대 경영자 가 적어도 과거 2년간은 상점 경영을 하고 있었다' 등의 조건이 재정법으로 세세하게 설정되어 있어, 위장 상점에 의한 면세나 절세가 어려운 체제다.

32 특별한 계약(예를 들면 부부 간의 재산공유 계약)이나 유언이 없는 경우, 전 재산의 50% 가 남겨진 반려자에게, 나머지는 자녀들이 분배한다. 단 반려자가 용익권(거주권)을 선 택하면 종신부동산에서 거주 가능하지만 소유권은 자녀들에게 속하기 때문에 용익권의 대상이 되는 부동산의 매매 등은 불가능하다. 또 현행 법률에서는 반려자에게로의 상속

에는 세금이 면제되고 있다.

33 용익권의 행사 그 자체는 일반주택에서도 행해진다. 또한 상속 이외의 경우에서도 용익권을 붙인 제삼자에 대한 부동산 매각도 가능하다. 이 경우 주택 구입자는 부동산에 계속 거주하는 고령자에 대해 부동산 구입비 이외의 종신연금도 지불한다. 따라서 부동산 판매가격은 매도자의 연령을 고려하여 교섭된다. 당연히 매도자가 고령일수록 부동산 가격은 높아진다. 용익권을 행사하는 자가 장수하면 부동산 구매자가 손해를 보는 구조다. '타인의 조기 사망'을 기다린다고도 볼 수 있는 이 시스템은 언뜻 이상하게 보이지만 종신의 거주나 연금을 확보할 수 있으므로 의외로 프랑스에서는 이용되고 있다. http://www.distripedie.com/ditripedie/spip.php?article1456

34 Loi de Finance

35 Droit de préemption. 2005년 8월 2일 도시법 58조에서 '영업권'과 '임대차권'의 선매권이 지자체에서 인정되고 있으나, 그 행사에는 상공회의소를 포함하는 광의의 협의가 필요하다. 또한 ALUR법(이 책 218쪽 참조)에 따라 지자체가 선매권 행사를 경제 혼합 회사 SEM(이 책 240쪽 참조)에 이양하는 것도 인정되고 있다.

36 광역 도시계획 마스터플랜. 이 책 62쪽 참조

37 Conseil d'Etat

38 Les Elus

39 경관 보전 제도, Plan de sauvegarde et de mise en valeur

40 프랑스 건조물 감시관, Architecte des Bâtiments de France

41 19쪽의 서류에 기재할 필요가 있으나, 건축 허가와는 달리 지자체의 인증 허가는 필요 없는 서류 제출식이다.

42 이 책 138쪽 참조

43 상점이 보행자 전용공간에 위치하는 경우, 상점주에게는 부침식 볼라드를 지상에 매몰시키는 카드가 지급된다. 통상 반입·반출용 트럭은 보행자 전용공간에 오전 중 접근할 수 있다. 앙제 시의 경우, 볼라드는 밤 10시부터 아침 10시 30분까지 지상으로 내려온다. 단 토요일 오후에는 보행자가 너무 많기 때문에 보행자 전용 존에 있는 개인 주차장에 세우는 주민의 자동차만이 진입 가능하다.

44 MCTE: Maisons de la Création et de la Transmission d'Entreprise. 창업과 기업 위양 지원 하우스. 전국에 존재하는 기관. 앙제 시가 있는 멘에루아르 지방에서는 이 기관을 방문한 3분의 1이 실제로 창업 혹은 기존 기업을 이어받아 활동하고 있다. http: //www. lesmcte49.fr

45 Boutique de Gestions pour Entrepreneurs. 창업자를 위한 매니지먼트 부티크 창업자가 필요로 하는 기본적인 비즈니스 정보(행정, 재무, 홍보)를 제공하는 NPO. 웹에서 비즈니스 전개 지원 등 개인적인 경우의 면담은 유로 서비스가 된다.

46 출처: http://www.angers.fr/vie-pratique/viequotidienne/vos-droits-et-demarches/droits-et-demarches-pour-les-commercants-et-artisans/index.html

47 바타이유의 발언에서. "각 가게마다 포장도로에 매대를 낼 것인지 물어보고, 만약 참가

하지 않는 상점이 있으면 행상인이 상점 주인에게 이해를 구하고 모든 상점에 매대가 세워지도록 연구합니다. 가게에 가게 앞에 매대 설치를 의무지울 수는 없지만 포장도로는 공공도로이므로 '당신의 가게 앞에는 행상인이 매대를 세운다'고 통지합니다."

48　이 책 190쪽

49　민간 기업 2A Organisation이 가게에 광장·공원에 임시로 설치한 상점(살레)을 빌려주는 것부터 마켓 개최 중의 환경에 대한 배려에 이르기까지 모든 관리를 하고, 영업 리스크도 부담한다. 이 회사는 파리를 비롯한 프랑스 전국 20개 지방 도시까지의 시장 경영을 지자체로부터 위탁받고 있다. 또한 출점자는 노점 상인이나 행상인뿐 아니라 일반 상점도 홍보를 겸해 살레에 참가한다. 마카롱을 판매하는 매대가 지역 정보지 인터뷰에 응했다. "앙제에서는 8㎡짜리 살레 대여에 4800유로(약 600만 원), 경제인구 60만의 옆 도시 낭트 시의 경우 6000유로로, 파리는 2만 5000유로(3120만 원)가 듭니다. 대여료에다 디스플레이 비용이나 인건비를 더하면 5주간의 마켓 기간 동안 약 1만 2000유로(1500만 원)가 듭니다. 이러면 마카롱을 어지간히 판매하지 않으면 남는 게 없습니다. 그러나 상점 위치가 그 정도로 좋은 곳이 아니어서 크리스마스 마켓에서 먼저 가게의 지명도를 높여 지역민들에게 가게를 알리는 것을 목적으로 출점합니다."

50　2011년의 수치. 출처: INSEE http://www.insee.fr/fr/themes/document.asp?ref_id=T13F065

51　출처: 〈Le Monde〉지. 2015년 5월 6일 기사

52　출처: 〈Telerama〉지, 2015년 10월 1일 기사

53　노무라(野村) 연구소에서 발표된 수치. http://www.bunka.go.jp/tokei-hakusho_shup-pan/tokeichosa/pdf/h26-hokoku.pdf

54　출처: http://www.rue89strsbourg.com, 이 책 195쪽 및 《스트라스부르의 마을 만들기》 117-119쪽

55　Fête des voisins

56　아파트 등의 집합주택에서는 건물주가 모이는 관리위원회가 있으나, 임대인은 포함되지 않는다. 또 각 지역에 지자체나 NPO가 운영하는 '주민회관(Maison de Quartier)'도 있으나, 그 이용은 주민의 자유다. 한 지역이나 주택지의 주민이 전원 의무적으로 참가해야만 하는 자치회나 일본의 조나이카이(町內会)는 존재하지 않는다.

제5장

'콤팩트 시티'를 뒷받침하는 도시 정책

콤팩트 시티로 '살기 좋은 마을'을 만들다

대중교통을 도입하여 도심의 활기를 되찾은 지방 도시는 정말 멋지고 아름다워졌다. 30년 전에는 자동차가 없으면 아무데도 못 갔다. 인구가 스프롤화하여 교외로 확장되고 그 매력을 잃어버린 도심의 상점가에 보행자 전용공간을 정비하고 자전거 이용을 추진해 왔다. '환경을 고려한 지속 가능한 생활방식'을 목표로 기업과 상업 구역 주변에 주택을 정비하고 교육, 의료와 행정기관도 집약시켜 특히 직장과 주거가 근접한 도시 조성에 힘써 왔다. 주거의 확산을 피하려면 어느 정도 도시의 과밀화와 고층화를 용인하는 것으로 이어지지만, 결코 현재의 교외 주민을 도심에 거주하도록 유도하는 것이 콤팩트 시티의 목적은 아니다. 앞으로 정원 딸린 단독주택을 찾아 교외로의 이동을 생각하는 젊은 세대, 지방세와 고정자산세를 내는 소비활동이 왕성한 현역 인구를 도심에 머물게 하기 위해 지자체는 마을 안에서 적절한 가격으로 손에 넣을 수 있는 매력적인 주택군을 시민에게 제공하는 주택 정책을 추진한다. 아울러 도심에 학교, 공원 등을 정비하고 공공 공간을 조성해 왔다. 쾌적한 도시 공간은 모든 시민에게 주어진 평등한 기회다. 거기서 어떻게 사느냐는 개개인의 생활관과 노력에 따라 달라진다. 프랑스는 결과의 평등에는 일본만큼 연연해 하지 않는다. 그것보다 대학 간 경쟁과 기업 유치 경쟁 등에서 얼마나 지역을 매력 있게 만들어 사람들을 불러들일지를 모색하는 지자체의 모습을 소개하고 싶다.

1. 상업 · 교통 정책과 연계하는 도시계획

프랑스의 도시계획에서는 주택 정책뿐 아니라 상업 진흥 및 교통 정책도 통합하면서 전체적인 마스터플랜을 구축한다. 문서상에서 주택 · 상업 · 교통 정책의 통합을 거친 뒤 실제 마을 건설 현장에서는 전문 분야가 다른 운영진과 어떻게 협동할 것인가, 계획 책정 · 토지 정비 운영 · 건축에 이르기까지의 메커니즘

순서로, 앙제 도시권 공동체의 최근 사례를 들어가며 구체적으로 소개하고자 한다.

도시 스프롤을 피하기 위한 법 정비

유럽에서는 유럽 위원회가 1990년에 이미 '콤팩트 시티'를 언급했고, 도시의 스프롤 현상에 경종을 울리고 있었다. 프랑스에서 '콤팩트 시티'라는 말은 별로 쓰이지 않고 '토지 소비를 억제한다'는 표현이 많다. 프랑스는 2000년의 '연대·도시재생법'[1]을 통해 국가가 "농촌과 자연 지대를 보존하고 경관을 보호하고 현대의 다양한 주거의 요구에 응하면서 지역 경제 발전을 추구하는 도시계획" 문서의 제정을 서둘렀다. 이 문서가 도시계획의 요지가 되는 종합 개발 전략[2]이다. 그러나 일찍부터 환경보전의 관점에서 토지 이용의 제한을 목적으로 하고 있었음에도 불구하고 도시의 무분별한 확산[3]은 진행되어 왔다. 예를 들어 인구 31만 명의 앙제 시 생활권에서 도시부 주변 인구가 1999년부터 2008년 사이에 7만 4000명이나 늘었다. 이를 '농지의 교외화'라고 부른다. 덧붙이자면 앙제 시가 있는 루아르 지방Pays de la Loire의 인구 확산의 정도는 제9위로, 교외로의 인구 분산이 더욱 진행하고 있는 타지방도 있어 정부의 위기감도 이해가 간다. 교외의 새로운 주민의 93%가 단독주택에 살고 있고, 그중 74%가 자가다. 도심에서는 지가나 부동산 가격이 너무 비싸 살 집을 찾아 사람들은 마을에서 멀어진다. 행정예산의 급등과 자연환경의 파괴로도 이어진다. 그러나 프랑스에서도 '내 집 마련의 꿈'은 뿌리가 깊다. 2007년에 57.7%, 2013년도에는 61%[4]의 국민이 자가에 살고 있다. '마당이 넓은 내 집을 가지고 싶어' 하는 국민의 요구에 대해 어떤 식으로 환경을 배려하면서 '시가지 확산'을 제한할 것인가. 이것이 정부 차원에서 추구해 온 도시계획의 과제 중 하나다.

2000년대에 스프롤 억제에 실패한 국가는 그 대책도 빨리 마련해서 새로운 법률을 제정했다. 2010년의 그흐넬르Grenelle 제2법 ENE[5]과 2014년의 '주택 공급과 새로운 도시계획법ALUR[6]'으로, 농촌 지대에서 도시 기능의 확산을 피할 목적도 포함하여 콤팩트시티 구상을 보다 명확하게 꺼냈다. 지자체에게 '자연 공간의 활용에 제한을 두고 과거 10년간을 비교한 '교외의 택지화율'을 낮출 명확한 수치 목표를 설정'하도록 의무화했다. 동시에 '상점과 서비스업의 토지 이용 균형을 꾀하고', '생활에 필요한 이동거리를 감소시켜 지구온난화 발생을 최대한 줄이는 에너지 퍼포먼스를 개선한다'는 목표에 따라 도시 전략을 종합 개발 전략으로 전개할 것을 요구했다.

지역 발전 계획의 핵심이 되는 종합 개발 전략이란 무엇인가?

새 법률이 나오고 통근권·통학권 등 진정으로 경제 발전의 파트너가 된 54개의 코뮌이 참여하여 종합 개발 전략의 대상이 될 지역을 규정했다(그림 1, 표 1). 종합 개발 전략을 책정하는 것은 각 코뮌을 대표하는 의원과 상공회의소, 토지정비청 · 도 등 많은 파트너로 이루어지는 위원회로, 그 대표는 중심 도시 시장이 취임하는 경우가 많다. 2011년에 책정된 앙제의 종합 개발 전략은 2025년을 목표로 세 개의 문서로 구성된다(표 2). 종합 개발 전략의 기본 노선에 따라 각 코뮌의 도시계획이 말단까지 일관성을 가지고 책정되어가는 흐름이다. 최근 새로운 법률의 키워드는 '토지 소비 억제', 즉 '도시의 고밀도화'다. 구체적으로는 약 1000㎢의 종합 개발 전략 지역 내에서 앙제 시가지와 이미 도시 기능의 근거지인 7지구를 지정하고, 이들의 핵심부를 중심으로 향후 경제 발전을 추진한다. 토지 정비 · 주택 · 교통 · 경제 투자라는 4가지 세트를 효율적인 동시에 정합성을 가지고 추진하여 거점 밖의 미개발 지역으로 도시 기능이 무분별하게 확산되는 것을 피한다. 농촌 지대를 지키고 거점 지역에서 접근성이 높은

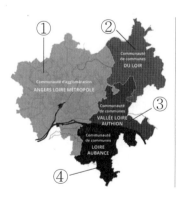

[그림 1]

앙제 시를 중심으로 하는 종합 개발 전략(①이 앙제 도시권 공동체인 31개 코뮌. ②③④는 종합 개발 전략에 합류한 다른 지자체 연합으로, 23개 코뮌으로 이루어진다)

출처: http://www.pole—metropolit—ain—loire—angers.fr/scotamenage—ment/

도시를 구축하여 주거·사회의 혼합성을 촉진시킨다. 또 주민의 불필요한 이동을 줄일 수 있도록 도시 기능을 배치하고 대중교통수단을 충실화한다. 이러한 마을 만들기의 기본 정신과 처방전이 종합 개발 전략에 드러난다.

콤팩트 시티 구상에서의 교통과 상업

대처 방안으로 앙제의 종합 개발 전략에서는 교통 정책을 꼽는다. 거점에 사람들을 집적시킨다면 자동차 교통의 대체 수단을 보장해야 한다. 그러기 위해서는 대중교통수단을 제공하여

〈표 1〉 앙제 시, 앙제 르와르 도시권 공동체 종합 개발 전략의 범위 비교

	면적	참가 코뮌 수	인구	2016년도 세출 예산
종합 개발 전략	1027km²	54	31만 6447명	
도시권 공동체	553.04km²	31	27만 2506명	약 454억 엔(4540억 원)
앙제 시	42.70km²	1	15만 125명	약 333억 엔(3330억 원)

출전: 앙제 도시권 공동체

〈표 2〉 앙제 생활권의 종합 개발 전략의 내용

제1문서	지역현황 진단서 환경보고서	
제2문서	지속가능한 정비·개발 프로젝트를 내건 주요 문서	'지역 간 정합성을 가진 발전을 위한 지속 가능한 프로젝트에 있어서의 새로운 개발 방식'에 대한 기본 정책(2025년 목표)
제3문서	'토지이용, 이동, 주택, 경제발전' 정책을 중심으로 하는 도시계획의 종합적인 지침문서	기본 문서에서 기술한 정책을 시행하기 위한 방법론을 처방전이나 추천 형태로 기술한 문서 지자체가 참고할 수 있는 대처서

그 이용에 익숙하지 않은 교외 주민에 대한 이동성 관리(모빌리티 매니지먼트)나 장애인 교통 접근성 개선, 교통 결절점의 고안이나, 대중교통을 이용하면 도보나 자전거 이동도 늘어나므로 공공공간의 정비 등이 필요하다고 종합 개발 전략에서는 상세히 설명하고 있다. 중심 도시 앙제에서 반경 40㎞의 범위에서 쇼핑을 즐기러 오는 인근 주민을 위해 '싸고 주차하기 쉬운 주차장' 정비도 잊지 않았다. 프랑스에서는 교통 전문가가 토목의 도시계획을 이수하는 경우가 많지만, 도시계획 전문가가 반드시 교통을 이수하는 것은 아니다. 새로운 지역 정비 계획이 나올 때에는 도시 공동체 행정 도시계획과 엔지니어들이 기술적인 실현 가능성과 교통 전체의 메커니즘을 점검하는 데 의견을 구하고자 교통과로 온다. 행정에서는 적어도 교통과 도시계획의 협동은 완전히 확립되어 있다. 그들은 만능직으로 지자체의 살림 규모가 작다는 사정도 있어서 상하 구조 관계를 넘어서서 일한다. 도시계획의 초기부터 대중교통망, 자전거 전용도로와 P+R 등 교통용도의 토지가 확보되어 있다. 과거에는 도로나 도시 공간의 관할이 도, 도시권 공동체, 작은 코뮌 등과 통일되어 있지 않았지만, 'P+R을 설치할 적절한 토지가 없다', '안전한 교통 결절 지점을 구축할 수 없다' 등의 여러 폐해와 마주쳤다. 이러한 폐해를 배경으로 코뮌 관할 아래 있었던 도로와 도시 공간을 도시계획 · 교통계획을 책정하는 도시권 공동체 관할 아래로 이양하는 움직임이 있다. 지방 도시의 광역지자체 교통국에서는 "이 토지 관할은 코뮌에서 지자체 연합으로 양도되었으므로 새로이 P+R을 정비할 수 있다"며 기쁘게 말하는 공무원과 만날 수 있다(그림 2).

종합 개발 전략에서의 상업에 대한 철학의 원천은 도시 법전 제121조 119항에서 볼 수 있다. "도시 중심가 활성화를 목적으로 상업의 우선적 위치를 생각한다. 상업 및 수공업 정비가 마을의 지속 가능한 발전에 엄청난 영향을 미칠 수 있다는 점을 고려하여 그 배치를 생각한다. 가급적 토지 소비를 억제하고 기존 건물을 이용하면서 주차 공간 행태도 고려해 밀도 높은 토지 이용을 추진한다. 특히 대중교통이 도입되어 보행자, 자전거 이용자의 접근 또한 배려한 거점에 상업을 유도, 설치함으로써 환경, 건축, 경관, 나아가 에너지와 수도 관리를 배려한 정비를 생각한다", "대중교통 거점에 상업 시설을 집적시킨다"고 명시되어 있어서 교통, 상업, 주택을 종합적으로 파악하면서 도시계획을 확

[그림 2]

앙제 시의 P+R

립하는 기본자세를 드러내고 있다.

2. 도시의 확산을 막는 주택 정책

보다 넓은 지역을 대상으로 하는 도시계획 책정으로

프랑스의 행정 최소 단위인 코뮌마다 토지 이용을 규정한 '토지 이용 계획POS'[7]이 1967년부터 존재했지만 1997년에 보다 넓은 지역 발전 계획으로 '도시계획 마스터플랜'[8]으로 변경된다. 도시계획 마스터플랜에서는 보전계와 사업계의 프로젝트가 통합되고, 토지 이용 및 경관보전·교통 등 도시 공간의 이미지를 주민과 공유하고 도시계획 마스터플랜 기준으로 지자체가 건축 허가[9]를 주는 규칙이 확립되었다. 2000년대 들어 누구 눈에도 마을의 변화가 확실히 보이는 대중교통의 중심가 도입과 함께 도시 전체의 정체성과 브랜드화에 모든 지자체가 주의를 기울이게 되었다. 도시계획 마스터플랜은 현재 '광역 도시계획'[10]으로 이행하고 있다. 지금까지의 도시계획 마스터플랜과의 가장 큰 차이는 두 가지다. 먼저 개개의 코뮌 지역뿐 아니라 경제를 공유하는 보다 광범위한 지역을 대상으로 한다는 점이다. 다른 하나는 주거 정책과 교통 정책의 정합성을 도모하기 위해서, 주택 공급 정책PLH[11]과 도시 교통 계획[12]을 광역 도시계획에 통합시켰다. 이는 획기적이다. 주택만 파악하는 것이 아니라, '도시 전체의 공공공간을 어떻게 배분하나', '농촌지대 주택으로의 전용을 이대로 인정할 것인가'라는 보다 넓은 의미의 문제의식으로 이어지고 있어서 종합 개발 전략의 기본철학에 따라 광역 도시계획에도 '토지 소비의 억제'[13]라는 개념이 선명해졌다.

앙제가 2007년에 책정한 예전의 주택 공급 정책에는 '토지 소비의 감소 목표'는 수치화되어 있지 않았다. 교외로의 스프롤은 실은 2008년의 리먼 쇼크 이래 다소 둔화되었다. 정부는 그 기회를 포착하여 경기가 회복되고 추가 스프롤이 가속되기 전에 '도시의 고밀도화'를 지자체에 부과했다. 광역 도시계획에서는 도시의 주거 집적이나 고밀도화에 대한 규제는 일체 제거되었다. 예전에는 단독주택에 대해서, '최저 면적'과 같은 토지 점용률[14]에 관한 조례를 설정했던 코뮌도 있었다. 단독주택에 대한 최저 면적을 설정함으로써, 입주자의 사회 계층을 선택하고 주택지의 부유감을 유지하기 위해서다. 현재는 이 '최저 면적 설정'도 법률로 금지되었다. 앙제의 광역 도시계획에서는 확실하게 "앞으로 10년간 토지 소비를 30% 감소(과거 10년간 농지 택지화 면적에 비해서)"라고 기술하고 있다.

프랑스에서는 '공공시설 및 대형 상점, 주택 등을 대중교통 거점이나 연선에 입지시킨다'는 등의 명확한 입지 규제는 존재하지 않는다. 단, 종합 개발 전략의 방향성에 부합하지 않는 무역업, 교통, 주택, 경제 발전 계획을 포함하는 도시계획은 책정할 수 없다. 도시계획의 내용과 종합 개발 전략과의 정합성 검사는 정부의 지방 파견 기관인 도가 사후 감독하고 있다. 만약 어떤 코뮌이 '토지 소비의 억제' 노력을 계획에 기술하지 않았을 경우에 도는 해당 지자체의 광역 도시계획에는 공익 선언Dup을 발령하지 않고 계획으로 인정하지 않는다. 그러면 광역 도시계획이 책정되지 않은 지자체의 지역에 진출하는 업체에 '건축 허가'를 주는 권한은 도지사에게 이양된다. 지자체에게 광역 도시계획은 '이랬으면 좋겠다'라는 탁상행정식의 기대성 도시계획 마스터플랜이 아니라 지자체의 발전에 직접 관여하는 매우 중요한 것이다. 토지 이용에 대한 구속력 있는 규제와 장래의 토지 정비의 뚜렷한 비전이라는 양자를 갖춘 계획서다. 도시권 공동체의 자립성을 보호, 유지하기 위해서라도 의회와 행정이 협동하여 정합성 있는 도시계획 책정에 힘쓰고 있는 것이다.

한편 프랑스의 주택 정책은 오랫동안 '사회주택 정책'[15]이었다. '연대 · 도시재생법'에서 "3500명 이상의 코뮌에서는 신규 공급 주택 가운데 적어도 사회주택을 20% 공급한다"는 조항[16]이 있어 위반 지자체에게는 페널티가 부과된다. 예를 들어 알자스 지방의 인구 약 5700명의 완츠오노Wantzenau에서는 사회주택률이 1.67%밖에 되지 않아 13만 3585유로(1억 7230만 원)의 벌금이 부과되었는데, 마을 사람 전체는 코뮌 지역 내에서의 HLM[17](공영주택) 건축에 반대하고 있다고 한다. 별장지에서의 고정자산세 등으로 여유가 있는 지자체 중에는 페널티를 내더라도 지역의 고

급스러운 이미지를 해치지 않기 위해서 중저소득층이 입주하는 사회주택은 건축하지 않는 선택을 하고 있는 코뮌도 있다. 앙제 시는 신규 주택 건설의 30%가 사회주택이다(그림 3). 다만 광역 도시계획에 지자체가 도시의 고밀도화와 사회주택 공급 목표 수치를 표기하면 실제 목표가 달성되지 않아도 패널티가 부과되지 않지만, 지자체는 구체적으로 노력하고 있는 객관적인 자료를 보여야 한다. 전술한 완츠오노의 경우 향후 사회주택 건축의 계획조차 없는 방침으로 벌칙의 대상이 되고 있다. 새로 제정되는 법률에서는 사회주택 공급의 장래 계획을 제시하지 못하는 지자체에 대해서는 정부(혹은 집행 기관으로서의 도道)가 지자체 대신 사회주택을 건축하는 방안이 인정된다.

종합 개발 전략이나 광역 도시계획은 동시에 경제발전에 기하는 문서이므로 상행위의 자유를 존중하기 위해서 상점이나 상업 집적지 입지에 관련하여 '토지의 소비'는 제한하지 않는다. 그러

[그림 3]

사회주택 지역 광장의 LRT 정거장(앙제 시)

나 진출할 수 있는 지역은 전체적인 토지 이용 계획에 따라 규정되고 있어 이 책의 4장에서 설명했듯이, 상업시설 진출에는 상업에 관한 도 도시계획 위원회[18]가 주는 사전 허가가 필요하다. 교외의 땅값이 싸다고 해도 쉽게 투자할 수 있는 것이 아니다.

교통 계획·주택 계획도 도시계획 마스터플랜으로 통합(그림 4)

이처럼 도시 교통 계획도 주택 공급 정책도 광역 도시계획에 완전히 통합되어 새로운 방향성과 실제 활동 프로그램을 소개하는 책 한 권으로 정리되어 있다. 정부는 앞서 행하고 있었는데, 2007년에 이미 운수·설비·관광·해양·환경부처를 합병시키고 '환경·에너지·지속 가능한 개발부처'[19]를 발족시켰다. 건설도 운수도 모두 환경과 개발이라는 관점에서 보는 자세가 이미

[그림 4] 도시계획 문서의 정합성
(종합 개발 전략은 모든 도시계획, 토지 정비 계획의 상위개념이다)

명확하다. '교통 마을 만들기'도 당연시되었고 교통이 도시계획에 통합되는 점에 누구도 의문을 제기하지 않는다. 교통 연구소가 광역 도시계획 작성 가이던스를 발표하고 지자체가 각자 머리를 짜내 계획을 만든다. 도시 교통 계획의 책정 과정과 마찬가지로, 지금 광역 도시계획이 프랑스 전체에서 작성되고 있다. 정부는 방향성과 철학을 제시하고[20] 지방분권 아래에서 지자체 연합이 그 틀을 정하여 전략적 내용인 종합 개발 전략을 설정한다. 종합 개발 전략에서 기본 철학을 사전 확인한 뒤 지역 내의 개개의 지자체가 현장의 재량에 근거하여 광역 도시계획을 책정하게 되는데, 이는 실행 일정을 하나에 담아내는 지속적인 것이다. 광역 도시계획은 10에서 15년이 목표인 만큼 시장과 의원이 바뀌더라도 마을 만들기는 계속된다. 그리고 반드시 책정 전에 진단과 분석을 코뮌 차원에서 시작한다. 광역 도시계획 책정을 전문 조직, 도시정비청[21]도 돕는다. 도시정비청은 예산의 절반을 지자체 연합에서 출자 받고 있는 경우가 많아 각 도시의 반관 조직으로 존재하고, 도시의 분석 · 진단 · 조사를 실시하여 도시계획의 책정을 지원한다. 현재 52개 도시에서 1500명의 도시계획 전문가가 고용, 경제, 상업에 걸쳐 조사함으로써 도시의 현황을 명확히 밝히는 듯한 보고서를 작성하고 있다. 교통연구소나 도시정비청처럼 항구적이고 일관된 조사를 하면서 전국적인 네트워크가 있는 공립의 싱크탱크 기관도 지자체의 큰 지탱목이다.

종합 개발 전략이나 광역 도시계획 책정에 대한 프랑스인의 노고에서 아름다운 지역을 지키겠다는 그들의 의식을 읽을 수 있다. 어떻게 이 국토를 차세대에 전해 줄 것인가? 광역 도시계획 책정을 마친 광역지자체 연합은 아직 10% 미만으로, 평균 3-5년을 필요로 한다. 앙제에서는 현재 책정을 끝내고 앞으로 공적 심사에 들어가는데,[22] 다른 도시에 비해서 한 걸음 앞서 있다. 종합 개발 전략이나 광역 도시계획 책정은 행정이나 의원에게는 대단한 부담이다. 실제로는 문서가 어떤 단계로 만들어지는지 앙제 도시권 공동체의 주택·도시계획 담당 부의장 디미코리[23]에게 설명을 부탁했다.

앙제 도시권 공동체 주택·도시계획 담당 부의장 인터뷰

'그것이 가능한지'를 묻지 말고 '어떻게 하면 가능한지'를 생각한다

❗ 앙제 도시권 공동체에서 막 책정된 광역 도시계획은 어느 정도 분량의 문서인가요?

"광역 도시계획은 문서와 보완 서류가 각각 1500쪽에 달하는 막대한 양(그림 5)입니다. 지역과 주제별 토지 이용을 규정하고 있는데, 전체의 정합성을 부여하고 있습니다. 코뮌에서의 토지 이용 규제서라고 해도 좋습니다(표 3)."

[그림 5]

여러 광역 도시계획 문서
(앙제 시)

〈표 3〉 앙제 도시권 공동체의 도시계획 마스터플랜 광역 도시계획의 문서내용

분 류	주 제	내용
프레젠테이션	환경조사	토지 이용의 현황
		농촌지대 공지화의 현 상황
	현상 진단	경제, 주택, 교통, 상업
	광역 도시계획이 가져올 환경에 대한 효과 평가	
지속가능한 발전과 토지 정비 프로젝트	지역발전의 방향과 철학	
프로그램의 방향성과 액션	이동과 교통	
	주택 정책	
토지 정비와 실현화의 방향성	이동과 교통	
	주택 정책	
	토지 정비	지역별(개별 거점, 역사·관광 거점, 장래 정비 거점의 3부분)
규제 문서	토지 이용 규칙서	주요 규제 조치와 보완 조치
	지세상의 규제	지역 설정 계획(도시개발 정비 구역, 조정구역, 농촌, 자연구역)과 보완 서류
		높이 제한
보완 서류	다른 법률과의 정합성	역사적 건조물
		침수 대책
		소음 대책 등
	다른 지정 지구와의 정합성	지정 공사 정비 지역 등
	보건위생과의 정합성	하수구역, 폐기물 처리

◻️ 어떻게 하여 구체적으로 문서를 책정했습니까?

"먼저 큰 코뮌의 수장이 모여 워킹 그룹을 발족하고, 저 자신이 좌장이 되었습니다. 여기에서 대강의 주요 노선을 결정합니다. 다음으로 도시권 공동체 지역을 몇 개의 섹터로 나누어 코뮌의 수장, 의원, 행정 직원들과 도시 디자이너를 중심으로 하는 팀이 토지 이용 계획을 정합니다. 정치인들의 워킹 그룹과 전문가 집단인 도시 디자이너 그룹 간의 활발한 토론이 있는 광역 도시계획은 우리 협동 부대가 만들어낸 집대성입니다. 수장의 워킹 그룹에서도 그냥 모이는 것이 아니라 회합 끝에 동의에 이른 사항은 그때마다 문서화하고 디자이너와 행정 측에 정보로서 전달해 왔습니다."

◻️ 그리고 주택도 교통도 도시계획 안에 통합시킨 것이네요.

"예를 들어 트램을 도입하면 P+R용 토지가 필요합니다. 환경을 위해서 조금씩 자동차 이용을 감소시키고 대중교통과 자전거로 이행하는 것이 국가의 목표인 이상, 모든 정책이 통합되는 것은 당연합니다. 하지만 우리 지역에서는 이른바 밀도 높은 주거 지역은 20%밖에 없으므로 교외에 살고 있는 대부분의 주민들에게는 역시 차가 필요합니다. 제2의 트램 노선이 생기고 P+R이 더 늘어나면 차를 주차해 두고 마을로 일하러 올 수 있습니다.[24]"

❗ 이 정도의 문서를 작성하려면 다른 부서 간의 협동이 필요합니다. 어떻게 코디네이트하셨나요?

"나의 부서인 도시계획과에는 80명의 직원이 있는데, 건축 허가 취급 전문가, 건축 부동산 관리 전문가, 건축가, 법률가, 도시계획 입안자, 그래픽 디자이너 등 모든 컴피턴시(실적 우수자 행동양식)가 집적해 있습니다."

❗ 지금 "나의 부서"라고 말씀하셨습니다. 의원으로서 당신과 행정 직원과의 관계는 어떤 것입니까?

"정치가로서의 내 임무는 도시 정비의 철학을 행정에 전달하는 것이라고 생각합니다. 예를 들면 토지를 밀도 높게 이용할 경우, 이건 중요하지만 현실적으로 시민의 요구에 응답할 수 있는 문서를 책정해 가는 것도 정치가의 의무입니다. 도심을 조금 벗어나면 '환경에 대한 배려를 게을리 하지 않는다'는 조건부로 어느 정도 토지 소비를 인정합니다. '발전 속에서 정합성을 요구한다'라고나 할까요? 그 균형을 생각하는 것이 정치인입니다. 행정 직원인 도시계획과 직원과 주 2회 미팅을 합니다. 나는 방향성을 알리고 그들은 그 재능을 실현하기 위한 처방전으로 씁니다. 물론 내가 말하는 방향성은 시장과 다른 의원들과 합의한 결과입니다."

토지 소비의 억제와 도시의 고밀도화, 현실과의 타협

❗ 과거 10년간의 토지 소비와 비교하여 앞으로의 10년간은 30% 택지의 교외화를 줄이는 것이 목표라고 들었는데요.

"확실히 법은 우리에게 '고밀도화'를 요구했습니다. 하지만 경기가 둔화되는 가운데 건설업체에게 장래의 전망을 제시하기 위해서라도 '앞으로도 건축한다'는 비전을 제시할 필요가 있습니다. 구체적인 예를 들면, 교외의 신규 개발 구역에서 아무리 고밀도화가 필요하다고 해도 시민의 정원이 딸린 내 집에 대한 소망은 변하지 않으므로, 집합주택뿐만 아니라 '사회 원조 구입 주택'[25]도 포함하여 단독주택 건설도 가능하도록 설계하고 있습니다(그림 6)."

❗ 법률이 요구하는 '고밀도화'와 시민이 요구하는 '단독주택'

[그림 6]
신규 주택 개발 구역의
트램 연선 카페(앙제 시)

과의 조정이네요. 저소득자용 임대아파트나 사회주택 건설을 진행하는 것으로, 건설업계에도 최소한의 건설은 필요하다고 어필하고 있고요.

"이것은 어디까지나 목표치입니다. 어쩌면 달성되지 못할지도 모릅니다. 그래도 목표는 제대로 명문화할 필요가 있습니다. 시내 신축 아파트의 1㎡당 가격은 현재 2500-4200유로(332만 5000-541만 8000원)로, 80%의 시민에게 시내에서의 내 집 마련은 무리입니다.[26] 전체 예산 18만 유로(약 2억 2500만 원)를 넘으면 젊은 세대의 주택 구입이 어려워집니다. 그래서 정권이 가능한 한 중심가에 근접한 토지에 적절한 가격으로 주택을 공급할 필요가 있습니다. 경제 발전을 위해서는 토지 소비는 피할 수 없으니 나는 소비라는 표현이 아니라 '토지 이용의 관리'라고 말하고 싶습니다. 만약에 산업 단지를 유치할 때는 상업을 지키기 위해서 단지에 카페나 레스토랑의 진출은 허용하되 일반 소매상점은 허용하지 않습니다. 한편 실제 소매 행위가 없는 인테리어 전시장은 허용했습니다. 상업에 대해서는 이미 있는 대형 상점의 신규 확장과 신설은 스톱시키고 있습니다. 이처럼 전체의 균형을 맞추도록 하고 있습니다.[27]"

Ⓠ 시민의 의견은 어떻게 반영되나요?

"시장은 월 1회, 하루에 걸쳐 각 지구를 시찰하면서 상점이나 시민과 직접 만날 기회를 만들고, 밤에는 '지구위원회'[28]에서 마을 만들기에 관심이 많은 시민과 정보 교환이나 토론을 합니다. 책정된 광역 도시계획은 앞으로 합의를 형성하기 위해서 널리 시민과의 사전 협의에 들어갑니다. 단 시민들의 의견이 있다고 해서 그것을 바로 취한다는 의미는 아닙니다. 우리가 정말 힘들었던 것은 이 광역 도시계획 책정 중에도 네 개의 다른 법률 제정, 개정이 있어 중복·이반하는 개소가 많아 그 복잡성을 이해하기 어려웠던 점입니다. 그래서 우리는 법무 전문가와 밀접하게 협력하면서 작업하고 있습니다. 저는 법률에만 휘둘리고 싶지 않습니다. '이러이러한 마을을 지켜 가고 싶다'는 비전이 있으면 '그게 될지'를 물을 것이 아니라 '어떻게 하면 가능할지'를 생각합니다. 법이란 우리가 가는 길을 비추는 등대여야 하며, 우리가 가는 길을 막아서는 안 됩니다. 실제로 행정은 항상 길을 찾아 주었습니다."

열쇠는 건축 허가

❗ 페널티가 없는 도시계획을 어떻게 준수하게 하죠?

"건축 허가라는 것은 어떤 의미에서는 사업자에게 강력한 페널티죠. 우리의 방향성에 맞지 않는 사업에는 허가를 내주지 않아요. 허가가 나오지 않으면 계획은 중단됩니다. 그렇게 도시계획의 규칙은 적용되고 있습니다."

🔲 그럼 건축 허가를 주는 지자체의 권한이 크네요.

"작은 코뮌에서는 국가(이 경우 도)가 건축 허가를 주고 있었지만, 국가에서 지방 공공 단체로의 권한 양도에 의해서 2015년부터는 앙제 도시권 공동체가 인허가권을 가지게 되었습니다. 단 최종적으로 건설 허가를 결정하고 업체에 주는 것은 아무리 작은 코뮌이라도 그 수장이 됩니다. 우리는 조사 기구가 갖추어지지 않은 코뮌 대신 신청 안건이 도시계획에 준하는지의 여부를 심사하고 결과를 수장에게 전달합니다. '이 건축 허가는 승인하기 어렵다'고 판단했을 경우에는, 행정이 직접 수장에게 심사 결과를 전달하지 않고 도시권 공동체 부의장인 나에게 먼저 상담하고 있습니다. 이 부분은 행정과 선거에서 뽑힌 의원들과의 연계가 잘되고 있습니다."

🔲 토지 정비에서 선매권을 행사하는 기회는 많나요?

"선매권이 설정된 지구의 부동산 거래에 관한 모든 신청서가 부동산업자 혹은 공증인을 통해서 코뮌에 도착합니다. 거기서 코뮌이 선매권을 행사할지의 여부는 도시계획에 기초하여 각각의 코뮌의 의도로부터 결정됩니다. 작은 코뮌은 재정적 여유가 있는 앙제 도시권 공동체에 토지나 부동산 구입을 의뢰하고, 도시권 공동체가 '부동산의 일시적 보유자'가 됩니다. 물건의 보유기간은 10년으로 도시권 공동체는 코뮌에 이자를 가합니다. 이런 방법으로 작은 규모의 코뮌에서도 자신들의 도시계획에 필요한 토지 구입이 가능해집니다."

🔲 도시계획에 상업 · 주택 · 교통의 모든 요소를 포함한다는 것은 이상적이지만 행정 현장에서 쉽게 실현되지는 않았을 것으로 생각합니다만.

"그래서 더욱 광역 도시계획을 책정할 워킹 그룹에는 경제와 교통담당의 부의장들도 참가합니다. 광역 도시계획은 일단 의회에서 의결되면 '규칙서'가 됩니다. 변경 및 추가는 가능하지만 광역 도시계획의 유효 기간인 2027년까지 광역 도시계획에 어울리지 않는 계획은 실현할 수 없습니다."

🔲 상업, 교통, 경제를 도시계획에 통합시키는 것은 국가 방침이지만, 행정은 어떻게 받아들였습니까?

"행정은 '하나의 도시계획의 규칙서 안에 교통, 주택 모든 요소를 통합하지 않으면 잘 가동하지 않는다'는 사실을 알고 있었습니다. 자동차 이용을 줄이겠다고는 해도 전체적인 접근이 없으면 아무것도 실현되지 않습니다. 시민 쪽에서도 '발전과 환경의 균형을 유지해야 한다'는 요구가 있었습니다. 환경에 나쁜 것은 모두 그만둔다는 것은 아니지만, 환경보전에 대한 높아진 인식을 무시할 수는 없습니다. 광역 도시계획은 규칙서이기 이전에 지역 전체의 발전과 정비의 비전으로, 그 안에 모든 요소가 통합되어 있는 필수적인 지침입니다."

마지막으로 왜 디미코리 씨가 의원에 입후보했는지 말씀해 주세요.

"저는 현역 시절 20년간 건축사업을 통해서 지역에 공헌해 왔다고 자부하고 있습니다. 이 마을의 도시계획이나 지역 정치에 늘 관심을 가져 왔습니다. 앙제는 살기 좋은 마을이지만 노력하지 않으면 앞으로 나아가는 움직임이 둔화될 것입니다. 1995년부터 2001년까지 지역 의원을 지냈는데, 그 뒤에는 본업이 바빴고 정권 교체로 일단 정치에서 멀어졌습니다. 2008년에 연금 생활에 들어갔고 2014년 선거 때 지금의 시장에게서 '도시계획을 잘 아는 당신이 광역 도시계획 책정에 관여해 주었으면 좋겠다'

[그림 7]
부의장 디미코리
제공: 본인

고 의뢰받아 입후보했습니다. 취임 이후 도시권 공동체 코뮌의 모든 수장을 만나러 가서 각각의 토지에 대한 진단을 실시했습니다. 정치색이 다르더라도 선거에서 뽑힌 수장을 존경하며 일을 추진해 왔습니다. 정치적으로는 입장이 다른 의원도 있지만 2015년 말에는 공동체를 구성하는 코뮌 대표자 전원의 박수를 받으며 광역 도시계획 초안이 의결·채택되었습니다. 이것은 좀처럼 드문 일이라서 기뻤습니다. 지금까지는 큰 공동체 정부가 작은 코뮌에 군림하는 형식이었지만, 저는 작은 코뮌부터 먼저 활동을 시작했습니다."

오늘은 의원으로서의 사명감을 가진 부의장이 어떻게 행정과 협동해 왔는지, 직접 목소리를 들을 수 있었습니다. 유연한 자세로 현실과 타협하면서도, 지방 조례로서 광역 도시계획을 만들어낸 의원 여러분의 긍정적인 자세에 매우 감명을 받았습니다. 감사합니다.

3. 주택 개발의 실제

그러면 책정된 도시계획에 따라 구체적으로는 어떻게 토지 정비, 개발이 진행될까? 프랑스의 대규모 도시 개발 프로젝트에서는 협의 정비 구역[29]을 설정하는 것이 주류다. 지자체가 특정 지구를 한정하고 대상이 되는 토지를 구입(공유지의 이용도 많다)하여 인프라 기반 정비를 실시한 후, 민간의 개발 사업자에게 토지를 양도하는 방식이다. 공공 단체가 혼합 경제 회사[30]를 설립하고 토지 정비를 담당한다. 정비 후 혼합 경제 회사가 민간 개발업자에게 토지를 판매하지 못하면 적자 분은 공공 단체로 돌아오므로 채산성 있는 기획 입안이 공공 단체에게도 요구된다. 앙제 협의 정비 지역 내에서도 대규모 기획이 167ha 대상의 '마이엔느'[31]로, 그중 70ha가 주거용이다. 2030년에는 주거 4500호를 공급하여 1만 명의 인구를 증가시켰다. 현재까지 900호가 완성되어 입주가 진행되고 있다. 이들 주택 개발을 추진하는 소데멜 기구[32]는 혼합 경제 회사로, 48명이 토지 개발 업무에 임하고 있다. 운영 업무를 담당하고 있는 로제[33](그림 8)에게 행정과의 교섭 방식이나 현장에서의 토지 정비 방식, 개발자와의 관계 등의

[그림 8]
소데멜 기구의 건물 입구에 설치된 도시 개발 모형을 앞에 둔 로제

설명을 부탁했다.

소데멜 기구 담당자 인터뷰

프랑스식 제3섹터 주택개발공사의 구조

🔲 트램 노선을 따라 멋진 아파트가 점점 건설되고 있는데(그림 9), 토지 정비를 담당하고 있는 소데멜 기구에 대해서 알려 주세요.

"소데멜 기구는 현 앙제 루아르 강변 도시권 공동체, 앙제 시, 아브리에 시가 출자하고 있는 경제 혼합 회사로, 우리는 공공 단체로부터 위탁을 받아 토지 정비를 실시합니다. 전기나 수도 등의 기본적인 인프라를 정비한 후에 그 토지를 민간 개발업자 혹은 사회주택 건설업자, 단독주택을 건설하는 개인에게 양도하

[그림 9]

마이엔느 지구의 조감도.
중앙 LRT 연선에서 주택
개발이 진행 중

제공: SIDEMEL

는 기관입니다. 소데멜 기구 이사회 회장은 앙제 시장인 배슈 씨지만, 회사는 법적으로는 민간 기업이라서 우리는 지방 공무원이 아닙니다."

▮ 인프라를 정비하기 전에 도로 디자인, 주택과 공공시설, 상업시설 등 배치의 전체 계획을 디자인하는 어버니스트는 어떻게 선출하나요?

"구체적으로 이 마이엔느 지구에서는 약 50건의 응모가 있었고, 서류 심사에서 4-5건으로 추려졌습니다. 그 후에 대상 지구의 의원과 소데멜 기구의 CEO로 구성된 심사위원회에서 마스터 어버니스트를 결정합니다."

▮ 전형에서 여러분이 중시하는 기준을 알려 주세요.

"실제의 도면을 제출 받는 심사는 하지 않습니다. 우선 어버니스트가 어떻게 '이 마을을 보고 있는지'를 알고 싶은 것입니다. 그리고 우리가 제시한 철학에 따라서 마을 만들기를 실현하기 위해서는 '무엇이 중요하고, 어떤 일이 도시 정비에 문제'가 될지, 그것에 대한 설명을 듣습니다."

▮ 구체적인 경계나 도면 없이 추상적인 콘셉트를 바탕으로 결정하시는 겁니까?

"어버니스트가 드러내는 마을 만들기의 콘셉트에 대한 평가가 선발 기준의 60%를 차지한다고 해도 될 겁니다. 그리고 기준은 어버니스트가 제안하는 비용입니다. 어버니스트는 경관 디자이너 등 전문가들과 팀을 만들어 일을 하기 때문에 그 전체 예산을 제시하도록 합니다."

❓ 주택 건축은 정비가 끝난 토지를 구입한 민간 개발자가 하는 것이지요?

"네, 그러나 건축가는 어버니스트가 설정한 전체 도시 디자인의 제안서를 준수해야 합니다. 민간 개발 업체가 채용한 건축가가 무엇이든 건축할 수 있는 것이 아닙니다. 어버니스트가 건축가를 지명하는 경우도 있습니다. 이렇게 지역 전체의 경관과 건조물에 통일감을 주도록 합니다."

❓ 주택도 모두 민간 자유시장용이 아닌가요?

"마이엔느 지구에서는 단독주택은 현재 건설하지 않고 모두 집합주택 아파트입니다. 임대용 사회주택과 담보 대출 시 국가의 보조가 붙는 분양 사회주택이 25%씩이며, 나머지 50%가 일반 부동산 시장용으로 이러한 비율도 계획 주체인 공공 단체가 정합니다. 이 50%의 일반 시장 중 70%가 투자 목적으로 구입하고 있고 거기에는 세입자가 들어갑니다. 나머지 30%는 자택용으로 그 대부분이 고령자 세대입니다.”

🔲 여기는 녹지로 둘러싸인 트램이 다니고 시민 병원까지 10분,
도심까지 20분으로 매우 편리한 지구인데, 어떤 사람들이 입
주하고 있습니까?

"젊은 세대는 도심에 살던 사람이 대부분입니다. 고령자 세대
는 교외에 큰 정원 딸린 단독주택에 살던 사람들이 도심 근처에
살기 위해 집을 매각하고 트램 연선의 새 아파트를 구입한 경우
입니다.”

🔲 이 트램 연선에는 아직 낡은 집들도 남아 있는데, 토지 정비
시 사유지는 몰수하셨습니까?(그림 10)

"연선에 따라서는 사유지를 몰수할 필요가 있었는데 95%가 원

[그림 10]
종래의 주택과 개발이 진
행되는 집합주택군이 혼
재한 LRT 잔디 궤도 연
선(아브리에 시)

만하게 해결되었습니다. 몰수지에 세입자가 살고 있는 경우에는 반드시 대신 임대물건 2건을 소개할 필요가 있고 이전 유예기간으로 6개월을 줍니다. 토지 소유자와의 협상은 재무부 현 출장소의 고정자산세과에 조회하고 현지 부동산 가격도 참고해서 지가를 결정합니다. 사유지를 몰수하려면 도시 개발 계획에 대한 공익 선언[34]이 도에서 발령되어야 하는 것이 조건입니다. 공익 선언이 발령된 개발에서는 사업주체인 우리에게 선매권이 있습니다. 개인 개발업자는 개발 대상 지역의 땅을 사재기할 수 없기 때문에 개발을 예측한 지가의 폭등도 없습니다. 땅 주인도 그 메커니즘을 잘 알고 있어서 연선의 단독주택 주민 등은 우선 관공서로 매입 상담을 올 정도입니다."

🇶 마지막으로 제3섹터에서는 무엇이 여러분의 행동에 대한 동기부여가 되고 있습니까?

"우리는 재무제표를 지자체에 보고하고 재무제표에는 당연히 적자가 나오지 않도록 노력하고 있습니다. 나는 소데멜 기구에서 25년간 일했는데, 아름다운 주택 지구를 실현해 간다는 이 공익성 높은 일에 자부심을 가지고 있습니다. '공공 공사의 정비자로서 건축한 주택이 후대에 남는다.' 나에게 이건 단지 일이 아니라 사회에 공헌할 수 있는 하나의 사명으로 받아들이고 있습니다. '관공서가 적자를 보전하니 우리는 경영이나 영업에 노력하지 않는다'는 등은 생각해 본 적이 없습니다. 물론 모두 완판되는 훌륭한 주택계획만 있다고는 말할 수 없습니다. 예를 들면 마이엔느 지구에서는 작은 집합주택마다 테라스와 안뜰을 만들었습니다. 남쪽의 카푸친[35](그림 11) 지구에서는 집합주택을 한 군데로 집중시키고 그린벨트를 주택 군 전체에 대한 공원으로 배치한 결과, '우리집 정원'이라는 느낌이 적어져 별로 좋은 평가를 받지 못했습니다. 이러한 과제도 정책 주체인 지자체나 마스터

[그림 11]

카푸친 지구의 새로운 주택 군(아브리에 시)

[그림 12]

자신이 디자인하고 건축한 아파트를 배경으로 한 마스터 어버니스트 코렌 봄(앙제 시)

어버니스트 등과 검토하면서 얻은 교훈을 다음 기획에 활용하기 위해 협의를 계속해 갑니다. 투자된 모든 돈은 곧 세금의 형태로 우리 주민 전체에게 돌아옵니다. 공공 계획이기 때문에 더욱 지속성 있는 주택 정책이 필요합니다."

4. 마스터 어버니스트의 역할

프랑스의 도시계획 상위 단계에서는 토지 개발의 주요 주제와 콘셉트를 공공 단체가 설정하고 구체적인 지역 정비 및 건조물의 제안은 응찰자가 고심한다. 토목 전문가 위주로 짜인 팀이 도로, 주택, 공공시설, 상업시설 배치 등의 도시 디자인의 골격을 고민한다. 이 토지 정비의 기본 계획안을 작성하는 것이 마스터 어버니스트(도시계획 디자이너라고도 부른다)로, 그가 역내의 개개의 건조물을 담당하는 건축가나 경관 디자이너를 선정하는 구조다. 인터뷰한 마이엔느 정비 지구의 마스터 어버니스트 코렌봄[36] (그림 12)은 파리에서 건축학문을 닦고 앙제 시에서 건축사무소를 운영하고 있다. 2000년에 도가 당시 비행장 부지 재정비 계획을 입찰했다. 미국인 건축가가 제안한 어트랙션 파크 구상 등도 있었지만 주위 환경과 경관을 고려한 것이 아니었다. 코렌봄은 식물원 개발을 제안하며 응찰한 이래, 이 지역 정비에 관여하고 있다. 당시 비행장 주변은 공터였지만 현재는 트램 A선이 달리는 주택 개발이 진행 중이다(그림 13).

마스터 어버니스트 인터뷰

'정보의 통합화'와 '다층화된 집단 매니지먼트'가 마스터 어버니스트의 임무

▌ 어버니스트를 중심으로 하는 도시계획 응찰 프로세스에 대해 알려 주세요.

"3명에서 5명으로 이루어지는 팀이 보통입니다. 도시계획의 입찰에서는 안건에 따라 달라지지만, 100건 정도의 팀이 서류 전형을 거쳐 대체로 3-5개 후보로 압축됩니다. 사업주가 발표하는 사업 제안서에 따라 도면을 그리는 프로포지션은 이 단계부터입

[그림 13]
예전 비행장을 정비한 식물원. 주위에는 아직 많은 자연녹지가 남아 있다(앙제 시).
제공: ALM

니다. 그리고 심사 위원회가 최종 전형을 합니다."

Ⅰ 어버니스트의 팀 구성은?

"사업 내용에 따라서 달라지지만, 토목기사, 건축가, 경관 디자이너, 도로 건설 전문가, 환경 문제 전문가, 컨설턴트 등 다른 영역의 전문가들의 집합체입니다. 전체적인 콘셉트를 아우르는 대표자가 입찰 서류의 책임자가 됩니다."

Ⅰ 어버니스트라는 직종은 없나요?

"어버니스트는 사업계획 규모에 따라서도 달라지지만, '마을을 오거나이즈(창립)하는 방법'이라고도 할 수 있습니다. 어버니스트의 개념은 19세기의 바르셀로나Barcelona에서 온 것인데, 도시가 안고 있는 사회문제를 정면으로 마주 보는 자세가 요구됩니다. 경제적 요인을 고려하여 정비의 중심을 어디에 두느냐를 생각하고, 지역 정치에도 협조를 구합니다. 문화적 · 사회적인 비전에서 도시 정비의 콘셉트를 생각하고 건축가는 구체적인 플랜을 그린다는 팀에서는 인문계 전문가라도 팀장이 될 수 있습니다. 도시계획에서는 도로나 집의 건설이라는 구체적인 국면에 도달해야 하기 때문에 건축가는 항상 필요합니다. 일반적으로 큰 도시계획에서는 '공간적인 비전'을 가진 건축가가 팀의 리더가 됩니다."

Q 어버니스트는 항상 같은 팀원과 함께 일합니까?

"아니요, 팀은 항시적인 것이 아니라 각각이 담당하는 업무에 따라 리더에게 청구서를 내는 형태가 대부분입니다. 각 전문가가 담당하는 직무 범위가 명확하고 일의 책임 분담도 확실합니다. 각자가 독립된 전문가로 활동하고 있습니다."

Q 언제부터 어버니스트 팀이 참가하는 응찰이 도시 개발에서 주류가 되었을까요?

"프랑스는 중앙집권국가입니다. 지금은 관할청의 많은 권한이 지방 공공 단체로 양도되고 있지만, 1982년 지방분권법 제정 이전까지는 정부나 도 또는 지방 도시에 있는 정부 파견 기관 등이 전통적으로 대략적인 토지 정비의 큰 밑그림이나 기본 철학을 정하고, 이를 지자체가 수용하여 세세한 계획을 세웠습니다. 대국을 잡고 콘셉트를 정하고 나서 구체적인 개발에 착수하는 과정에 또 전문가 집단인 업계도 건축가들도 적응해 왔다고도 할 수 있습니다. 그 결과로 건물이나 도로 등의 일부분만을 보는 개발이 아니라 지역 전체를 시야에 넣은 토지 정비, 개발이 주류가 되었습니다."

Q 국토 정비가 지방분권화되고 각 지역의 도시계획 책정 및 시

행 주체가 육성된 것이군요. 프랑스에서 현재 실시되는 토지 정비 사업의 사업 주체 3분의 2는 지방 공공 단체라고 들었습니다만.

"'어떻게 도시를 만들 것인가?'는 로마시대부터 이어져 온 영원한 질문입니다. 확실히 근년에 이르러 마을 만들기에 관여하는 사람이 많아져 더더욱 복잡해졌습니다. 예전에는 건축가와 경관 디자이너 정도로 팀을 구성할 수 있었는데 지금은 교통 전문가에서 환경 전문가까지 팀에 들어갑니다. 엇갈리는 여러 정보를 어떻게 통합해 가느냐 하는 '정보의 통합화'와 '다층화된 집단의 관리'가 우리 업계의 키워드가 되어 가고 있습니다."

항구적으로 계속되는 어버니스트의 책무

▯ 계획이 채택되어 소데멜 기구의 어버니스트의 계획에 따라 인프라 정비를 마칩니다. 그리고 개개의 프로모터, 사회주택 건축업자나 개인에게 토지를 양도하지요.

"개개의 프로모터에 지자체가 건축 허가를 내는 과정에서 반드시 어버니스트인 내 의견이 필요해 집니다. 전체 콘셉트에 맞지 않는 건축디자인은 채용되지 않는 구조로, 이렇게 구역으로서 조화를 이룬 개발이 가능해집니다. 아마 그 지점이 건축가와 어버니스트의 차이로 토지개발이 계속되는 한 나의 일도 계속

될 것입니다. 장기적인 시간 축(긴 호흡)으로 일해 갈 필요가 있습니다. 실은 오늘도 소데멜 기구에서 앞으로 건설될 아파트 군의 디자인을 확인하러 왔습니다. 식물원을 중심으로 하는 이곳의 지역 개발의 주제는 녹지 확보입니다. 아파트 군의 '녹지 공간을 향해 열린 공간'이 콘셉트의 하나로 그 디자인을 지켜주기를 바랍니다(그림 14)."

Q. 트램 공사와의 제휴는 있었나요?

"예를 들어 교통정책부는 LRT 노선 근처에 P+R을 건설하길 원하고 있지만 전체의 콘셉트에 안 맞아서 노선에서 조금 떨어진 위치에 아파트 건물 속에 잘 녹아드는 느낌으로 입체 주차장을 건설했습니다(그림 15)."

[그림 14]

환경을 의식하여 각각의 아파트 중정에 가정용 텃밭과 어린이 놀이터, 자전거 주차장이 마련되어 있다(앙제 시).

Q 어버니스트가 개발 지역의 건조물을 건설하는 경우가 있습니까?

"민간 개발업자가 구입한 땅에 짓는 아파트 등 건설 도급은 가능합니다. 그러나 공공 단체가 구입한 토지의 건설 업무는 이해 충돌이 되기 때문에 하청을 받을 수 없습니다."

프랑스의 도시계획 메커니즘을 보면 '결단하는 정치, 계획을 책정하는 의원과 행정, 계획을 실행하는 현장'의 흐름을 잘 알 수 있다(그림 16). 정부의 제도나 보조금을 이해하고 행정의 도시계획이나 교통계획을 건축가나 운수 사업체와 연계, 도로 관리자 등과의 조정을 실시하여 코디네이트할 수 있는 기관(공사가 많다)과 인재(민과 관을 오가는 인재가 많다)가 준비되어 있다. 토목 정책을 실현하기 위해서 어떤 제도가 필요할지가 충분히 고심되

[그림 15]
트램 연선에서 조금 떨어진 위치에 정비된 P+R 입체 주차장(앙제 시)

고 있으며, 토목 연구의 행정이나 정치에 대한 방문 지원도 조리 있다. 건설업자가 지역의 정치가가 되거나 교수가 행정에서 민원을 휘두르거나 타 업종 간 인재 교류가 활발한 배경도 지나치게 많은 도시계획의 실행이 진행되지 않게 만들어 가는 데에 공헌하고 있는지도 모른다.

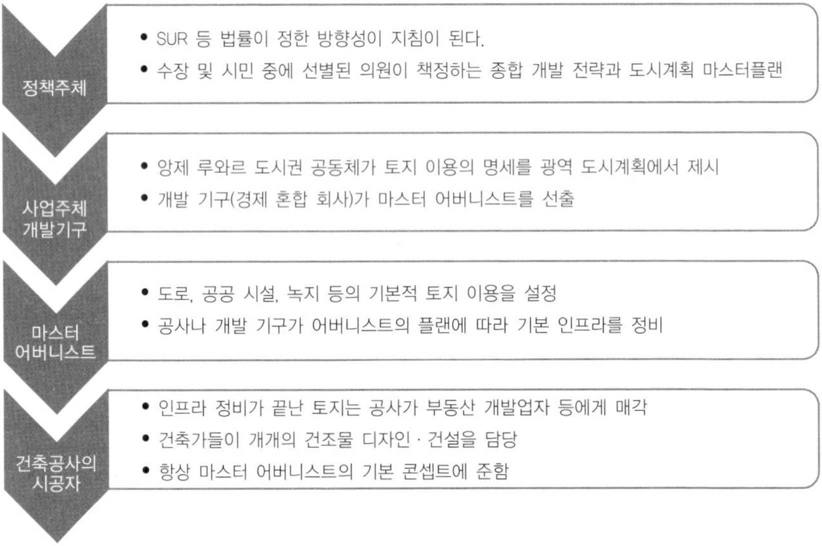

정책주체	• SUR 등 법률이 정한 방향성이 지침이 된다. • 수장 및 시민 중에 선별된 의원이 책정하는 종합 개발 전략과 도시계획 마스터플랜
사업주체 개발기구	• 앙제 루와르 도시권 공동체가 토지 이용의 명세를 광역 도시계획에서 제시 • 개발 기구(경제 혼합 회사)가 마스터 어버니스트를 선출
마스터 어버니스트	• 도로, 공공 시설, 녹지 등의 기본적 토지 이용을 설정 • 공사나 개발 기구가 어버니스트의 플랜에 따라 기본 인프라를 정비
건축공사의 시공자	• 인프라 정비가 끝난 토지는 공사가 부동산 개발업자 등에게 매각 • 건축가들이 개개의 건조물 디자인 · 건설을 담당 • 항상 마스터 어버니스트의 기본 콘셉트에 준함

[그림 16] 도시 설계의 흐름

주

1 이 책 60쪽 참조

2 이 책 63쪽 참조.

3 프랑스어로는 '도시의 확장(Etalement urbain)', 또는 '도시의 교외화(Périurbanisation)'라고 부른다.

4 출전: INSEE 발표 수치. 〈Logement〉

5 Engagement nationale pour l'Environnement Grenelle 2 du 12 juillet 2010(그흐넬르 2법)

6 Accès au Logement et Urbanisme Rénové du 24 mars 2014(주택공급 · 신도시계획법 2014년 3월 24일 법)

7 Plan d'Occupation des Sols. 지자체가 건축 허가를 내줄 때 기본이 되는 토지 이용 정책. 2000년의 SUR법 제정 이후에는 점차 도시계획 마스터플랜으로 대체되어 갔다.

8 Plan Local d'Urbanisme

9 이 책 188쪽 참조

10 이 책 62쪽 참조

11 Programme Local d'Habitat(주택공급 프로그램). 각 코뮌이 책정하는 주택 정책으로 6년을 기준으로 한다. 광역 도시계획으로 통합된다.

12 Plan de Déplacement Urbain. 코뮌이 집합한 광역지자체 연합이 책정하는 도시 교통 플랜. 광역 도시계획으로 통합된다.

13 Réduire la consommation des sols(토지 소비 감소)

14 COS: Coefficient d'Occupation des Sols, 직역은 토지 점용율. 토지의 건폐율.

15 사회주택: 임대료가 낮아서 일정 수입 이하의 계층이 입주할 수 있는 공영주택. 현재 프랑스 전역에 430만 호가 있고, 약 1000만 명이 거주 중이다. 일반 부동산 임대료의 상승, 독신 가정의 증가, 고용이 불안정한 서비스업 취업자의 증가 등의 사회적 배경으로 현재 120만 명의 대기 목록이 있다.

16 '연대 · 도시재생법'에서. SUR: loi n° 2000-1208 du 13 décembre 2000 relative à la solidarité et au renouvellement urbains : loi du 18 janvier 2013 : Le décret du 1er aout 2014

17 Habitation à loyer modéré, 저소득자 입주용 '사회주택' 중 하나로 임대료가 낮은 '공영 주택'

18 이 책 163쪽 참조

19 '환경 · 에너지 · 지속가능한 개발부'는 2016년 2월부터 '환경, 에너지 및 해양부(Le Ministère de l'Environnement de l'Energie et de la Mer)로 명칭을 변경.

20 '주택 · 지속가능한 주거부'는 지자체 간 정보 교환을 촉진하기 위해 '클럽 광역 도시계획'을 형성하여 법률상담을 제공하고 있다. 광역 도시계획을 책정한 소규모 코뮌 공동

체에게는 정부교부금에 더하는 형식으로 조성금이 공여되고 있다.

21 Agence de Développement et d'Urbanisme(도시계획개발청). 각 도시명이 앞에 붙는
    다. 이 책에서는 '토지정비청'으로 번역한다. 그 전국 조직이 FNAU(Fédération Nationale
    des Agences d'Urbanisme)(토지정비청 전국연합).

22 2015년 12월에 책정 종료. 2016년도, 지역을 대표하는 공직에 있는 사람들의 의견 청취,
    시민에 대한 고지와 사전 협회를 거쳐 공적 심사를 실시할 예정. 공적 심사 위원회는
    3명의 심사위원을 임명. 2017년 문서를 최종적으로 도시권 공동체에서 의결, 채택하여,
    봄부터는 현장에서 운용 예정. 모든 공익성 높은 계획과 같이 광역 도시계획 책정도 도
    시법전에 따라 합의 형성의 과정을 거친다. 이 책 259쪽 참조.

23 Daniel DIMICOLI: 도시권 공동체의 의장은 앙제 시장 베슈(Christophe BECHU)이며, 부
    의장은 15명 있다.

24 앙제 도시권 공동체에서는 2016년 현재, LRT 제2노선 도입 계획이 있으나, 공사 착공은
    2019년 예정.

25 Logement à accession sociale. 저소득자가 저이자 대출로 구입할 수 있는 공단주택.
    또 저소득자를 대상으로 낮은 임대료로 빌려주는 부동산을 '사회임대(Locatif social)'라
    고 부른다.

26 1973년에는 25세부터 44세의 프랑스인의 34%가 내 집을 구입했으나, 2013년에는 19%
    까지 저하. 같은 2013년, 25세부터 44세의 66%가 주거 소유자였으나, 대부분은 유산 상
    속 등으로 구입하고 있다. 구입, 상속을 포함하여 주거지의 소유자가 되는 평균연령은
    37세.

27 2004년에 앙제 도시권 공동체에서는 '상업시설 정비헌장'을 지방조례로 채택했다. 조례
    에서는 각각의 상업 집적지에 역할을 주어 중심시가지의 근접 상점과 교외의 대형 상
    점과의 차별화가 한층 선명해지고 있다. 대립이 아니라, 공존, 보완성의 관계를 목적으
    로 한다.

28 Conseil de quartier. 지자체가 설정하는 위원회. 지구의 주민이 시장, 의원이나 지자체
    직원과 함께 지구 개발 계획의 방향성 등에 대해 토론한다. 시장과 시민의 회합에 대해
    서는 이 책 303쪽 참조.

29 ZAC: Zone d'Aménagement Concerté

30 SEM: Société Economie Mixte locale. 지방의 공약, 공무를 행하기 위해 설립되는 반관
    반민 회사

31 Plateau Mayenne. 이 마이엔느 지구는 앙제 시 북부에 인접한 아브리에(Avrillé)라고 하
    는 작은 코뮌 지역. 지자체 인구 1만 1000명인 점과 함께 살펴보면 이 주택계획이 지역
    에서 얼마나 중요한지를 알 수 있다.

32 SODEMEL: Société d'Equipement du Département de Maine et Loire. 도로부터 50%
    출자되는 SEM. 그 외에도 앙제 루아르 도시권 공동체나 앙제 시가 출자 주체인 SEM
    으로 SARAH 기구가 있다. 2016년 7월부터 양 사는 ALTER 기구로서 새로운 SEM으로
    통합된다. 소데멜의 웹 사이트에는 개발 지구의 입주 상황이나 개점 상황 등을 사진

을 붙여 시시각각 개시하고 있다. http://www.sodemel.fr/ecoquartiers/actualites–projet–plateau–de–la–mayenne–14.html

33 Didier ROGER

34 DUP: Déclaration d'Utilité Publique. 이 책 260쪽 참조

35 Capucins. 이 지역에서는 이미 1700호 정도가 건설되었고, 2015년에 새로운 마스터 어버니스트가 취임하여 이후 2800호 개발 계획을 검토 중. 이 책 267쪽 참조

36 Roland KORENBAUM

제6장

사회적 합의를 실현하는 정치

1. 지자체의 홍보 전략과 시민 참여·합의 형성

키워드는 '철저한 정보 공개'와 '시민과의 대화'

정부가 방향을 제시하면 지자체가 주도권을 잡고 교통, 상업, 주택을 포괄하는 도시계획을 수립, 경제 혼합 회사나 민간 기업에 인프라 정비를 위탁하여 실제 개발 사업을 진행시켜 가는 경위를 살펴보았다. 그렇다면 민의는 마을 만들기나 도시 교통 계획의 어떤 과정에서 어떤 식으로 반영되고 있을까?(그림 1)

지자체 예산에서 큰 비중을 차지하는 도시 교통 정책을 예로 들어 설명해 보자. 계획의 주도권을 잡는 정책의 주체는 어디까지나 시장과 지역 의원들이다. 일반 시민에 대한 합의 형성에 들어가기 전에 정치인과 지자체 행정 간에 계획의 근본이 되는 철학과 기본적 방향성의 상호 확인 작업이 이루어지고, 경찰, 지역 의원 등 공법인에 대한 의견 청취와 조정도 이 단계에서 이루어진다. LRT나 BRT 도입 등의 대형 공사는 도로 관리, 가로, 주차장과 공공 공간의 정비, 공보, 재무, 법무 등을 포함하여 관청 전체에서 임할 필요가 있고 'LRT 도입은 지자체의 총력전'이라고도 말한다. 행정 내에서 인프라 정비, 입찰, 예산안, 공사 중의 교통 관리, 홍보 등의 철저한 검토를 거쳐 노선, 역 위치와 요금 체계 등의 구체적인 계획안이 마련된 시점에서 시민을 대상으로 합의 형성에 들어간다. 사전 협의는 법률로 의무화되어 있지만, 활동

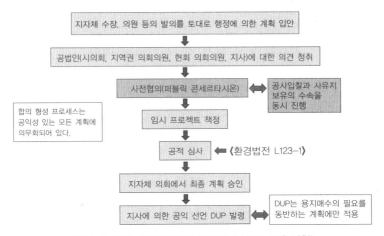

[그림 1] 합의 형성 과정(도시계획법 L300-2에 의함)
《스트라스부르의 마을 만들기》에서 자세하게 소개하고 있으므로 꼭 참고해 주길 바란다)

내용은 각 지자체의 재량에 맡겨진다.

합의 형성의 키워드는 '철저한 정보 공개'와 '시민과의 대화'다. 행정 측에서 시민에게 계획을 공개할 기회로 오픈 하우스, 공청회, 워크숍 등을 지역별로 개최하고 쌍방향 커뮤니케이션을 이룬다. 다양한 시각을 지닌 시민의 질문에 답하는 것은 지역 선출 의원과 행정직원이다. 시민의 의견을 받아들여 계획을 미세하게 조정하는 경우도 있는데, 사전 협의의 모든 경위는 개개 발언자의 성명과 내용도 포함하여 행정이 보고서로 정리하여 의회에 제출한다. 그래서 시민도 발언에 책임이 있다. 의회에서 '사전 협의 과정이 충분히 이뤄졌다'고 승인되면 다음 단계인 공적 심사에 들어간다. 관공서가 주최하는 사전 협의의 워크숍과는 달리, 공적 심사는 행정 법원이 임명하는 전문가로 구성된 위원회가 주도하는 일련의 심사 과정으로, 공익성 높은 계획의 합법성 등을 체크한다. 새로 주민 공청회도 다시 개최되고 계획의 상세한 자료 열람, 의견서 기입, 질의응답, 의견 교환이 더욱 활발히 이루어진다. 위원회는 계획의 환경 조사나 경제적·사회적 영향 연구, 다른 도시계획과의 정합성 등도 함께 확인하여 사전 협의와 공개 심사 과정에서 작성된 보고서로 작성되면 분량은 300쪽에서 500쪽에 이른다. 의회는 공적 심사 보고서와 계획을 승인하여 정부를 대표하는 도지사에게 '공익 선언'을 신청한다. 공익 선언은 공익사업 실현을 목적으로 하는 사유지 몰수가 가능해지는 정령으로, 선언이 발령되면 공사를 시작할 수 있다. 일반 시민에게는 사전 협의든 공적 심사든, 자신들과 관련된 계획에 대해 생각하는 자리인 것에는 변함이 없다. 사유지를 몰수하겠다는 공익 선언을 할 필요가 없는 소규모 계획에 대해서는 이 두 단계를 합쳐 합의 형성 집회를 기획하고 있는 행정도 있다.

계획 초기 단계에서의 시민의 참여와 이해

시민에게 정보가 공개되는 '퍼블릭 콘세르타시온'이라 불리는 사전 협의 단계에서는 이미 도시계획과 교통계획의 큰 틀은 설정되어 있어서 시민의 목소리가 반영되는 범위는 한정되어 있다. 그래서 계획의 입안이 행정 내부에서 이뤄지기 훨씬 더 앞선 단계에서 주민들이, 예를 들어 토지 개발에 어떤 콘셉트나 기능을 기대하고 있는지를 수장, 지구 선출 의원, 행정직원들이 들을 수 있는 자리를 만들려는 움직임도 보인다. 예를 들면, 앙제 시는 현재 시가지의 중심인 멘 강변 구역 정비 프로젝트(그림 2)

[그림 2]

앙제 시 멘 강변 정비 프로젝트

제공: SARA

를 기획 중에 마을 만들기의 콘셉트를 묻는 모임을 진행 중이다. 2015년도에 이미 계획 내용을 공개하는 첫 번째 사전 협의를 실시했으나, 2016년 3월에 다시 '공공 공간의 미래 모습을 생각하는 협력형 아틀리에'를 개최했다(그림 3).

이 계획에서는 사유지 몰수가 없어서 공익 선언을 취득하기 위한 사전 협의나 공적 심사라는 엄격한 단계를 거칠 의무가 행정 측에 있지 않다. 그러나 계획을 수행하는 경제 혼합 회사 SARA[1](2016년 7월부터는 ALTER 기구)가 주도해 시민 참여를 이끌며 계발의 장으로서 아틀리에를 기획했다. 프로젝트에 대한 시민의 관심을 끌어모으고 적극적인 태도로 과제에 접근하도록 하는 것이 목적이다. 회합 초기에 "이러한 기회를 가져도 어차피 시민의 요망과는 무관하게 프로젝트가 진행될 거라고 생각하는 분도 계시겠지요. 확실히 기술적 제약 등에 관한 내용과 규정은 변경할 수 없습니다. 그러나 이런 중요한 프로젝트에서 주민의

[그림 3]

협력형 아틀리에의 팸플릿

제공: SARA

의견을 듣지 않는 것은 유감이라는 생각에서 아틀리에를 계획했습니다"라던 시의회 의원의 말이 인상적이었다. 강가 정비 프로젝트는 4년간 2억 유로의 예산이나 토지 이용 규제 내용 등 기본 원칙만 제시된 거의 백지 상태였다. 그야말로 시민 직접 참가형 사전 협의이며, '자신들의 마을은 자신들이 생각한다'는 태도를 조성하기 위한 절차라고 할 수 있다. '어떤 마을을 만들고 싶은지'를 계획의 시작 초기 단계에서 시민들에게 물었다. 회의의 진행은 민간 기업인 위그윔사²가 담당했다(그림 4). 이 회사는 2007년에 건축가 및 어버니스트가 낭트 시에 설립한 기업으로, 아틀리에에서는 '협력적인 접근'을 위한 진행 요원 역할을 했다. 도시계획의 정책 주체로서의 시청, 토지 인프라 정비를 하는 경제 혼합 회사, 어반 디자이너 등의 전문가, 각종 NPO, 시민들을 하나의 프로젝트 파트너로 보고, 어떻게 함께 '공공 공간을 만들어 갈지'에 대한 의견을 교환한다.

[그림 4]
주민 집회 오프닝. 오른쪽은 진행 요원인 캐나다 여성
제공: SARA

시민이 적극적으로 의견을 내는 콘세르타시온

3월 모임은 오후 6시 30분부터 9시까지. 참가자는 85명으로 지역 발전과 개발에 대한 활동을 벌이고 있는 지역 위원회[3]와 NPO 단체가 요청해 참가한 일반 시민으로, 연령층은 30대에서 60대, 남녀 성비는 6대 4정도였다. 다과 없이 그야말로 마을 만들기에 관심 있는 시민들이 모였다고 봐도 좋다. 주최자 측으로서는 아틀리에는 개인의 이해 대립 안건을 선보이는 자리가 아닌 '시민이 가장 궁금한 내용', '시민이 프로젝트에서 이해하기 어려운 아이템'을 도시 디자이너에게 전달하는 자리로 이용하여, 예술가 기질이 있는 건축가들의 마을 만들기 디자인에 대해 공공 공간의 주인인 일반 시민이 느끼는 위화감을 덜기 위한 의도가 있다. 그래서 프로젝트에 관여하는 어버니스트, 건축가, 도시계획 담당 시의원과 시청 직원들도 참석한다. 아틀리에는 12개 그룹으로 나누어져, '모빌리티', '이벤트', '젊은이들', '스포츠', '수변 개발', '소매업' 등의 주제 안에서 서로 아이디어를 제시한다(그림 5). 아이디어를 내는 단계에서는 대화의 재료로 앙제 시의 이벤트나 토지 이용도 등이 잘 준비되어 있고 참가자들은 적극적으로 발언한다. 제안 내용을 문자화하는 프로세스까지 진행 요원과 그 어시스턴트들이 빈번하게 각 테이블을 돌며 유도한다. 마지막의 총괄에서 각 그룹 대표 두 사람이 '수변 지역 정비'에 시민이 바라는 요소 3가지를 2분간 발표하며 전원에게 소개한다

(그림 6). 기본적으로 '제안을 거듭하여 최종적으로 중요하다고 생각되는 요소를 간추리는 작업'이므로 프랑스에서 자주 보이는 끝없는 비판과 논란에 빠질 위험이 적고, '과제에 대응하는 창조적인 해결책'이라고 진행 요원은 소개한다. 마지막에는 어버니스트가 전문가가 아니면 대답할 수 없는 질문에 대한 답변이나 설명을 하는 시간도 마련되어 있다. 이러한 아틀리에에 참가하는 시민들은 원래 공공의 시민의식이 높은 사람이 많으므로 일

[그림 5]

그룹 단위로 고찰한 제안 사항을 다른 사람들이 쉽게 알 수 있도록 정리해 가는 작업을 한다(앙제 시)

[그림 6]

필자도 참가한 그룹 발표를 다른 참가자가 조퇴해서 할 수 없이 했다. 왼쪽은 주최자 SARA 기구의 올리비에 라구어

제공: SARA

반화할 수는 없지만, 참여 태도는 일률적으로 진지하고 각 그룹에서는 심각한 의견 교환이 이루어지고 있었다. 최근에는 시민이 참가해 객관적으로 마을의 미래 모습을 상상하고 의견을 교환하는 작업을 '참가형 민주주의'[4]라고 부른다. 어릴 적부터 '스스로 생각한다', '반드시 다른 사람과 같아야 한다고 생각하지 않는다', '다른 사람들 앞에서 발표한다'는 훈련이 되어 있어야겠다고 느꼈다.

지자체가 자체적으로 기획하는 주민 집회

계획 초기 단계에서 아이디어가 충돌하는 주민 집회의 다음 단계에서는 계획의 초안이 상당부분 완성된 시점에서 예측도를 보고 설명하는 집회도 열린다. 5장에서 소개한 카푸친 주택 지구 주민 약 200명이 참가한 사전 협의회에서는 마스터 어버니스트가 저층 주택, 단독주택 건설을 도입하고 지역을 통과하는 LRT

[그림 7]

카푸친 지구 주택 정비 계획을 발표하는 마스터 어버니스트(이 책 246쪽 참조)

의 4개 역을 축으로 하는 푸르름 가득한 주택지 개발 디자인(2800
호 대상)을 설명했다(그림 7).

질의응답 시간이 충분하고 발표 내용이 구체적이어서 주민 측
의 질문도 다채롭고 상세하게 나왔다. 그 하나하나에 정중하게
답하는 시장과 도시계획 담당 시의원의 태도가 인상적이었다(그
림 8). 질문의 절반은 자동차의 주행 변경과 주차 문제였지만, 우
체국과 ATM 설치 등에 이르는 질문에 구체적으로 거리명을 언
급하며 어버니스트와 시장이 대답한다. 주민들은 개인의 눈앞에
있는 작은 문제에 연연하기 쉽고 일상생활의 변화에 불안을 느
끼지만, 그보다 '어떤 마을로 만들 것인가?'라는 미래의 비전을
함께 생각할 수 있도록 논의를 모아간다. 지역 개발의 키워드는
그린벨트와 교통 액세스로, 자전거 전용도로와 보행자 전용공간
을 정비하고 LRT 역 앞에 지자체 서비스 창구가 있는 건물을 도
입하고 회유성 높은 광장을 만든다. 주택지는 가장자리로 배치

[그림 8]

단상에서 시민의 질문에
대답하는 마스터 건축가,
시장, 도시계획 담당 부
시장(앙제 시)

하고 주차장을 정비한다는 독일의 보방 방식이 발표됐을 때에는 주민들의 한숨이 나왔다.

발표자 측은 주민들이 '사회 계층의 혼합성'과 '마을 기능의 다양성'을 요구하는 쪽으로 뜻을 모으길 촉구했다. 이렇게 쓰면 고상한 분위기를 상상하게 될 텐데, 참가자들은 지극히 평범한 보통의 시민으로 1시간 30분에 걸쳐진 질의응답은 매우 활발하고 집회는 밤 7시 30분부터 10시까지 이어졌다. 이 지역의 정비계획은 이미 과거에 공익 선언을 취득한 상태였기 때문에 특별히 법률에서 현재 합의 형성을 요구한 것은 아니었다. 그러나 당초 계획을 변경하기 위해서 넓은 시민의 관심과 이해를 얻을 목적으로 시장이 중심이 된 지자체가 이 주민 집회를 기획했다.

2. 앙제 도시권 공동체의 상점에 대한 대책 · 공사 중의 보전

시민의 지원을 얻기 위해 계획 결정 이후에도 이어지는 홍보 활동

홍보 활동은 모든 도시에서 철저히 행해진다. 광고 회사에 외주를 주는 지자체도 있지만 홍보 전략의 기본(콘셉트 수립, 캐치프레이즈 작성, 광고 내용 만들기, 매체나 도구의 선택)을 확립하는 것은 도시권 공동체다. 첫 번째 단계에서 프로젝트 정보 개시에 대해서는 인터넷 홈페이지의 개최, 팸플릿, 정기 간행물, 시민이 방문하여 질문할 수 있는 모델 하우스의 설치(그림 17 참조), 프로젝트 내용을 설명하는 대형 패널 전시홀 등을 설치한다. 이런 것들은 시민의 눈에 띄도록 계획의 로고, 색깔 등이 철저하게 코디네이트되고 통일화된 이미지 정보가 전달된다. 병행하여 주민 집회를 부지런히 개최하면서 계획 내용을 알린다.

세금을 투여하여 실시하는 도시계획이나 교통계획의 사전 협의 활동은 매우 활발하지만, 의외로 시민은 계획의 자금 출처에 대해서는 별로 신경 쓰지 않는다. 특히 대형 예산을 필요로 하는 도시 교통 도입에 대해서도 대부분의 프랑스 시민은 교통세 등을 포함하는 세금을 도시 교통 경영에 투입하고 있는 실태(이 책 128쪽 참조)를 알지 못하는 것이 사실이다. 교통을 '공익성 높은 사회적 기본권의 하나'로 간주하고 '세금 낭비론'은 언급하지 않는다. 시민은 도시 거주성에 높은 관심을 갖고 있어 설령 자신이 이용하지 않더라도 'LRT나 BRT 도입으로 마을 전체가 브랜드화되고 부동산 가치가 오르면 그것으로 충분한 의의가 있다'고 생각하는 시민이 대부분이다.

무엇보다도 어느 도시에서나 LRT · BRT를 도입하면 마을 경관이 아름다워지는 모습을 시민이 봐 왔기 때문에 대중교통 도입은 경관 정비에 따른다는 경험 법칙이나, 중심가 재생에는 자동차 규제가 필요하다는 이념도 이해하고 있다. 그러나 자기 집

앞에서 공사가 시작되면 반응은 달라진다. 특히 도시 교통 도입 계획에서는 사전 협의를 충분히 거쳐도 막상 공사가 시작되면서 도로 우회 등에 직면하게 되고, 프랑스에는 파출소가 없으니 시청으로 쳐들어가는 시민들이 많다. 따라서 계획이 책정되어 공익 선언 발령 후 공사가 시작되더라도 지자체는 홍보 활동을 게을리 하지 않는다. 공사 개시 후에도 공사의 진척 상황에 대한 주지 활동이나 공사 중의 자동차 교통 우회를 설명하는 공공 시민 회의 개최 등 홍보 노력이 필요하다. 공공 공사 현장에는 반드시 공사 내용에서 예산, 시공 주체에 이르기까지 세세하고 알기 쉽게 설명하고, 미래의 완성도가 제시된 패널이 설치되며(그림 9), 시청 홈페이지 등에도 공사 중인 프로젝트의 설명이 매우 상세하다. 시민의 질문에 답하는 무료 전화 설치와 민원 창구도 마련하는 등 '행정 업무의 가시화'가 기획의 책정 단계부터 공사가 끝날 때까지 철저히 이루어진다. 일반 시민에게는 '왜 이런 공

[그림 9]

공사 현장의 패널(스트라스부르 시)

사가 필요한지, 공사가 끝나면 어떤 마을이 되는지'를 시각화하여 설명할 필요가 있기에 단체장 등은 앞장서서 '공사가 시작됩니다!'라고 알리는 기자 회견 등도 적극적으로 한다.

2011년 6월에 LRT를 개통한 앙제 도시권 공동체의 구체적인 홍보 활동을 하나의 예로 들어 자세히 소개하고자 한다. 앙제는 LRT 도입이 프랑스 국내에서는 늦은 편이어서 다른 도시의 경험치를 살리면서 충분한 홍보 전략을 취해 왔다. LRT 도입 계획 초기인 2002년부터 미션 트램국[5]에서 근무해 온 장 클로드 트리셰 국장[6](그림 10)에게 지자체가 실시한 홍보 전략에 대해 물었다.

[그림 10]
앙제 도시권 공동체 미션
트램의 트리셰 국장

미션 트램국 국장 인터뷰

상점에 대한 보전 프로세스

Q LRT를 도입하면서 홍보 전략의 기본은 어떻게 설정하셨습니까?

"트램국 직원을 루앙이나 파리, 보르도 등에 파견해 홍보 대책 모델에 대해 공부하도록 했습니다. 앙제와 가까운 이 세 개의 도시는 좋은 홍보 전략을 가지고 있었습니다. 지금은 다른 도시에서 앙제로 견학을 옵니다. 그리고 LRT 연선에 위치하는 기업이나 상점 전용으로 〈연선의 기업 및 상가용 가이드라인〉(그림 11)을 작성하여 각 상가에 배포했습니다. 또 공사 중에 2년간 고용한 9명의 홍보 담당관이 상점도 방문했습니다."

[그림 11]
A4 사이즈 19쪽 컬러판의 연선 사업자 대상 팸플릿. 현재 상점주의 사진도 게재되어 있다
제공: ALM

Q 〈가이드라인〉에 LRT 연선에서 경영을 할 시민이 원하는 정보를 담은 것이네요.

"트램 A선 공사 일정 달력과 함께 트램 공사 정보를 시민이 입수할 수 있는 장소나 방법을 명기했습니다. 연선을 5개 구간으로 나누어 커뮤니티 센터를 설치하고, 언제든지 시민이 방문할 수 있도록 전용 홍보 담당관을 상주시켰습니다(그림 12). 영업이나 기업 활동에 공사로 인한 차질이 생긴 경우에 상담 기관이 되어 상공회의소 등의 담당자와 협상할 창구도 소개하고 있습니다. 공사 중의 수익 감손액 보전 청구의 구조도 쉽게 설명한 전체 19쪽짜리 책자입니다."

Q 190건의 보전 신청 서류가 있었다고 하는데, 실제로는 얼마나 보전되었습니까?

[그림 12]

가이드라인에서. LRT 예정 노선과 지구단위 홍보 담당관의 연락처를 정면 사진과 함께 실어 소개하고 있다.

제공: ALM

"상점주는 공사기간 동안 몇 번이고 신청 서류를 제출할 수 있어서 한 상점이 여러 번 신청하기도 합니다. 실제로는 136명의 상점주가 신청했습니다. 2007년 조사에서는 트램 공사 연선에 386개 상점이 영업하고 있었으니 3분의 1이 신청한 셈입니다. 그중 101건에 대해서 약 100만 유로(12억 5000만 원) 이상을 보전해 주었습니다."

◘ 심사위원회 구성을 알려 주세요.

"위원장은 낭트 행정법원 재판관으로, 현지 상점과 관련 없는 분을 선택합니다. 도의 대표, 도시권 공동체 위원회의 교통 담당 부의장, LRT가 도입된 코뮌인 앙제 시와 아브리에 시 시의원, 상공회의소, 세무서, 회계 사무소 연맹의 각 대표로 구성되며, 별도로 10명 정도의 자문위원이 있습니다. 심사는 2단계입니다. 먼저 신청 대상이 되는지 서류를 제출받아 객관적으로 검

〈표 1〉 상점 보전의 과정

① 상점가의 지리적 상황 확인
② 상점주의 보전 신청서 작성 제출
③ 심사위원회가 신청서류 시정 검토
④ 상점 수익감손에 대한 공사의 원인 심사
⑤ 심사위원회가 보전금액을 지자체에 제안
⑥ 지자체가 보전금액을 결정
⑦ 상점주에게 보전금액 전달과 '보전협약' 협정
⑧ 지자체가 상점주에게 보전금 지불

증할 필요가 있습니다. 이것이 1단계의 기술 조사. 트램국에서는 공사 현장의 공사 전후의 사진을 찍어 데이터화하는 요원을 한 사람 고용했습니다. 무엇보다 사실이 중요합니다. 서류 내용을 확인하고 위원회가 보전 신청 서류를 수리하면 2단계로 들어갑니다. 상점이 신고한 공사 전 3년간의 매출액과 수익액을 세무사가 조사하고 심사위원회가 보전액을 산출하여 지자체에 제안합니다(표 1)."

📙 상점주가 서류를 제출한 뒤 실제로 지자체가 보전액을 지급하기까지의 기간은 얼마나 됩니까?

"특별한 경우를 제외한다면 2-3개월입니다. 결과에 불만이 있어서 추가 제소한 것은 2개 상점뿐입니다."

📙 상당히 **빠른** 조치로 느껴집니다. 이 100만 유로는 트램 설치를 위한 부대예산이겠군요.

행정이 실시하는 만전을 기한 공사 중의 대책

"이 밖에도 여러 예산을 책정할 필요가 있었습니다. 예를 들면 A선의 일부 연선에는 궤도의 지근거리에 거주지가 나란히 있습니다. 공사 중에는 등유를 실어 나르는 트럭이 도로에 진입할 수 없으니 미리 각 가정 내의 에너지원을 도시가스로 전환하게

합니다. 혹은 연선 측에 차고의 출구가 있는 세대에게는 마당 쪽
으로 차고 출구의 이동을 부탁하는 등 다양한 보전의 필요가 있
는 것입니다(그림 13).

Q 그렇게 자세한 것까지 도대체 어떤 분이 조사하는 겁니까?

"우리입니다. 현장에 가서 상세한 곳까지 점검합니다. ATM이
연변에 있으면 어떻게 이동시킬 것인지, 소방차 출입 공간은 충
분한지, 빠짐없이 자세하게 연선을 조사합니다. 트램국은 다방
면에 걸친 분야의 전문직 직원으로 구성되어 있어서 각자 자신
의 전공에 따라 사물을 판별합니다."

Q 상점과 기업용 가이드라인에는 세무사나 사회보험청과의 상
담 안내도 있는데, 무슨 뜻이죠?

[그림 13]

LRT가 일반 상점이나 주
택 바로 옆을 지나는 앙
제 시 북부. 자동차도 노
선 위를 주행할 수 있다.
포장도로 공간이 협소하
므로 가선 레일, 지하 집
전 시스템을 채용

"당시 도시권 공동체 의회의 교통 담당 부의장 자신이 세무사나 사회보험청으로 직접 가서 공사 중에는 상점의 매출이 줄어들지도 모르는 배경을 설명하고 이해를 구했고, 상점에는 세금 등의 납부기간의 유예를 인정받을 수 있는 사정을 설명했습니다. 물론 상점 측은 지급 기한 연장 신청 서류를 제출해야 하기 때문에 가이드라인에 그 절차를 설명해 두었습니다. 상점주의 말에 의하면 세무사 등의 대응도 매우 유연했다고 합니다."

▮ 그리고 나서 상점에 쇼핑객들이 접근하기 쉽도록 무료 셔틀버스를 배치하셨네요(그림 14).

"이 조치는 비용이 비싼 것 치고는 이용자가 적어 앞으로의 B선 공사에서는 채용하지 않을 계획으로, 그 대신 벨로 택시^{Vélo} Taxi(자전거 택시, 그림 15)의 배치를 생각하고 있습니다."

[그림 14]
손을 들면 어디라도 멈추는 셔틀버스의 노선도
제공: ALM

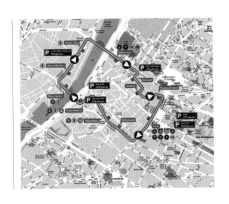

Q 그 외 폐기물 처리에도 고심하셨나요?

"그것은 당연히 행정이 취해야 할 조치인데, 쓰레기 처리과가 장소를 정하고 주민들이 알기 쉽도록 쓰레기를 버릴 새로운 수집장을 알리는 방송을 트램국이 주민에 대한 정보 매체가 되어 실시했습니다."

Q 세세한 부분까지 이르는 조치에 주민이 만족했다고 생각하시나요?

"언제 어디에나 불만을 가진 사람은 있어요. 우리가 배치한 진행 요원의 존재 가치가 높았다고 생각합니다. 공사 중인 약 2년간 LRT 연선에는 5명을 배치했습니다. 시가지의 트램 하우스에는 실물 크기의 트램 차량의 모형을 배치하고 4명의 진행 요원이 상근하였습니다(그림 16, 17). 시민의 의문이나 불만은 직접 진행

[그림 15]
벨로 택시라고 불리는 자전거 택시(사진은 파리 관광객용 자전거 택시)

요원에게 전달됐고, 결국 서식에 의한 항의 등은 거의 없었습니다. 그들이 시민의 불안을 흡수하는 완충재 역할을 한 것이죠."

🚪 이 정도로 대응했다면 반대 운동은 없지 않았나요?

"정치적으로 당시 정권 반대파들이 일부 노선 설정에 반대했지만 보르도와 스트라스부르처럼 계획 자체의 공익 선언 압류에까지는 이르지 않았습니다."

[그림 16]
모형 트램의 차체 안에 테이블과 의자를 두고 LRT의 A선 프로젝트를 설명하는 패널을 붙여 두었다(앙제 시)

[그림 17]
시가지 중심에 마련된 LRT B선의 홍보센터. 새로운 노선에 관한 정보가 알기 쉽게 제시되어 있고, 안쪽에서 홍보 담당관이 주민의 질문에 답한다

제공: ALM

▌ 마지막으로 장 클로드 트리셰 씨는 어떻게 이 13년간의 LRT 도입 프로젝트에 관여하게 되었나요?

"2002년부터 트램국에 있었습니다. 토목기술사로 파리에서 교량 건설 조사 회사에서 근무하다가 앙제 도시권 공동체의 도시 계획부 공공 공간 정비 조사과로 왔습니다. 거기에서 앙제 시 도시 교통 계획 책정(2005년 책정)을 맡았습니다. 당시는 도시 교통 계획 책정 전문국이 없었습니다. 도시 교통에는 그 당시부터 관심을 가지고 있었고, LRT가 주행하던 스트라스부르, 칸, 파리 등을 시찰했습니다. 당초에는 칸과 같은 BRT도 선택지 중 하나였습니다. 그 후 인근의 낭트 시에서 BRT가 바로 초만원으로 이용되는 경위를 보고, 하루 3만 명 이상의 이용객을 상정하고 있던 앙제 시는 자연스럽게 LRT를 선택하게 되었습니다. 차체 25m의 버스를 도입해도 도로가 직선이 아닌 앙제 시에는 힘들었을 것이라고 생각합니다. LRT를 도입하고 대중교통 이용자는 늘어났고(필자 주: 1998년부터 2012년까지 10% 증가), 50년 앞을 내다보고 마을을 역동적으로 재구축하는 좋은 계기가 되었다고 생각합니다. 앙제 시와 같은 중소도시에서는 아직도 이동에 자동차가 차지하는 비율이 80%로, 대중교통으로의 전환이 그만큼 빠르게는 진행되지 않는 것도 사실입니다. 그러나 시민 누구나 자동차를 운전하는 것도 아니고, 또 환경에 대한 영향 등을 감안하면 손 놓고 있을 수는 없습니다. 버스도 포함하여 LRT와 대중교통의 편리성을 높여 이용자를 늘려갈 필요가 있습니다."

그러면 시민의 이동 80%가 자동차인 앙제 시에서는 상점이나 시민과 어떤 식으로 '주차 대책'에서 교섭을 이루어 온 것일까?

3. 공사 중의 주차 대책

공사 중에는 상점에 반입 · 반출 거점과 지원 요원을 배치

대중교통이 도입되는 대형 공사에서는 공사 구역 주민과 상점에 물건을 사기 위해 방문하는 시민의 주차 대책을 생각할 필요가 있다. 앙제 시에서는 2012년 개통된 A선 공사 연선에 386개의 상점, 반경 150m 안에 상점이 약 1600개소가 있다는 것을 파악

[그림 18]

검은색 원이 공사 전의 반입용 트럭 주차장. 사각형이 새로운 8개의 주차 포인트. 🏃가 서포트 요원이 대기하는 반입 주차 거점

제공: ALM

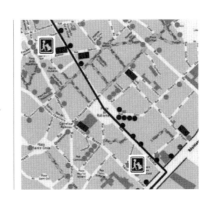

한 뒤, 상점의 납품 업무 편의를 도모했다. 납품은 대부분 오전 9시부터 11시에 집중되고 있다(그래서 보행자 전용공간의 부침식 볼라드는 어느 도시에서도 오전 11시 정도까지는 지중에 매몰되어 자유롭게 자동차가 진입할 수 있다). 거기서 상점의 4분의 3이 집중된 도심부에 여덟 개의 '반입 포인트'와 담당자가 상주하는 반입용 주차장을 2군데 마련했다(그림 18). 이 두 개의 주차 거점에는 트램국이 3년 계약으로 고용한 3명의 전담 직원을 9시부터 16시까지 대기시켜 반입되는 트럭이나 상점에 대한 정보를 제공하거나 때로는 짐을 상점까지 날라 주었다. 조사에서는 트럭 1대의 평균 주차 시간은 13분으로, 이 거점에서 반입처 상점까지의 평균 거리는 250m였다. 여기에서도 철저한 홍보 전략을 취하여 '상점들의 모든 반입·반출을 돕겠다'라는 자세를 분명히 하고 있다. 로고, 색깔, 알기 쉬운 패널, 도움을 주는 직원들의 통일된 복장, 안내 정보지의 배포, 상점에게 메일을 이용해 정보를 전달하는

[그림 19]

앙제 도시권 공동체의 반입 도우미 직원

제공: ALM

등 온갖 방법을 구사했다(그림 19). 어쨌든 대중교통 도입 공사가 아니더라도 상점가 공사에 참고가 되는 조치라고 생각된다. 이리하여 LRT 공사 중에는 큰 차질 없이 상점가에 대한 대응이 이루어졌다. 현재 앙제 시에서는 도심 전체에 9500대 가량의 공영 유료 주차장이 있고 공공 회사[7]가 관할한다. 그중 2380대가 2시간으로 주차가 한정되어 있는 노상 주차장, 4840대가 옥내 주차장(지하 및 입체)이다. 그리고 보행자 전용공간에 살고 있는 시민은 월 50유로의 특별 계약 가격으로 지하 주차장을 이용할 수 있다. 도시 주차의 대부분이 지자체 경영이라는 사실은 자동차와의 공존을 확보하면서 대중교통 이용을 추진하는 전체적인 마을 만들기에서 중요하다. 도로 이용이나 주차 정책의 재편성 없이는 보행자 우선, 자전거 전용도로, 버스나 LRT의 이용 추진은 실제적인 문제로 어려운 것이기 때문이다. 주택과 도시 정비 개발의 합의 형성에서도 먼저 문제가 되는 것이 공사기간 중을 포함한 자동차 우회와 주차 정책이다. 상점 측으로부터는 '자동차를 주차할 수 없으면 손님이 줄어든다', '그러나 한 자동차가 오래 정차하면 곤란하다' 등 아주 세세한 주문이 붙는다. 이처럼 지자체 측에서 보면 충분한 조치가 취해진 앙제의 LRT 도입 공사지만, 상점 측의 의견은 어떠할지, 최대 규모의 상가 조합인 '앙제의 창'[8] 현 회장인 가조 씨[9]에게 들었다.

앙제 최대 규모 상가 조합장 인터뷰

❏ 앙제 시 최대 상가 조합이라고 들었습니다만, 참가 상점이나 활동 내용을 알려 주세요.

"지금 150개 상점이 활동하고 있습니다. 조합은 1901년의 As-sociation법[10]으로 만들어진 NPO라서 회장을 비롯한 이사 9명은 모두 무급입니다. 회원인 상점은 고용 중인 직원 수에 따라 달라지지만, 평균 500유로 정도의 연회비를 내고 있습니다. 그 회비에서 사무 및 시청과의 연락을 담당할 직원 한 명의 급여를 지급하고 있습니다."

❏ 상당한 예산이라고 생각합니다만, 어떤 활동을 하세요?

"마을 안에서 가장 큰 행사는 겨울의 크리스마스 마켓입니다. 그 외에는 조합비로 장미 1000송이를 구입해 매장에 나눠주고 어머니의 날에 내점한 고객들에게 선물하거나 고객의 무거운 짐을 주차장까지 운반하는 서비스 등을 하고 있습니다. 1개월간에 5000명이 열람하는 조합이 관리하는 웹 사이트에 상점 안내를 게재하고 있습니다. 기업이나 지자체가 사원 등에 배포하는 '선물용 상품권'이 있고, 2014년 11만 1000유로 상당의 '상품권'이 상점 전체에서 사용되었습니다. 최근 지자체[11]가 시가지 활성화 대책으로 지하 주차장의 최초 1시간 무료 주차를 결정했습니다. 그

것을 보고 우리도 주차장 관리회사로부터 1000시간 상당의 주차
권을 사서 고객에게 건네는 '1시간 주차권'을 가입 상점에 배포
하고 있습니다. 그렇게 하면 쇼핑객들의 입장에서는 합계 2시간
무료 주차가 되는 셈입니다."

▣ 지역의 오래된 상점주들이 조합의 새로운 활동을 방해하는
일은 없습니까?

"1980년대까지 시가지 상점은 '황금 시대'여서 그 무렵에 자산
을 모은 여유 있는 연배자들은 변혁을 싫어하고 자신들이 연금
생활에 들어갈 때까지는 현상 유지를 바라는 경향이 있습니다.
하지만 프랑스에서는 60세 늦어도 65세 정도에는 상점주도 연금
생활에 들어갑니다. 조합의 회원 중에 70대와 80대는 없기 때문
에 연령 구성도 젊고, 반드시 시대의 변혁에 따라갈 수 있을 것
이라고 생각합니다(그림 20).

[그림 20]

상점가 조합 사무소에는
앙제 시 중앙 광장의 사
진이 연대에 따라 붙어
있다. 1905년에는 노면전
차가 달리고 있었다.

제공: ALM

▌ 시가지 상점의 대물림은 활발한가요? 앙제 시는 상가 주인이
   직접 경영하는 사례가 26%밖에 없다고 하던데요.

   "그 26%의 대부분은 20년, 30년 전부터 같은 가게에서 장사를
해 온 사람들입니다. 상가 주인인 상인이 연금 생활에 들어가면
가게를 임차인에게 빌려주고 임대료를 생활비에 보탭니다. 제가
본 바에 의하면 장사를 자녀에게 물려주는 경우는 극히 드물며,
통상 가게의 부동산 매각 대금이나 혹은 빌려줄 경우의 임대료
는 자신들의 생활비로 하고 있습니다. 가장 많은 경우는 연금 생
활 동안 가게를 임차인에게 빌려주고 임대료를 받다가, 부모 세
대가 사망하면 자녀들이 부동산으로 가게를 팝니다. 한편 신규
참가자 입장에서 보면 시가지의 부동산 비용이 상당히 비싸져서
어지간한 사람은 부동산을 구입하기 어려워지고 있어요. 그러니
까 매물이 나온 물건은 금융기관이나 개발업자 등이 구입하여
거기에 상점을 임대하여 임대료를 받는 경우가 많습니다."

▌ 왜 자녀들은 대를 잇지 않을까요?

   "그저 상품을 갖춰놓고 앉아 있기만 하면 됐던 옛날과는 달
리 지금 가게를 경영하는 것은 각오가 필요한 일입니다. 누구라
도 할 수 있는 일이 아니라 정말 이 일을 좋아하는 사람밖에 남
지 않습니다. 또 부동산 소유주가 아니더라도 임대 상인이 가게

를 그만둘 때는 임대차 계약권과 영업권(이 책 181쪽. 각주 27 참조)을 다음의 경영자에게 팔아 어느 정도의 자본을 손에 넣을 수 있습니다. 앙제 시 중심지의 70㎡ 정도의 가게라면 임대차 계약권은 12만에서 15만 유로(약 1억 5000만 원에서 1억 8750만 원) 정도 됩니다."

▐ 그렇다면 임대차 계약을 승계한 새로운 세입자는 임대차 계약권이라고 하는 일괄 계약금을 전 주인에게 지불하고 또 부동산 소유주에게 임대료도 내는 것입니까?

"네, 그러니까 필연적으로 임대료가 비싼 물건의 임대차 계약권은 싸집니다. 임대차 계약은 3, 6, 9년이며, 만약 새로운 입주자가 임대료를 체납하는 경우에는 전 임대 경영자가 대신 내는 구조여서 이 계약금은 '보증금'의 의미도 있습니다."

▐ 프랑스에는 빈 상점세(이 책 182쪽 참조)가 있는데 알고 계신 실제 사례가 있나요?

"그런 법률이 있는 것도 몰랐습니다. 앙제 시의 빈 상점률은 현재 4.8%로, 시가지에 관한 한 2년 간 주인이 임대용 부동산을 방치하는 일은 있을 수 없죠."

상인 조합과 지자체 상업 담당자의 월 1회 정기 회합 개최

Q LRT 도입 공사 때 지자체가 상점에 대해 취한 조치에 대해서 어떻게 평가하십니까? 만약 다음 공사에서 개선할 점이 있다면 알려 주세요.

"반입을 위해 공사 중에 지자체가 취한 조치는 매우 훌륭했습니다(그림 21). 굳이 말하자면, 전 구역에서 일제히 공사를 시작해서 오래 불편한 상태가 계속되게 하지 말고 더 작은 구역으로 나누어 공사를 해도 좋지 않나 생각합니다. 그러나 그러한 방식은 공사 계획 설정 초기에 우리 상점 대표자도 사전 협의에 들어가는 것이 중요한데, 안타깝게도 거기까지의 의견 청취는 없었습니다. 현재는 상점 대표인 모든 조합과 지자체의 상업 담당자, 상업 담당 시의원이 1개월에 한 번, 회합을 정기적으로 가지고

[그림 21]

마을 안에 설치된 홍보 센터로, LRT 연장 계획을 시민에게 설명하는 행정 직원

제공: ALM

있습니다. '장사의 사전 협의'[12]라고 부릅니다. 예를 들면 크리스마스 판매 경쟁 시기를 피해 주차장 공사를 하는 등 세밀한 부분까지 지자체 측과 조정이 가능합니다(그림 22).

▌ 공사 중의 수익 감소 보전 조치는 어떻게 평가하십니까?

"보전은 공사 현장 바로 앞의 상점주밖에 신청할 수 없었습니다. 실제로는 그 뒤 거리의 가게도 공사 때문에 손님이 뜸해집니다. 그러니까 우리 입장에서 보면 보전은 충분하지 않았다고 말할 수 있습니다. 공사는 가게 근처에서 1년에서 1년반 계속되었으니 그 동안의 매출 감소를 회복하는 것은 상점에게는 꽤나 어려운 일입니다."

[그림 22]
이벤트 때는 각 상점도 바비큐 직원을 내보내는 등 협력하여 축제 분위기를 만든다.

Q 상점가 조합으로서는 어떤 포부를 가지고 있습니까?

"쾌적한 마을 안으로 쉽게 접근할 수 있도록 정비해 가는 것에 협력합니다. 프랑스 지방 도시에서 상업지의 견인차 역할을 하는 가게는 갤러리 라파예트[13]와 FNAC[14]이지만, 전국으로 진출한 의류점 등도 더 들어서면 좋겠다고 바라고 있습니다. 다만 진출했으면 가게와 빈 상점과의 매칭 업무를 상점가 조합은 하지 않습니다. 우리는 사무원을 제외한 인력은 전원 자원봉사자니까 가게를 운영하면서 유치 활동에 충당할 시간이 없습니다. 매칭 활동은 지자체의 일이라고 생각합니다."

상점가 조합이 지자체에 비즈니스 매칭 업무를 기대하고 의원과 시청 직원들 모두 정기 모임을 갖는 등 지자체와 의회와의 밀접한 관계를 알 수 있다. 가조는 10년 전부터 앙제 시에 출점하고 싶어 하는 사람들을 도와 오고 있다. 출점 준비 시의 금융 기관과의 협상, 보험 등의 절차부터 더 구체적인 가게 인테리어 디자이너와의 협상 등 무엇이든 착수한다고 한다. 예전에는 업무용 가구 판매 회사에서 근무했으나 부인이 의류 상점을 2군데 경영하고 있어서 거기에서 착안을 얻었다. 나이는 40대 후반 정도로, 오래된 상점의 점주가 상가 조합의 회장이 되는 것은 아니라고 한다.

4. 프랑스에서는 어떻게 지자체의 주도권 발휘가 가능한가?

지방 공공 단체의 재정

광역지자체 연합과 코뮌 등 지방 공공 단체의 주요 재원은 지방세[15]로, 제한 세율은 있지만 표준 세율은 없으므로 각 지자체가 조세율을 설정할 수 있다. 시민들은 주거를 정할 때 주민 세율을 제대로 조사한다. 주민이 거주 지역에 대해 가지는 높은 관심 중 한 요인일지도 모른다. 의료 복지는 어떤 도시에 살아도 정부에서 일률화된 보장을 받지만 주민세 및 고정자산세는 거주지 지자체마다 다르다. 복수의 코뮌으로 구성되는 메트로폴이나 도시권 공동체 등의 광역지자체 연합정부 예산의 30%에서 40%가 도시 교통 및 도시 정비에 충당된다(이 책 125쪽 참조). 공공 단체는 정부의 허가 없이 지방채를 발행할 수 있지만 신규 투자부문의 지출 재원으로만 가능하고, 경상 비용의 적자 보전 등에는 이용할 수 없다. 프랑스 지자체 예산은 지출도 세입도 경상 부문과 투자 부문으로 나뉜다.

의사 결정을 하는 수장과 지방의 정치인들
-광역지자체 연합의 강점

지방 도시의 마을 모습을 결정하는 것은 지자체장과 레제류라고 불리는 지방 의회의원들이다. 현지 사정과 요구사항을 잘 아는 의원에 의해 시민과 가까운 곳에서 의사 결정이 이루어지고 있다. 프랑스에서는 지방 정치에 대한 시민들의 관심이 높아 시장은 시민에게 친숙한 존재다. 시장은 첫 의회에서 시의회 의원 중에서 호선된다.[16] 일본과는 달리 다수 의석을 획득한 당의 대표가 '지자체 수장으로서의 시장'으로 선출되므로 집행 기관(시장 및 행정)과 의사 기관(의회)과의 정합성이 있다. 예산 편성, 발언권을 가진 시장이 의원 중에서 부시장을 복수 임명한다. 의원들은 전문 분야를 가지고 정책에 힘을 다하고, 부시장은 그 전문 분야에 따라서 행정의 상부와 긴밀히 연대하면서 업무에 임한다. 의회는 예산 심의 · 채택, 세율의 결정, 지방채 구성, 교통 수단 도입이나 도시계획에서는 공공 공사 청부 계약에 관한 틀의 책정, 제3섹터나 개발 회사의 설정 및 조직화 등에도 권한을 가진다. 시장, 부시장의 보수는 코뮌 인구에 따라 250유로(32만 2500원)에서 550유로(70만 9500원)에 이르기까지 세세히 법으로 제정되어 있다.[17] 국회의원과 시장의 겸직이 가능하므로[18] 중앙 정부와 적절한 균형을 유지하면서도 필요한 정보를 획득할 수 있고, 지방에서도 거물 정치가로 알려진 카리스마 있는 리더가 나온다. 프랑스에서는 도시 미래상의 명확한 비전과 이를 이루어 낼 강한 의지를 가지고 마을 관리에 임해 온 리더, 수장의 존재감이 크다.

복수의 지자체가 모여 보다 많은 예산과 풍부한 인력을 확보하는, 광역 지역을 대상으로 하는 정책 수립 또한 잘 기능되어 왔다. 행정 경계선에 구애받지 않고 사람들의 경제생활권 단위에서 광역지자체 연합으로서 상황을 분석하고 요구에 대응하는 도시·교통계획의 실현을 꾀하고 있다. 도시권 공동체에서는 가맹 코뮌 대표가 구성하는 위원회에서 의원을 선출하여 의결을 집행한다. 의장직은 중심 도시 시장이 맡는 경우가 많다. 평의회 의원 수와 지역 내 코뮌 시의회 의원 수는 꽤 되지만 코뮌 의원 보수의 기본급은 월 285유로(36만 7650원)로 소액이다.[19] 지방 의원은 의원직과는 별개로 직업을 가지고 있는 경우가 많고, 의회도 토요일 오전 중에 개최하는 등 여러 배려가 이루어진다. 의회를 인터넷 등에서 동시 중계하는 도시가 늘어나고 있어 의원의 질문 내용을 시민이 점검할 수 있다.

노하우가 행정 안에 축적되는, 계약직의 전문성 높은 인재를 등용하는 조직 구성

행정도 계획을 시행하는 비즈니스 프레임으로서의 조직을 전관공서 체제로 만들어서, 외부에서 계약직의 정예의 전문가를 잘 활용하여 시장을 지원한다. 1982년 지방분권법 이후, 철저한 분권화를 위해서 정부는 헌법 개정도 불사하여 지자체의 재정 자주권을 명기하고 이와 함께 지방을 담당하는 인재도 육성되었다. 왜냐하면 지방 도시에서는 젊은 연령에서도 구체적인 대형 도시 프로젝트에 착수할 수 있기 때문에 반드시 파리로 인재가 몰리지 않았던 것이다. 지자체에서 빠른 속도로 점점 변화하는 마을을 보고 있으면 '지방에서 도시계획에 착수하는 일은 즐거울 것'이라고 쉽게 상상할 수 있다. 기업에도 중앙 관청에도 연공서열이 없어서 경력 후반부에 지방으로 가는 것이 아니라서, 어느 도시를 가더라도 신규 대형 계획 책임자나 담당자는 30대에서 40대의 행정 직원인 경우가 많다.

도시 교통 계획 등의 대형 공공 공사 수행 시에 지방 공공 단체는 프로젝트마다 임기제로 경험이 풍부한 전문가를 고용하여 유동성 있는 전문 집단을 구성해 왔다. 스트라스부르의 전 교통국장은 이후 니스에서 LRT 도입에 솜씨를 발휘하다가 지금은 국경을 넘어 룩셈부르크에서 LRT 도입 사업의 최고 책임자로 일하고 있다. 현재 스트라스부르 교통국장은 80년대 후반에 LRT 도입을 시민 직접 선거에 부친 그르노블에 있었다. 전문성을 살린 일을 하고 있기 때문이라고 생각되지만, 그들이 업무에 거는 열정과 진지한 태도가 느껴진다. 관공서 내의 정기 이동이 없어서 민간과의 협조 의식도 높고 다른 지자체와의 정보 교환에도 적극적이다. 2009년도에 브레스트Brest 시와 디종Dijon 시가 알스톰사에 차량을 각각 20대와 33대, 총 53대를 공동 발주하여, 단가 30% 감축에 성공한 사례 등은 도시 간 협조의 구체적인 성과다. 또 LRT나 BRT의 후발 도입 도시는 마을 만들기 정책 선발 도시로, 특히 '실패 사례'를 듣기 위해 간다고 한다. 경험치는 존중하지만 실패를 두려워하지 않고 지자체의 규모에 맞추어 가능한 일부터 시행하고 잘 되지 않으면 정정하면서 해결 능력을 향상시켜 왔다. 이 지자체에서 전문가 집단의 태스크 팀을 가동시키는 방식은 도시 및 교통계획 같은 대형 예산을 짜는 프로젝트에서 주로 채용되어 왔다. 대학이나 연구기관과 행정과의 공동작업, 지역 경제 개발 프로젝트에서도 외부 요원의 채용이 드물지 않다. 전문가를 한시적 계약으로 고용할 수 있으므로, 대형 프로젝트를 시작할 때 필요한 합의를 형성할 구성원도 행정이 직접 직원으로 참가한다. 그 결과 노하우가 컨설팅 측이 아닌 행정 측에 축적된다.

지방 마을 만들기의 방식

지역을 위해 누군가가 움직여 주길 기대하거나 시민의 주도에 의존하는 것이 아니라 어디까지나 마을을 관리하는 것은 수장을 중심으로 하는 지역의 정치가이며 이를 뒷받침하는 것이 행정이라는 자세를 어느 도시에서나 볼 수 있다. 프랑스 지자체 직원의 높은 전문성을 살린 인재 등용, 2년이나 3년 등 단기간에

교체되는 인사이동이 없는 프로젝트 팀 세팅, 개별 연도 예산이
아닌 유연한 예산 투입, 마을 만들기 정책의 결정권을 지닌 지
방 정치인과 행정의 철저한 협동 체제의 확립 등이 지자체가 주
도권을 잡고 일관성 있는 마을 만들기를 추진해 갈 수 있는 배경
으로 들 수 있다. 시민은 반드시 행정 활동 과정의 투명화와 철
저한 정보 공개를 누리고 있으며(그림 23), 적극적으로 합의 형성
등의 기회에 참여하고 있다. 시민에게는 공개 논의의 장에서 자
신의 관심사뿐만 아니라 '지역 전체의 성장과 차세대에 대한 책
임을 가진 비전을 말할 수 있는 민의의 성숙도'도 요구된다. 마
을 모습에 관심을 갖고 각종 활동에 참여할 수 있는 시간의 여유
가 확보된 노동 사정의 배경도 무시할 수 없다. 각 지자체의 규
모가 비교적 작으므로 의원, 행정 활동에 대한 점검도 잘 기능하
고 있다. 누구(시민)를 위해 누구(시민)의 돈을 쓰고, 누가(시민이
선정한 정치인) 마을 만들기를 하는가? 그 메커니즘이 잘 보인다.

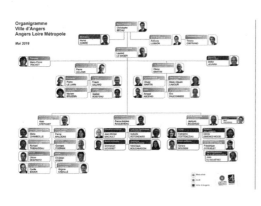

[그림 23]

앙제 도시권 공동체와 앙
제 시청의 행정 직원 조
직도는 직원의 얼굴 사진
과 함께 인터넷에 일반
공개되고 있다. '행정의
가시화'에 철저함이 있다.

제공: ALM

그리고 지자체 주도의 마을 만들기를 가능하게 하는 것은 의사 결정, 예산, 인재 등 넓은 의미에서의 지방 분권과 그것을 뒷받 침하는 법 정비와 제도다.

연금 생활에 들어가고 나서 시골로 U턴하는 일본과 달리, 프 랑스에서는 한창 일할 나이의 아이를 키우는 부부가 파리나 대 도시를 떠나 지방 도시로 이주하는 사례나, 일단 도시로 나갔으 나 30대 이후 고향의 지방 도시로 돌아오는 사례가 드물지 않다. 인구 구성을 보아도 청년 인구가 지방 도시에도 존재한다(그림 24). 왜 프랑스에는 지방 도시에 한창 일할 청년층이 돌아오고 고 용이 있는 것인가? 어떻게 지방은 인재를 확보하여 지방 도시의 활력을 유지하고 있을까? 앙제 시장(그림 25)에게 물어봤다.

[그림 24]

15세에서 24세까지의 인구 거주 분포도. 색이 짙은 지역일수록 인 구가 많은 이 분포도를 보면, 경 제 인구 50만 전후의 지방 도시 로부터 형성되는 메트로폴(리옹, 릴, 스트라스부르, 보르도, 낭트, 툴루즈, 마르세이유 등)을 중심으 로 젊은 층 인구가 많은 것을 알 수 있다. 의외로 파리에 15세부 터 24세까지의 인구가 적은 것은, 일부 그랑제콜(대학원 대학) 등 에 입학하는 자를 제외하고 통상 지역 도시 거주자의 자녀는 지방 대학에 진학하는 일이 많기 때문 이라고 생각된다.

제공: CGET–DST

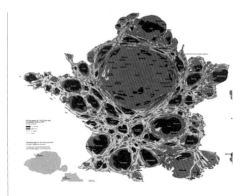

앙제 도시권 공동체 평의회 의장이자 앙제 시장과의 인터뷰

도시의 존재를 알리려면 무언가 특별함이 필요하다

❚ 앙제 시는 2013년부터 '생활이 쾌적한 도시' 1위에 선정되고
있는데, 시장이 그리는 미래 도시 모습의 비전을 알려 주세
요.

"시장으로서 저의 목적은 '마을의 빛'을 더해가는 것입니다.
좋은 마을을 만들려면 기업을 유치하고 인구를 증가시킬 자금을
손에 넣어야 합니다. 그러기 위해서는 앙제 시의 존재 가치를 높
이고 널리 알리지 않으면 안 됩니다. 아무리 우리가 '살기 좋은
마을 1위'라고 해도 아무도 모르면 의미가 없어요. 앙제라고 하
면 아마 '인구 5만 명 정도의 작고 귀여운 마을'이라는 이미지를
가진 국민이 많아 그 간극을 메울 필요가 있습니다. 이는 도로 공

[그림 25]

앙제 도시권 공동체 평
의회 의장이자 앙제 시
장 베슈

제공: ALM

사보다 어렵습니다. 공사는 시작과 끝이 있어 구현된 결과를 볼 수 있지만, 도시의 홍보는 모든 기준과 관련되지 않으면 안 됩니다. 글로벌 시대에서는 '보통으로 좋다'는 정도만으로는 안 됩니다. 무언가 특별한 것이 있어야 합니다. 이 도시의 미래 기간산업은 스마트 라이프 개발Objet Connecté[20]과 그린 라이프Végétal[21]로 규정하고 있습니다."

🔲 스마트 라이프 디지털 산업의 IoT 크라스타타는 네덜란드 대통령과 함께 2014년 앙제에서 오픈했어요. 식물 관련 산업을 집적하는 프로젝트의 홍보도 도시 정보지나 시내에서 눈에 띕니다.

"앙제 시가 갖고 있는 생활 자본의 훌륭함을 알릴 필요가 있습니다. 기업이 유치됩니다. 일자리는 있겠지요. 그러나 생활은 어떨까요? 문화 행사가 있는지, 밤에 외출할 수 있는지, 스포츠에는 쉽게 접근할 수 있는지, 다른 지방으로 여행할 이동성은 갖추고 있는지, 즉 일상생활의 높은 품질이 우리가 내세울 점입니다. 왜냐하면 일단 이 마을에 살게 되면 '꽤 멋진 도시'라고 실감할 수 있기 때문입니다. 실제로 앙제 시를 방문하는 사람은 아직도 적어요. 그래서 사람들을 불러들이기 위해서 심포지엄이나 견본시 개최를 거듭하는 것입니다."

❚ 시장의 '살기 좋은 마을'의 정의는 무엇입니까?

"시민이 충실한 생활을 보낼 수 있는 마을입니다. '충실하다'는 것은 구체적으로 무엇인가? 인간이 느끼는 영감을 만족시킬 수 있는 생활입니다. 일, 휴식 그리고 장수입니다. 이것들은 의료·사회보장이 뒷받침되어야 가능한데, 앙제 시의 생활 환경과 위생 조건은 좋고 문화·스포츠 행사도 풍부합니다.[22]

❚ 앙제로 이주하는 젊은이의 평균 연령은 35세로, 출산율도 높지만 젊은 사람이 지방 도시에서 생활하려면 무엇보다 일자리가 필요합니다.

"대학이 없는 주변 지자체의 청년층이 앙제 시내의 대학에 진학합니다. 마을은 현지 출신 젊은이들만으로 윤택해지는 게 아니고 이른바 이방인, 다른 시점을 가진 이종 인구가 섞임으로써 비로소 발전해 가는 것이므로 졸업생들을 붙들고 싶어요. 나는 방향성을 제시하고 경제 진흥청[23]이나 행정 기관이 구체적으로 청년층과 취업 업체를 이어주는 역할을 구축하고 있습니다."

콤팩트 시티의 열쇠가 되는 '도시의 형태'

❚ 앙제 시가 바라는 콤팩트 시티에 대해서 알려 주세요.

"'토지의 소비'를 억제해야 하는 이유는 간단합니다. 세계 규모로 인구가 늘어나는 현대, 식량 공급 문제를 생각하면 농지 확보는 중요합니다. 지역의 특징을 고려한 토지 이용 억제 목표를 조정할 필요가 있고, 도시의 스프롤과의 싸움이 목적입니다. 콤팩트 시티 구상에서 중요한 존재는 어반 디자이너와 경관 디자이너입니다. 1ha당 80채를 짓고도 200채처럼 느껴지는 지역과 40채밖에 없는 것처럼 느껴지는 마을 만들기가 있습니다. 큰 타워에 작은 입구, 지하 주차장이 있는 집합주택과 개인적인 도시형 독채처럼 느껴지는 디자인을 채용한 저층형 아파트에서 받는 인상은 전혀 다릅니다. 콤팩트 시티를 실현하기 위해서는 도시 경제권 전체의 목표를 설정하는 광역 도시계획이 최우선입니다. 왜냐하면 행정적 경계선은 생활 경계가 아니기 때문이지요."

Q 영역이 다른 전문가들과 어떻게 협동하여 광역 도시계획을 실현했습니까?

"교통 전문가 없이 토지 밀집도의 재검토나 주택 공급계획 등은 진행할 수 없으므로 교통, 주택 정책의 광역 도시계획으로의 통합은 당연합니다. 정확한 현황 파악과 진단이 필요한데, 이동, 주거, 경제 발전을 하나의 도시계획으로 통합하여 마을 만들기를 추진해 가는 것은 성장 전략의 일관성을 유지하기 위해서라도 지혜로운 방안이라고 믿고 있습니다."

🔲 앙제는 타 도시에 비해 빨리 광역 도시계획을 수립했죠.

"프랑스 서부의 전통이지만, 조화로운 성장을 시민에게 제공한다는 넓은 시야를 갖고 활동할 수 있는 의원과 수장이 많습니다. 주민을 염두에 둘 필요가 있습니다."

시민에 밀착된 시장의 자세

🔲 시장이 생각하고 계시는 '주민의 의향을 중시하는 근접 민주주의'란 어떻게 구현되고 있나요?

"시민과 함께 활동하는 근접 민주주의로서 세 가지 단계를 마련했습니다. 앙제 시를 10개 구역으로 나누고 1개월에 1회 각각 지구의 '마을 거점 센터'²⁴에서 아침 8시부터 23시까지 대기합니다. 해당 구역의 기업이나 시설을 방문하고 밤에는 그 구역에서 현재 진행 중이거나 미래의 도시계획, 산업 발전 계획에 대한 설명회를 실시합니다. 구역의 경제 성장 담당자가 참가합니다. 두 번째는 토요일 오전 중의 '예약 없는 만남'. 어떤 시민이라도 만나서 이야기합니다. 개인적 문제, 예를 들어 주거 등에 대한 상담도 있습니다. 세 번째는 '현지 주의'입니다. 가능한 한 현실에 맞는 관공서 업무의 이해와 문제 파악을 목적으로 하고 있습니다."

Q 행정이 현장에서 하는 작업과 관련된 구체적인 예가 있습니까?

"긴급성을 요하는 도로 정비를 우선적으로 실시하고 있습니다. 자동차 통행만이 아니라 유모차를 밀며 횡단보도를 건너는 시민의 안전성 등과도 관련된 시민의 일상생활에 있어 중요한 안건입니다. 거리의 청결성을 유지하기 위해서 쓰레기 처리 정책의 충실화도 도모하고 있습니다. 구체적으로는 청소과 직원의 증원과 시민 전체가 앙제 시의 생활환경 개선에 종사하도록 하는 캠페인을 실시하고 있습니다. 모두 내 스스로 현장으로 직접 가서 대책으로 낸 것입니다(그림 26)."

[그림 26]

'시청 청소과 직원 200명이 마을을 깨끗하게 하려 노력하고 있다. 당신은?', '마을 청소는 팀워크입니다'라는 메시지가 담긴 시청 포스터가 버스에 붙어 있다.

제공: ALM

! 마을 활성화의 관점에서 시가지의 상업 활성화에 대해서는 어떤 생각을 갖고 계십니까?

"2012년에 면적 7만㎡의 대형 교외 상업 집적지에 아톨[25]이 개업한 동시에 시가지에서는 LRT 도입 공사가 실시되었습니다. LRT는 유익하고 필요한 인프라지만, 이 두 시기가 겹치면서 시가지의 경제 구조가 일시적으로 약화되었습니다. 게다가 아톨에서는 주차가 무료였지만, 시가지에서는 차의 접근을 줄이려고 주차요금을 2배로 설정했습니다. 이래서는 근접 상점으로의 접근이 적어지기 때문에 시가지 주차 1시간 무료화를 의회에서 결정했습니다.[26] 시민은 40년 미래의 그림이 아니라 지금 당장의 일과 관련되는 시정을 원합니다."

오늘 감사했습니다. 앞으로 시장이 참석하는 주민 집회 등에서 시장과 시민의 교류를 확인하겠습니다.

"마을 만들기는 단체장 스스로가 적극적으로 관여하지 않으면 성공할 수 없다"고 프랑스에서는 말한다. "다른 사람이 뭔가 해 주기를 기다리고 있어선 안 된다, 우리 자신이 우리 마을의 풍부한 자질을 알리는 배우가 될 필요가 있다"는 메시지를 앙제 시장은 곳곳에서 강조하고 있다. '멋진 마을'만으로는 부족하다. '야심찬' 마을이 되어야 한다. 이것이 시장이 말하는 '마을 프로모션 판매'다. 도시 크기가 너무 크지 않다는 사실도 있지만 '지역 거점 센터' 등에서 주민과의 직접적인 접촉을 빼놓지 않고, 도시에서 현재 진행 중인 토지 정비 계획의 모든 주민 집회에 출석하며, 1시간 이상의 질의응답에서 주민들의 질문에 시장 자신이 메모 없이 답하고 있다(그림 27). 시장이 각 안건의 내용까지 매우 자세하게 파악하고 있는 점이 놀랍지만, 모든 기회를 통해 새로운 마을 만들기의 키워드인 '환경보전'과 '스마트 디지털 라이프와 그린 라이프를 중심으로 하는 산업 육성', '마을 프로모트(조성)'를 설명하고 발신하고 있다. 도시의 미래를 어떻게 만들어 가고 싶은가라는 비전을 정중하게 시민에게 전하는 모습이 인상적이다.

2016년 여름 금요일 저녁에 앙제 고성 입구에서 보행자 전용 공간 정비 완성 행사가 열렸다. 역사적 건조물을 살리기 위해서

[그림 27] 강가 지역 정비 계획 주민 집회에서의 시장.
중앙은 마스터 어버니스트. 좌측 끝은 수화 통역자

자동차의 접근을 최대한 억제한 새로운 공공 공간으로서의 광장의 의의를 시장은 시민들에게 역설한다. 마을 건설에 대한 태도가 일관되어 있다. 테이프 커팅 후에는 비둘기가 날아다니고 가벼운 식전 술과 안주 서비스와 함께 멋진 자연 환경 속에서 시민들이 여름 저녁 한때를 보내고 있었다. 시장 비서나 참모는 거리를 두고 물러나 있어서 시민들은 이곳에서도 부담 없이 시장에게 말을 걸 수 있다. 이것도 프랑스 지방 도시의 한 모습이다 (그림 28).

[그림 28]

왼쪽에 보이는 고성 앞의 보행자 전용공간 개회식. 하늘은 밝아 보이지만 오후 7시. 가능한 한 많은 시민이 참가할 수 있도록 주민 집회나 의식은 오후 6시 이후에 개최된다.

1 Société d'Aménagement de la Région d'Angers(앙제 지역정비 개발회사). 이 책 241쪽 참조

2 Wigwarm

3 Conseil de Quartier. 앙제 시내에는 12개 지구위원회가 있다. 이 책 235쪽 참조

4 Démocratie participative

5 Mission Tram. 운수부와는 별개로 미션 트램이라고 이름 붙여진 트램국에는 현재 직원 은 5명뿐이다. LRT의 A선 공사 중에는 홍보 요원을 고용하고 있었으므로 19명의 직원 이 있었다.

6 Marie-Pierre TRICHET

7 INAUS: Société publique locale. 주차요금은 지자체의 세입이 된다.

8 Les Vitrines d'Angers, 앙제 시에서 가장 큰 조합인 '앙제의 창'에는 150개 정도의 상점 이 참가하고 있다.

9 Dominique GAZEAU

10 Association loi de 1901(어소시에이션 1901년 법). 회장과 회계가 있으면 결성 가능한 시 민단체 결성법. 이 책 72쪽 각주 22 참조, https://www.associatheque.fr/fr/guides/creer/etat_secteur_associatif.html

11 교통 정책 주체인 앙제 도시권 공동체 회의에서 체결되었다.

12 Concertation de Commerce

13 Galeries Lafayette, 전국 규모 백화점

14 서류, 음악, OA기기, 전자용품 전문의 전국 규모 상점

15 지방 4세. 직접세로서, 주거세, 기건축 부동산세, 미건축 부동산세, 지역경제 공헌세(일 본에서는 법인세에 해당하며 CET라고 불린다). CET(contribution économique territoriale)란 '기업이 지불한 부가가치세를 기준으로 계산한 세금(CVAE: la cotisation sur la valeur ajoutée des entreprises)'과 '기업의 부동산을 대상으로 한 고정자산세(CFE: la cotisation foncière des entreprises)'로 구성된다. 이들 세율은 지자체가 결정하고 지자 체의 독립재원이 된다.

16 명부식 투표제도로 통상은 명부의 제1순위 후보자가 시장이 된다. 인구 30만 이상의 시 에서는 16명까지 부시장을 임명할 수 있다.

17 파리, 마르세이유, 리옹을 제외한다.

18 복수의 관직을 겸하는 경우에도 통합된 월 기본급은 8272유로(1067만 원)가 상한. 단 관 방 직원 인건비 등은 별개

19 코뮌의 부시장인 의원은 600유로(77만 4000원), 도시권 공동체의 부의장은 2000유로(258만 원)

20 주거나 자동차의 각 기능, 건강기구 등 인터넷 서비스와 연결시킨 IoT(Internet of Things)

산업. 2014년에 앙제 시에 1800㎡의 부지를 가진 산업
21 앙제 시를 중심으로 하는 지방은 식물, 꽃, 채소나 과일 생산지 프랑스를 대표하는 일대 공급지다. 관광 산업 진흥과 고용 창출을 기하여 마을 전체의 그린화(자전거 전용도로 증가 등을 포함)를 진행하고 있다.
22 이 책 209쪽의 앙제 시 이벤트 달력을 참조
23 ALDEV: Angers Loire Développement. 상공업 진흥과 고용 촉진 활동을 목적으로 하는 지방 공공 시설 법인. 2000년에 설립되고부터 이미 앙제 도시권 공동체에 1200건의 사업 소유도에 성공하고 있다. http://www.angers-developpement.com/. 2015년에는 ALDEV의 강한 요청에 의해 교토에 본사가 있는 외국계 기업 페이스[faith]가 상점에 BGM을 내보내는 서비스 사업을 유럽에 전개할 거점을 앙제 시에 구축했다. http://www.faith.co.jp/.
24 Maison de quartier. 일본의 조나이카이 집합소. 공민관 혹은 '만남 센터'의 기능을 가지는 거점. 시청이나 NPO가 관리하고 지역의 사회적 · 문화적 활동의 장을 제공한다.
25 이 책 42쪽과 168쪽 참조
26 이 책 286쪽 참조

제 7 장

프랑스에서 무엇을 배울 것인가?

2장부터 6장에 이르기까지 프랑스의 지방 도시가 활기찬 배경을 교통 정책, 상업 정책, 토지 이용 정책, 정치 구조 등 다양한 각도에서 살펴보았다. 프랑스와 일본은 전제가 되는 법률이나 정치 구조에 있어서 다른 부분이 많아 일본에서 즉시 따라할 수 있는 것은 아니다. 또 일본과 프랑스의 차이는 많은 요소가 얽혀서 생겨난 것으로, 부분적으로 프랑스를 모방한다고 해서 일본의 문제가 해결될 수는 없다. 그러나 프랑스의 지방 도시도 예전에는 자동차 사회의 진행과 중심시가지 쇠퇴 문제에 직면했고, 그러한 상황에 유연하게 대응함으로써 오늘날의 번영과 풍요를 손에 넣었다.

그렇다면 일본 지방 도시의 현 상황을 바꾸어 가는 데 필요한 어떤 힌트가 될 것임에 틀림없다. 겸허하게 배울 점은 배워서 일본에도 응용해 갈 필요가 있다. 그래서 이 장에서는 프랑스에서 배워야 할 전략과 이를 위한 구체적인 전술을 생각한다.[1]

1. 프랑스에서 배워야 할 전략

마을 만들기에 대한 생각

프랑스와 일본의 차이를 한마디로 말하자면, 현재의 프랑스인은 자신들의 마을에 대한 비전과 그 기초가 되는 철학을 분명히 갖고 있다는 것 아닐까? 그 철학이란 지나치게 자가용에 의존하는 도시에서 중심시가지를 '도보 생활이 가능한 마을'로 바꾸고, 교외 지역의 자가용 이용과의 구분 및 공존을 도모하는 다양한 선택지를 확보하려 한다는 것이다. 그러한 확신이 있어서 마을 만들기의 방향도 명확해진다. 실행에 있어서는 마스터 어버니스트 팀이 전체를 코디네이트한다. 지금은 마스터 어버니스트 팀에 건축가나 경관 디자이너뿐 아니라 교통 전문가와 환경주의자들도 참여하게 되었다. '도보 생활이 가능한 마을'의 실현을 향해서 도시계획과 교통 정책의 통합을 위한 제도도 진행시켜 왔다. "'가능한지'를 묻는 것이 아니라 '어떻게 하면 가능해질지'를 생각합니다"고 했던 디미코리(앙제 도시권 공동체 부의장)의 말에 프랑스에서의 마을 만들기에 대한 생각이 집약되어 있다.

이에 비해 일본의 도시 마스터플랜에는 여러 가지 것들이 넓고 얕게 기재되어 있는데, 다양한 메뉴의 나열이라는 느낌을 지울 수 없다. 그래서 구체적인 실행 계획으로 연계되는 분명한 방침이 아닐 뿐더러 확신도 느껴지지 않는다. '고령자 친화 마을'을 내세우면서도 구체적으로 실행이 되는 것은 경기 대책을 위한 추가 경정 예산으로 이전에 계획된 도로를 건설하거나 개량하는 식이다.

그런 의미에서 먼저 첫째로 일본이 배워야 할 점은, 행정도 주민도 중장기적 관점에서 미래상을 그리고 마을 만들기에 대한 강한 결의를 다진다는 전략이다. 이는 구체적인 시책을 모색하는 데 대전제가 된다. 목표로 해야 하는 모습은 일본과 프랑스가 다를지도 모르고, 또한 일본에서도 도시마다 다를 것이다. 그러나 자신들의 마을의 미래상에 대해 서로 논의하여 선택함으로써 명확히 나아가야 할 방향을 긋고, 그 목표를 향해 행정과 주민이 노력해 갈 필요가 있다.

성숙한 사회 속 도시의 가치

일본에 마을 만들기에 대한 생각이 전혀 없었는지 되짚어 보면, 물론 그렇지 않다. 고도 경제 성장기로부터 버블 경제에 이르기까지는 인구 증가에 동반된 도시의 성장에 행정도 주민도 확신을 가지고 있었고, 따라서 '거리 만들기'에 상당한 에너지를 쏟아 왔다. 도시계획으로 인한 도로 건설도 결코 쉬운 사업은 아니나, 행정은 주민과 협력해 가면서 토지 수용의 전문가 집단까지 끌어들이며 수많은 어려움을 극복해 왔다. 도로망의 정비야말로 경제 활동이나 사회생활의 기초라는 철학이 강했던 것은 틀림없다. 나아가 건축물에 관해서도 도시계획법의 철학은 도시의 성장에 호응하면서 최소한의 규제로 도시의 성장을 촉진한다는 것이었다. 그것은 그대로 시대에 따른 사고방식이었다고 할 수 있다.

그러나 우파 중심의 시대가 끝나고 일본도 성숙 사회가 됐다. 도시의 성장이 아니라 도시의 유지, 관리, 경우에 따라서는 축소가 요구되는 시대에 일본은 이상적인 새로운 도시상을 끌어내지 못하고 있는 듯하다. '걷는 마을'이라면서도, 한편으로는 자동차에 의존한 기존 경제 활동이나 사회생활을 변경하는 데 주저한다. 역사나 문화라는 측면이 마스터플랜으로 언급되면서도 프랑스처럼 탄탄한 예산이 뒷받침되지는 않는다. 파이가 커지지 않는 가운데 기존의 구도를 변경하면 사회 구성원 중에서 손해를 보는 이와 이득을 보는 이가 생겨나면서 예산 재분배에 대한 합의 형성은 한층 어려워진다.

그런 가운데 오늘날 일본에서는 수치화된 '객관적인' 데이터가 중시된다. 도시 프로젝트를 결정하는 데에 있어서 데이터를 활용하는 것은 옳다. 하지만 성숙 사회의 바람직한 도시의 가치를 단순히 수치화할 수는 없다. 역사와 문화를 포함하는 수치화할 수 없는 가치는 무시할 수 없는 무게를 가진다.

지금 우리가 프랑스에서 배워야 할 두 번째는 안이한 수치 지상주의에서 벗어나 도시의 가치를 공개적으로 진지하게 논의하는 것이 아닐까? 프랑스에서는 정보 공개가 철저하여 행정의 '업무 변화'가 진행되고 있다. 한편 시민도 마을 만들기의 일련의 프로세스에 적극적으로 참가한다. 데이터뿐 아니라 수치화되지 않는 다양한 가치관도 들이밀고, 나아가 최종적으로 각각의 도시가 지향하는 독자적 모습을 그려내는 것이다. 파이가 커지던 시대에는 다들 비슷한 가치관이라고 해도 좋았으나, 앞으로는 마을 만들기에 전략적인 '야심'(앙제 시장)을 가지고 임해야만 될 것이다.

2. 일본이 취해야 할 구체적인 전술

상가 전체로서의 매력 창출

'야심을 가진' 프랑스 도시의 매력은 중심시가지에서 풍부한 소비 생활을 할 수 있다는 것이다. 그런 매력을 유지하기 위해서 프랑스에서는 여러 구조를 정비해 왔다. 예를 들면 도시계획 마스터플랜에 의해 규정된 구역의 지자체가 가진 '선매권'이다. 실제로는 별로 행사되고 있지 않은 듯하지만 상점가 상점 구성의 균형이 크게 무너지는 일은 없다. 게다가 지자체에 의한 건축 허가를 통해 마을 경관과 환경을 유지하는 메커니즘이 작동한다.

프랑스 지방 도시의 활기에는 그곳에 사는 프랑스인 외에 해외에서 오는 관광객도 기여하고 있다. 크리스마스 마켓이나 이벤트는 물론, 다른 시기에도 일정한 관광객이 체류한다. 그들은 그 도시가 목적지가 아니더라도 적어도 관광의 기점이 되는 도시에서 산책하고 쇼핑을 한다. 그것은 중심시가지가 매력적이기 때문이다.

그런 의미에서 일본의 지방 도시가 취해야 할 전술은 개개 상점의 이해관계를 넘는 상점가 전체의 조화를 의식한 매력 만들기다. 교외형 상점과 같은 상품 구성이 아니더라도 전통 있는 중심시가지 특유의 상품 구성으로 시민과 관광객이 가고 싶어지는 상점가가 되어야만 한다. 일본에서는 시내에 관광지가 있는 경우에도 성곽, 사찰, 신사와 불각이라는 명소나 고적한 장소에 집중되어 주위로 관광객이 확산되지 않는다. 상점가는 셔터가 내려져 있고 밤에 가볍게 들어갈 가게가 적다면 모처럼 관광으로 방문한 사람도 갈 데가 없어진다. 그러나 이런 상황을 바꾸어 말하면, 지방 도시에는 관광객이라는 잠재력이 있다는 것을 의미한다.[2] 포기해서는 안 된다.

개개 상점을 넘어 마을 전체를 매력적으로 만들려면 상점 주인이 아닌 전문가가 상점가 전체에 힘을 발휘할 수 있는 시스템

이 필요해진다. 프랑스에서는 행정이 타운매니저로서 조언자가
되고 있으나, 일본의 경우 지금까지의 반성을 감안할 때 행정이
아니라 민간 전문가들을 좀 더 투입할 필요가 있을 것이다. 그
런 의미에서 다카마쓰 시의 마루가메 상점가처럼 정기 자치권을
활용하여 토지 소유권과 토지 이용권을 분리하여 상점가를 활성
화시키는 방식은 참고할 만하다. 중요한 점은 개개의 상점 주인
이 아니라 마을 만들기 회사와 같은 조직에서 일하는 민간 전문
가가 상점가 전체의 운영에 관여함으로써 상점가의 매력을 유지
시키는 것이다.

상점가 보호에서 탈피

상점가의 구조를 크게 바꾸려는 생각에 대해 일반적으로 일컬
어지는 것은 기존 상점주의 반대다. 그 점에 있어서는 프랑스의
사례가 새로운 시사점을 제공한다.

이 책에서 살펴본 것처럼 프랑스의 경우, 중심시가지라 할지
라도 오래전부터 그곳에 살아온 상가의 주인이 직접 경영하는
사례는 많지 않다. 인구 15만 명의 앙제 생활권의 소매상점 중에
서 상가 주인이 운영하는 상점은 2%뿐이며, 거의 대부분이 임대
상점주다. 스트라스부르의 경우, 1995년부터 2002년까지의 7년
간, 같은 주인이 영업을 계속해 온 중심시가지의 상점은 43%다.[3]
시가지 활성화와 상가 주인의 보호는 다른 것이다.[4]

프랑스의 빈 상점에 대한 과세나 상속 면에서의 조치는 소규모 상가 주인이 직접 운영하는 상점에게는 엄격한 것일지도 모르지만, 이러한 프랑스의 사고방식에는 일리가 있다. 중심시가지에서 셔터를 내린다는 행위가 마을 전체에 외부로부터의 비경제적 영향이 미칠 수밖에 없는 이상, 그 사회적 비용을 부담시키는 것은 합리적이다. 또 교외의 쇼핑센터와 상호 공존을 도모하기 위해서는 중심시가지 상점의 고유한 품질과 부가가치의 추구가 필수다.

여기에서 일본과 프랑스의 소매업을 규모별 점유율로 보면, 종업원의 경우 10명 미만의 소규모 상점에서 일하는 종업원의 점유율이 1997년부터 2014년까지 일본은 50%에서 35%로 줄었으나, 프랑스의 2010년도 비율은 2007년 일본과 비슷한 38%다. 한편 프랑스는 중간 규모인 상점이 적고 종업원 50명 이상의 사업장에서 일하는 사람이 47%를 차지하고 있어, 일본보다 압도적으로 크다(표 1). 즉, 프랑스 지방 도시의 상점가에는 비교적 대규

〈표 1〉 규모별로 본 일본과 프랑스의 소매업 비교

	종업원 수			판매액(부가가치액)*		
	일본		프랑스	일본		프랑스
	1997년	2014년	2010년	1997년	2014년	2010년
10명 미만	50.0	34.8	38.0	41.0	29.2	38.0
10-49명	33.7	41.3	14.9	34.7	41.0	14.2
50명 이상	16.3	24.0	47.1	24.3	29.8	47.8

* 일본은 판매액, 프랑스는 부가가치액으로 본 비율
자료: 경제산업성 〈상업통계〉, Eurostat, "Retail trade statistics-NACE Rev.2"

모 체인점도 많지만, 그러한 상점과 작은 상점이 혼재하며 활기를 유지하고 있는 것이다. 게다가 일본의 경우 대규모 상점의 판매액 점유율은 종업원 수에서 보이는 점유율보다는 크지만 프랑스의 경우 종업원 수로 본 시장 점유율과 부가가치액에서 보는 점유율에 거의 차이가 없다. 즉, 소규모 상점이라도 대규모 상점과 같은 부가가치를 창출하고, 일인당 제대로 벌어들이고 있다는 점을 알 수 있다.

일본의 중심시가지 문제는 상업 정책에만 기인하는 것은 아니지만, 개인 상점도 기본적으로 보호한다는 정책에 대해서는 재고할 필요가 있다. 전통적인 개인 상점, 새로운 개인 상점, 외부 자본에 의한 상점을, 어느 한쪽에 치우치지 않고 발전시킬 수 있는 방법을 모색해야만 한다.

마을 만들기의 교통 정책

상점가의 매력 창출과 기존 상점 보호로부터의 탈피와 관련해 이후 상업 정책의 모습으로서, 총론적으로는 이론의 여지가 없더라도 구체적으로 무엇부터 시작하면 좋을지, 누구에게 의뢰하면 좋을지, 아마 의견이 나뉠 것이다. 이 책에서도 거기까지 구체적인 제안은 나오지 않는다. 아마 여러 논의로부터 다른 도시를 그대로 모방하는 것은 그 자체가 실패의 원인이 될 수밖에 없다.

그러나 향후 지방 도시 상점가가 나아가야 할 방향에 대해서 이를 다른 각도에서 정책적으로 뒷받침할 수는 있다. 이 책의 문제의식으로서 저변에 흐르는 교통 정책이 그것이다. 1장에서 말한 대로 일본 지방 도시의 구조적 제약은 결코 지방만의 문제도 아니고 일본만의 문제도 아니다. 사태를 개선하려면 교통 정책의 재검토가 필요한 것이다.

필자들이 이처럼 교통에 주목하는 이유는 이동 그 자체의 중요성에 더하여 교통이 마을 만들기의 수단으로 작용하기 때문이다. 마을 만들기의 목표를 설정하고 이를 위한 계획을 수립했다고 해도 세상이 반드시 계획대로 움직여 주지는 않는다. 주민들은 각각의 사고방식으로 행동한다. 그러한 가운데 효과적인 전술은 사람들의 움직임을 자연스러운 동기화(인센티브)를 통해서 유도하는 것이다. 다양한 교통수단을 갖춤으로써 주민의 선택지가 늘면 생활방식이 무리 없이 전환되며, 최종적으로 목표로 하는 마을 만들기에 가까이 다가갈 수 있다.

예를 들어 소유한 자가용을 실제로 이용할지의 여부는 상대적 편리성이나 가격 등이 영향을 미친다. 만약 대중교통을 이용하기 쉬워져 사람들의 움직임이 바뀐다면 새로운 도시의 집적을 일으킬 수 있다. 그래서 교통 정책을 도시 정책으로 시행하는 것이 중요하다.

프랑스에서는 '교통권'을 정한 것으로 알려진 1982년의 국내 교통 기본법으로, 지방 도시권에 도시 교통 계획의 책정을 요구했다. 이것이 2000년의 '연대·도시재생법' 아래의 도시 마스터 플랜에서는 주택 공급 정책과 함께 종합 개발 전략에 의거하는 형식으로 작성되게 되었으며, 나아가 오늘날에는 기존의 코뮌 단위 지역의 도시계획 마스터플랜이 이행한 광역 도시계획으로 통합됐다. 즉, 프랑스는 최근 20여 년 동안 교통 정책을 도시 정책으로 통합하고 교통 정책을 마을 만들기의 수단으로서 활용하는 제도를 만든 것이다.

이에 비해, 대중교통이 민간사업으로 운영되어 왔던 일본에서는 뉴타운 등 일부를 제외하면 대중교통 노선 및 서비스 수준이 도시계획에 따라서 정해지거나 하지 않았다. 인구 증가나 경제 성장에 따라 대중교통이 비즈니스로 성립되어 대중교통의 양상에 행정이 개입하는 것은 오히려 폐해를 가져오는 것이었던 것이다. 그러한 사회통념은 뿌리 깊다. 지방 도시 대중교통의 채산성이 악화된 오늘날, '상하 분리' 방식 등 일정한 공적인 개입이 시작되었지만 민간 사업자가 운영하는 대중교통에 대한 공적 지원에는 적지 않은 주민들이 반대하고, 행정도 주저하게 되는 것이다.

무엇보다 변화는 서서히 나타나고 있다. 2007년의 지역 대중 교통 활성화 재생법으로 교통 정책과 마을 만들기의 정합성이 강조되었고, 2013년에는 교통 정책을 포괄하는 교통 정책 기본법이 성립됐다. 거기에서는 기본법으로 교통 관련 시책과 마을 만들기 사이의 연대가 명시되어 있다. 교통 정책 기본법이 교통 기본법으로 검토되기 시작되었을 때의 사고방식은, '프랑스에서는 1982년에 교통 기본법이 제정되었다. 지금은 수도 파리뿐만 아니라 스트라스부르 등 지방 도시의 교통 체계가 세계를 주도하고 있다. 30년 지연된 일본에서도 이제 교통 기본법을 제정할 때가 왔다'[5]라는 것이었다. 교통 정책 기본법의 제정은 프랑스식 교통 마을 만들기의 철학이 그대로 담긴 첫걸음이었던 것이다.

교통 정책 기본법 아래서 때마침 나온 '지방 창생'이라는 논란과 맞물려서, 2014년에는 지역 대중교통 활성화 재생법과 도시 재생 특별조치법이 개정되었고, 콤팩트 시티 전략을 교통 정책과 일체화하여 추진하는 체제가 갖추어졌다. 새로운 법률 아래 지역 대중교통망 형성 계획과 입지 적정화 계획은 표리일체가 되어, 각 지자체는 이들 계획의 책정, 나아가 대중교통의 개편이나 도시 기능의 '유도' 등을 구체화하기 시작했다.

대중교통을 지원하기 위한 재원 등 새로운 제도가 지닌 문제점은 남아 있다. 일반 시민 중에는 대중교통에 대해 회의적인 사람도 있다. 그러나 이 책을 마무리하면서 일본에서도 교통 정책과 도시계획의 통합이 시작되고 있다는 점, 따라서 이러한 움직임을 일본 전국으로 확대하고 자가용차에 의존해 온 지방 도시 사람들의 움직임을 바꾸어갈 필요가 있다는 점을 강조해 두고 싶다. 지자체의 현장에서는 이러한 제도를 활용할 수 있는 인재의 부족도 지적되지만, 법적인 근거를 얻게 된 지금, 시행착오를 거치면서도 인재를 육성해 갈 필요가 있을 것이다. 시민의 이해를 얻기 위해서는 프랑스처럼 철저하게 정보를 공개하고 홍보에 보다 추가인력을 할애해야 할 것이다.

할 수 없는 이유를 들 것이 아니라 '어떻게 하여 가능하도록 할지(디미코리)'를 생각하고 실행한다. 이것이 일본의 마을 만들기에 필요한 점이다.

주

1   이 장에서 말하는 '전략', '전술'이라는 단어는 교통 컨설턴트로 데루후토 공과대학의
     반데베루데가 제창한 'STO'라는 틀을 염두에 두고 있다. 이는 교통 시스템을 사회적인
     목표 안에서 생각하기 위해서 스트라테지(Strategy, 전략), 테크틱스(Tactics, 전술), 오퍼
     레이션(Operation, 적용)의 세 단계로 나누어, 시민, 행정, 기업이 각각의 단계에서 어떤
     식으로 관여하고 무엇을 하는가를 정리한다는 국제적으로 인지된 사고방식이다. 자세
     한 것은 우쓰노미아 기요히토 《지역재생의 전략-'교통 마을 만들기'라는 어프로치》(치
     쿠마서방, 2015) 참조.
2   관광처 《헤이세이 28년판 관광백서》(2016)에 의하면, 프랑스를 방문한 외국인은 8370
     만 명(2014년)인 것에 비해 일본을 방문한 외국인은 1974만 명(2015년)으로, 프랑스의 4
     분의 1도 되지 않는다.
3   뱅상 후지이 유미, 《스트라스부르의 마을 만들기》(가쿠게이출판사, 2011)
4   영국의 지방 도시의 상점가도 일본에 비해 활기를 유지하고 있으나, 아다치 모토
     히로 《영국에서 배우는 상점가 재생 계획-셔터 거리를 바꾸기 위한 힌트》(미네르
     바서방, 2013)에 의하면 약 80%가 체인점으로 구성되어 있다고 한다. 단 이처럼 체
     인점의 비중이 높으면 반대로 지역적 정체성을 잃어버린 '클론 타운(New Economic
     Foundation(2014) Clone Town Britain;the loss of local identity on the nation's high
     streets   (http://b.3cdn.net/nefoundation/0df23d563b8eb9fb52_zam6bzu5n.pdf))이라는
     비판도 있다. 핵심은 균형의 문제다.
5   국토교통성(2010), 〈교통기본법의 제정과 관련 시책의 충실을 향한 기본적인 사고방식
     (안)〉 7쪽.

맺음말

    "나는 학창 시절 성적이 좋았기 때문에 별로 깊게 생각하지 않
고 지방에서 파리로 나와 대학교육을 받았습니다. 그러나 파리
에서 일을 시작하면서 아무리 월급이 지방보다 많아도 집세가
더 높아서 비좁은 아파트에 살 수밖에 없었어요. 대도시에서는
단골 가게와 빵집, 항상 만나는 이웃 등 멀지도 가깝지도 않은
'지역 밀착감Vie de quartier'을 느낄 수 없어요. 그래서 같은 돈을 높
은 집세에 쓸 바에는 대출을 받아 자신의 아파트를 살 수 있는
지방 도시로 돌아가는 것이지요. 모든 것이 근처에 있어서 모빌
리티가 확보되는 것은 중요하고, 뭐든지 걸어서 할 수 있는 생활
은 삶을 해방시켜 줍니다. 환경에 대한 배려도 가능하고, 확실히
앙제는 다른 도시에 비해 주민세 및 고정자산세가 높지만 살기
좋은 환경을 만들어 주고 있기 때문에 참을 수 있습니다. 구체적
성과가 보이는 일을 지자체가 한다면 불만을 말하면서도 '투자
에 대한 회수'의 결과로 납득하는 것입니다."

앙제 도시권 공동체의 30대 여성 의원의 위와 같은 말에는 프랑스 지방 도시의 마을 만들기의 모습 전체가 담겨 있다. 지방 도시에는 '젊은 연령대도 손에 넣을 수 있는 부동산'이 있고, '도보 생활이 가능한 쾌적한 마을'이 즐겁고, '인근 상점'에서 사람들과 교류하면서 쇼핑을 하는 그런 것들을 뒷받침하기 위한 세금을 걷는다. 우리 가족도 30대 전반에 파리를 떠나온 것을 떠올렸다.

활기찬 중소도시의 공통점은 '도보 생활이 가능한 마을'이다. 이 책의 2, 3장에서는 2011년 출판된 저서 《스트라스부르의 마을 만들기》 이후의 다양성이 풍부한 '마을의 모빌리티'를 추구하는 프랑스의 지방 도시를 소개했다. 탁월한 도시 교통 정책을 뒷받침하는 사회 구조를 재원과 법 정비 측면에서 검토하고, '누구를 위한 교통인지'에 대해 고찰했다. 4, 5장에서는 중심시가지 활성화로 이어지는 상업 정책과 주택 정책에 초점을 맞추고, 앙제 시를 모델로 지방 공공 단체의 도시계획 책정, 실행 메커니즘을 각각의 프로세스 속 행위자 입장에서 들었다. 지방의 정치인이나 행정의 의욕, 창의, 고민을 느낄 수 있어서 기뻤다. 6장에서는 시민의 시점에서 행정이 진행하는 합의 형성이나 홍보 방법에 대해서 가능한 한 구체적으로 논했다. 편의점도 택배도 없는 프랑스 지방 생활에 불편한 점은 많다. 일본처럼 서비스가 활성화되어 있지 않고 빈집도 많고 세련된 가게도 적고 개점 시간은 짧다. 레스토랑도 다양하지 않다. 그러나 부족함을 보충할 만한 여유 있고 풍요로운 생활이 지방 도시에는 준비되어 있다. 시간적 여유는 사람들에게 넉넉함을 가져다주고 푸르름이 넘치는 도시 공간은 기분을 편안하게 한다. 질 높은 공공 공간 이용과 도시 문화 자산의 풍부함이 충실한 생활을 뒷받침한다. 동시에 갈수록 격차가 커지고 다양해져 갈 시민의 생활방식에 어떻게 답해 갈 것인가, 사회 전체에 새로운 도시 모델을 모색하는 시대로 접어들고 있다.

한편 일본을 방문한 프랑스인들은 일본에 대해 좋은 인상을 갖는다. 안전·청결하고 편리성이 높으며 초기능적으로 세계에 과시되는 훌륭한 도시. 음식은 맛있고 무엇보다 사람들이 성실하고 친절하다. "이런 좋은 나라는 없다"며 해외에 거주하면서 자랑스러운 조국이 있다는 것은 정말 감사한 일이라고 항상 느끼고 있다. 서북부를 제외하면 직접적인 전쟁의 피해를 입는 일이 적었던 프랑스의 지방 도시는 그 풍요로운 역사 유산 건조물을 기반으로 신선하고 모던한 도시 구축을 시도해 올 수 있었다. 일본은 제로에서 다시 시작한 도시가 많다. 그래서 이제 충분한 부가 축적된 지금부터 새로운 마을 만들기의 멋진 가능성이 열릴 것이다. 세계의 상황이 불안정한 가운데 프랑스와 일본은 풍요로운 생활을 누릴 수 있는 밀도 높은 도시 생활을 제공해 준다. 이 두 조국의 아름다움을 각각의 나라에서 홍보할 수 있다면 그보다 영광스러운 일은 없을 것이라고 생각한다.

여기에서 이 책의 집필을 위해 협력해 주신 분들의 이름을 프랑스어로 기재하여 사의를 표하고 싶다: ① 앙제 시: Mairie et ALM:Mr Béchu, Mr Dimicoli, Mr Dupré, Ms Bataille, Ms Caballé, Ms Trichet, Mr Baslé, Ms Nebbula, Mr Amio, Mr Bellot, Ms Bourgeais, Mr Capus, Ms Comby, Ms Dahmane, Mr Gintrand, Ms Montegu, Mr Séché / Ville d'Avrillé : Mr Houlgard, Ms Rutherford / ALTER : Mr Raguer, Mr Roger, Ms Giraud, Ms Clisson / WIGNAM : Ms Saint Quentin / AURA : Ms Montot, Ms Robin, Mr Rondeau / CCI : Mr Loussouarn, Ms Crete / Mr Gazeau, Mr Korenbaum, Ms Petitpas ② 낭트 시: Ms Roth ③ 메츠 시: Mr Holzhauser, Mr Rossano ④ 뮐루즈 시: Ms Bizzoto, Mr Wolf ⑤ 루앙 시: Ms Bordeselle, Ms Delabaere, Mr Dermien, Mr Ratieuville ⑥ 스트라스부르 시: Ms Trautmann, Mr Jansem, Ms Clevenot, Ms Loth ⑦ 사진작가: Mr Bonnet, Mr De Serres ⑧ CGET: Mr Falardi 씨와 나의 가족에게 감사의 마음을 전한다.

일본의 여러분에게서 일본 각지의 강연과 프랑스에서의 시찰과 교류를 통해 도시 및 교통에 대한 다양한 시각에 대해 배웠고, 정말로 말로 다 할 수 없을 정도의 고마운 경험의 기회를 주셨다. 행정, 기업, 연구자, NPO 활동가 등 많은 분들이 일본의 사정이나 구조를 알려 주셨다. 지면 관계상 신세진 분들의 이름을 다 쓸 수 없어 마음이 괴롭지만, 여기에서 다시 한 번 여러분들께 진심으로 감사드린다. 일본을 모른다면 프랑스에 대해 써도 의미가 없다. 앞으로도 양국을 오가며 독자 여러분들과 교류할 수 있기를 진심으로 바란다. 마지막으로《스트라스부르의 마을 만들기》에 이어 이 책의 편집을 담당해 주신 가쿠게이 출판사의 이와사키 겐이치로 씨에게 깊은 감사의 뜻을 표하고 싶다. 감사합니다.

2016년 10월 22일
뱅상 후지이 유미

지은이 소개

뱅상 후지이 유미

비즈니스 컨설턴트(일불 이문화경영 매니지먼트). 오사카 출신. 오사카 외국어대학(현 오사카 대학) 프랑스어과 재학 중에 로터리클럽 장학생으로 프랑스로 가서 프랑스 국가교육성의 '외국인에 대한 프랑스어 교론 자격'을 취득. 1980년대부터 파리를 중심으로 유럽 각지에 거주하며 통역으로 활동. 2003년부터 프랑스 정부 노동국 공인 사원교육강사로 민간 기업이나 공적 기관에서 '일불 매니지먼트 연수'를 기획. 번역감수서로 《진짜 프랑스를 아는 책》(원서방, 2011), 저서로는 《트램과 활기의 지방 도시 스트라스부르의 마을 만들기》(가쿠게이출판사, 2011, 토목학회 출판문화상 수상), 《프랑스에서는 육아세대가 왜 지방으로 이주하는가》(가쿠게이출판사, 2019) 등이 있다. 블로그: http://www.fujii.fr/

우쓰노미야 기요히토

간사이 대학 경제학부 교수. 효고 현 출생. 교토 대학 경제학부 졸업. 교토 대학 박사(경제학). 일본은행 근무. 영국 맨체스터 대학 대학원 유학, 조사통계국 물가통계과장, 금융연구소 역사연구과장 등을 거쳐 2011년부터 현직. 저서로는 《노면전차 르네상스》(신초신서, 2003, 제29회 교통도서상 수상), 《세계의 LRT》(공저, JTB퍼블리시, 2008), 《경제통계의 활용과 논점》(공저, 도요경제신보사, 2009), 《LRT-차세대형 노면전차와 마을 만들기》(공저, 나리야마토서방, 2010), 《철도복권-자동차 사회로부터의 '대역류'》(신초신서, 2012, 제38회 교통도서상 수상), 《지역재생의 전략 '교통 마을 만들기'라는 어프로치》(치쿠마신서, 2015, 제41회 교통도서상 수상) 등이 있다.

옮긴이 소개

조용준 현. 조선대학교 명예교수
전. 광주도시공사 사장
전. 한국도시설계학회 부회장

김윤학 현. 조선이공대학교 건축과 교수
현. 한국도시설계학회 이사
현. 대한건축학회 정회원

김인호 현. 조선대학교 건축학과 교수
현. 광주광역시 도시계획위원회 위원
프랑스 국가공인 건축사 및 프랑스 국가공인 공간디자이너

박성진 현. 목포대학교 건축공학과 교수
현. 한국도시설계학회 이사
현. 광주광역시 경관위원회 위원

염대봉 현. 조선대학교 건축학과 교수
현. 한국도시설계학회 광주전남지회장
현. 광주광역시 건축정책위원회 위원

유창균 현. 목포대학교 건축학과 교수
현. 전라남도·광주광역시 건축정책위원회 위원
전. 한국도시설계학회 광주전남지회장

최시화 현. 가온건축사사무소 대표
현. 광주광역시 건축정책위원회 위원
현. 조선대학교 대학원 건축공학과 박사과정

최은수 현. 한국연구재단 학술연구 교수
전. 일본학술진흥재단 연구원
오사카 대학 대학원 일본학 전공 석사, 박사